匡亚明 主编 中国思想家评传丛书

王弼评传

附 何晏评传

王晓毅 著

南京大学中国思想家研究中心

南京大学出版社

中国思想家评传丛书

《中国思想家评传丛书》序

匡 亚 明

伟大的中华民族在长达五千年连绵不断的曲折发展过程中，像滚滚东流的长江那样，以磅礴之势，冲破了重重险阻，奔腾向前，现在更以崭新面貌，雄姿英发，屹立于世界民族之林。这是人类历史上的一个奇迹。产生这一奇迹有诸多原因，其中十分重要的一点，就是我们勤劳、勇敢、智慧的各族人民，在长期的生产活动、社会活动、思维活动和对外交往以及抗击外来侵略过程中，逐渐创造、积累、发展了具有以生生不息的内在思想活力为核心的优秀传统思想文化。这是一种伟大、坚强的精神支柱，是我们民族凝聚力和生命力之所在，是历史留给我们所有海内外炎黄子孙引以自豪的无价之宝。

当然，和各国各种不同传统思想文化一样，在中华民族的思想文化传统中，也是既有精华，又有糟粕，因而全盘肯定或全盘否定,不对;一知半解、信口开河或裹足不前、漠然置之,也不对。郑重而严肃的态度应该是对它进行实事求是的科学的研究和分析,取其精华,弃其糟粕,继承和弘扬这份瑰宝,振兴中华,造福人类。人类历史发展的连续性,就是在不断去粗取精、继往开来和改革创新过程中实现的。继往是为了开来,开来不能离开继往。民族虚无主义和复古主义,都是违背历史发展的辩证规律的。

现在我们国家正处在一个新的继往开来迈向四化的关键时刻。继往就是继民族优秀传统之往,开来就是开社会主义现代化建设之来。对中国传统思想文化从广度和深度上进行系统研究,实现去粗取精的要求,正是继往开来必须完成的紧迫任务。我认为这是中国各族人民,首先是文化界、学术界、理论界义不容辞的光荣职责。但面对这一时间上长达五千年,内容上涉及人文科学、自然科学等各个领域的传统思想文化,将从何着手呢?毛泽东同志早在1938年就说过:"从孔夫子到孙中山,我们应当给以总结,承继这一份珍贵的遗产。"[①]这是很有远见而又切合实际的英明建议。从孔子到孙中山这两千余年是中国历史上思想文化最丰富的时期,如果总结了这段历史,也就基本上总结了五千年传统思想文化的主要内容。当然,基本上不等于全部。孔子以前和孙中山以后的情况,可以另行研究。因此,我认为首先最好是在时间上从孔子开始到孙中山为止,方法上采取《中国思想家评传丛书》的形式作为实现这一任务的开端。这就是从这段历史的各个时期、各个领域和各个

① 毛泽东:《中国共产党在民族战争中的地位》,《毛泽东选集》第2卷,人民出版社1952年版,第522页。

学科（包括文、史、哲、经、教、农、工、医、政治等等）有杰出成就的人物中，遴选二百余人作为传主（一般为一人一传，少数为二人或二人以上合传），通过对每个传主的评述，从各个侧面展现那些在不同时期、不同领域中有代表性人物的思想活力和业绩，从而以微见著、由具体到一般地勾勒出这段历史中中国传统思想文化的总体面貌，揭示其积极因素和消极因素的主要内涵，以利于开门见山、引人入胜地批判继承、古为今用，也为进一步全面系统地总结中国传统思想文化打下基础。自从毛泽东同志提出上引建议后，半个世纪以来，不少专家学者已从各个方面做了许多工作，但对全面完成这个任务来说还远远不够，还要在深度和广度上继续努力。作为“抛砖引玉”，本《丛书》只是这个继续努力所应完成的工作的一部分。《丛书》凡二百部，约四千万言，自 1990 年开始陆续出版，争取十到十五年全部出齐。

《丛书》所以用“中国思想家评传”命名，主要是考虑到中国传统思想文化中的核心是生生不息的内在思想活力，而历史事实也反复证明，凡是在各个不同时代不同领域和学科中取得成就者，大多是那些在当时历史条件下自觉或不自觉地认识和掌握了该领域事物发展规律的具有敏锐思想的人。他们取得成就的大小，取决于思想上认识和反映这些规律的程度如何。思想并非先验之物，它所以能反映和掌握这些规律，主要是通过社会实践和对前人思想成果的借鉴和继承。思想一旦形成，反过来在一定程度上又对实践起决定性指导作用。

韩愈说的“行成于思，毁于随”[①]，列宁说的“没有革命的理论就不会有革命的运动”[②]，这些话，虽所处时代和所持立场不同，所要解决的问题的性质也不同，但就认识论中思与行、理论（思想的高度概括）与实践的关系而言，确有相通之处，即都强调思想对实践的指导意义和作用。因此我们以“中国思想家评传”命名，就是力图抓住问题的核心，高屋建瓴地从思想角度去评述历史人物，以便对每个传主在他所处时代的具体情况下，如何在他所从事的领域中，克服困难，施展才华，取得成功，做出贡献，从思想深处洞察其底蕴。历史上各个时代富有思想因而能在有关方面取得成就的人，直接阐述自己思想观点的论著虽亦不少，但大量的则是其思想既来自实践（包括对前人、他人实践经验的吸取）、又渗透在自己创造性实践之中，集中凝聚在他自己的业绩和事功上，而没有留下论著。另一些人却只留下著作而无其他功绩，对这些人来说，他那些有价值的著作就理所当然地是他的伟大业绩和事功。如果论述一个人的思想而不联系他的业绩（包括著作），必将流于空洞的抽象；同样，如果只讲一个人的具体业绩而不结合他的思想活动，又必将成为现象的罗列。评价思想和评价业绩，两者不应偏废。而不断在实践中丰富和深化的思想活力则是经常起主导作用的因素，强调这个因素，引起人们的正视和反思，正是我们的主旨和目的。当然，思想和思想家，思想家和实践家，都是既有区别又有联系的不同概念，忽视这一点是不对的。《从

① 韩愈：《进学解》，中华书局《四部备要》东雅堂本《韩昌黎全集》卷十二，第3页。

② 列宁：《怎么办》，《列宁选集》第1卷，人民出版社1976年版，第241页。

书》的重点则是放在两者的联系和结合上。至于如何使两者很好联系和结合而又着意于剖析其思想活力,各占多少篇幅或以何种方式表达,则自当由作者根据传主的具体情况创造性地作出妥善安排。

自从人类历史上产生了马克思主义,不仅全人类解放和发展有了划时代的明确方向,学术研究也有了更严密的科学方法,即辩证唯物主义和历史唯物主义的世界观和方法论。根据这一科学方法,在研究和总结中国传统思想文化,特别是联系到《丛书》的撰著时,我认为下列几点应特别引起重视。

一、坚持实事求是的原则。实事求是是贯串在马克思实际活动和理论研究中的主线,离开了它也就离开了马克思主义。只有切实掌握了客观情况,才能得出正确的认识和判断。前者为"实事",后者为"求是",二者相结合,就叫实事求是。事不实则非夸即诬。为了弄清情况,就必须对情况的本质与现象、整体与局部、真与伪、精与粗,作出区别、梳理和取舍,这样才能掌握情况的实质,达到"实事"的要求;然后进一步加以分析研究,找出事物本身固有的真相而非主观臆测的假象,并验证其是否符合人民利益和人类历史前进方向,是否反映科学、技术、文化、艺术的发展规律,这样才能得出正确的认识和判断,达到"求是"的要求。实事求是是治学的基本功夫,是对每个传主的功、过、是、非作出公正评价的必要前提。不论古今中外,对历史人物过高或过低的不公正评价,大都由于未能认真坚持实事求是原则的缘故。

二、坚持批判继承的原则。马克思主义学说就是批判的学说,而批判是为了继承、发展和创新。这就需要我们在实事求是的基础上,既要继承发扬传主业绩和思想中的积极因素,又要批判清除其消极因素。凡传主业绩和思想中体现了诸如爱国主义、民主意识、科学见解、艺术创造和艰苦奋斗、克己奉公、追求真理的精神，即在符合历史前进要求的“立德”、“立功”、“立言”诸方面有显著成就等积极因素者，必须满腔热情地加以继承和弘扬，并紧密结合当前社会主义建设实际，使之深入人心，蔚然成风；凡反映有诸如封建迷信、专制独裁、愚昧落后、丧失民族尊严和违背科学进步等消极因素者，必须以历史唯物主义的观点加以批判，清除其一定程度上至今尚起作用的消极影响，而消极因素经过彻底批判后可转化为有益的教训；凡积极因素和消极因素相混者，更当加以认真清理和扬弃，既发扬其积极因素又摒弃其消极因素。我们力求一点一滴、切实认真地探索各个传主思想和业绩中珍贵的积极因素，使之成为全国各族人民正在从事的继往开来伟大历史工程的组成部分。

三、坚持“百花齐放”、“百家争鸣”的原则。“百花齐放”和“百家争鸣”，是发扬学术民主、促进学术繁荣的正确原则和巨大动力。前者强调一个“齐”字，后者强调一个“争”字，是表示学术上平等、民主和自由的两种不同状态；前者突出的是统一与和谐，后者突出的是区别与争论；两种状态又统一于不断地相互促进和相互补充、转化的持续发展提高过程之中。“百花齐放”、“百家争鸣”的原则体现在撰著评传时，应从“齐放”和“争鸣”出发，综合中外各个时期对有关传主的不同评价，吸取符合客观存在的对的东西，摒弃其违反客观存在的不实的东西，然后创造性地提出经过自己独立思考的、赶前人或超前人的一家之言。同时，对整个《丛书》而言，也有个共性、个性又统一又区别的问题。这就是一方面作者应把“实事求是”、“批判继承”和“百花齐放”、“百家争鸣”这几点作为大家的共性(统一与共识);另一方面,对每部评传的立意、结构和行文(文体、文风和文采等),则主要是作者的创造性思维劳动和雅俗共赏的文字表达艺术的成果,是彼此的个性(区别),不宜也不应强求一律。评传作者都有充分自由去发扬这一个性,力求在对每一传主的评述中探索和展示其积极因素,使之和正在变革中国面貌的伟大社会主义建设实践融为一体,丰富其内容,促进其发展,而不是仅仅停留在对传主思想业绩的一般性诠释上。

我认为,以上三点大体上可以表达《丛书》所遵循的主要指导思想,但也不排除用其他思想和方法得出的有价值的研究成果。

感谢所有关心和支持《丛书》工作的单位和个人,特别感谢《丛书》的名誉顾问和学术顾问。他们的热情关心、支持和指教,使《丛书》工作得以顺利进行。更要感谢所有承担评传撰著任务的老中青学者,他们都以严谨的治学态度,作出了或正在作出对学术,对民族,对历史负责的研究成果。没有他们的积极合作,《丛书》工作的开展是不可能的。《丛书》副主编和中国思想家研究中心、南京大学出版社,在制定《丛书》规划,约请和联系国内外学者,审定书稿以及筹划编辑出版等方面,克服重重困难,做了大量工作,他们的辛勤劳动是《丛书》能按预定计划出版的必要前提。

现在《丛书》开始出版了,我作为年逾八旬的老人,看到自己迫于使命感而酝酿已久的设想终于在大家支持合作下实现,心情怡然感奋,好像回到了青年时代一样,体会到“不知老之将至”的愉悦,并以这种愉悦心情等待着《丛书》最后一部的问世;特别盼望看到它在继承中华民族传统思想文化的珍贵遗产方面，在激励人心、提高民族自尊心和爱国主义思想方面，在促进当前建设有中国特色的继往开来的社会主义现代化物质文明和精神文明的历史性伟大事业中，能起到应有的作用。我以一颗耄耋童心，默默地祝愿这一由一批老中青优秀学者经长年累月紧张思维劳动而作出的集体性学术成果能发出无私的熠熠之光，紧紧伴照着全民族、全人类排除前进道路上的各种障碍，走向和平、发展、繁荣、幸福的明天！

热诚欢迎国内外同仁和各界人士不吝赐教，以匡不逮。是为序。

1990 年 10 月 7 日

内 容 提 要

本书前篇《何晏评传》和正篇《王弼评传》，共同揭示了正始玄学的形成动因、理论内涵和历史意义：在经学危机、道家复兴和佛教东渐的条件下，何晏初步创立了贵“无”本体论玄学。王弼则在这一基础上，运用本末体用方法成功地解答了有与无、有为与无为、名教与自然等一系列学术难题，以形名学逻辑习惯，得意忘言，全面刷新了《老子》、《周易》和《论语》，奠定了魏晋玄学的理论基础，将中国文化引入儒道融合的新时代。由于王弼哲学的终极关怀不是社会理想，而是生命自然本色，因而存在着弱化社会凝聚力的历史局限。

A Brief Introduction

Xuan Xue is a philosopical sect in the Wei (220—265) and Jin (265—420) dynasties. The formation reasons, theoretical implication, and historical significance of Xuan Xue in the period from 240 to 249 are in concert revealed in A *Critical Biography of He Yan*—forepart of this book and A *Critical Biography of Wang Bi*—main part of this book. On the condition of the crises of the study of Confucian classics, the rejuvenation of the Taoist school, and the east flow of the Buddhism, He Yan founded the ontological Xuan Xue which advocated "nihil" preliminarily. On the basis of this, Wang Bi successfully settled a series of academic puzzles such as nihil and existence, action and inaction, and ethics and freedom with the methods of essence and appearance. He renovated *Lao Zi* , *Zhou Yi* , and *Analects* completely from the logical tradition of Xing Ming school and by grasping the spirital essence through the linguistic appearance and founded the theoretical basis of Xuan Xue in the Wei and Jin dynasties. By this, the Chinese culture was led to a new era when the Confucian school and the Taoist school were mixed. Because Wang Bi's philosophy centred on the natural characteristics of life instead of the social destination, it had the historical limitation of weakening the social unification.

目　次

《中国思想家评传丛书》序 …………………… 匡亚明(1)
引论:汉魏之际的学术巨变 ………………………… (1)
一、时代课题 ………………………………………… (2)
(一)经学危机 ………………………………………… (2)
(二)黄老复兴 ………………………………………… (8)
(三)儒道异同之辨 ………………………………… (17)
二、社会动因 ………………………………………… (21)
(一)士族思想性格的双重裂变 ………………… (21)
(二)庄园的文化意义 ……………………………… (32)

前篇:何晏评传

第一章　建安时代的"假子" ………………………… (43)
一、身世之谜 ………………………………………… (43)
二、曹氏家族的文化氛围 ………………………… (51)

第二章 太和"浮华"少年的领袖 …………………… (71)
一、浮华案前后 ………………………………… (71)
二、新思潮的萌动 ……………………………… (84)
三、必然与偶然 ………………………………… (90)
第三章 正始之音的灵魂 ………………………… (97)
一、清谈大宗师 ………………………………… (97)
(一) 从游宴到清谈 …………………………… (99)
(二) 才性与三玄 ……………………………… (109)
二、玄学创始人 ………………………………… (124)
(一)《无名论》……………………………… (124)
(二) 道根与佛法 ……………………………… (133)
三、悲剧改革家 ………………………………… (141)
(一) 正始改制 ………………………………… (142)
(二) 高平陵政变 ……………………………… (147)
(三) 盖棺论难定 ……………………………… (158)

正篇：王弼评传

第一章 家世生平 ………………………………… (165)
一、山阳王氏 …………………………………… (166)
二、荆州学派 …………………………………… (171)
(一) 荆州官学史 ……………………………… (171)
(二) 荆州学风 ………………………………… (175)
三、天才少年 …………………………………… (183)
第二章 学术新创 ………………………………… (193)
一、从象数到本体 ……………………………… (194)

二、形名之辨……………………………………………………(201)
三、言意之辨……………………………………………………(211)
四、本末体用之辨………………………………………………(226)
（一）本与末 …………………………………………………(228)
（二）体与用 …………………………………………………(232)
第三章　儒道经典新释……………………………………………(240)
一、《老子注》与《老子指略》…………………………………(241)
（一）“道”与“无” …………………………………………(241)
（二）以无为本与以无为用 …………………………………(247)
（三）自然与无为 ……………………………………………(255)
（四）朴散真离与返朴归真 …………………………………(260)
（五）崇本息末与崇本举末 …………………………………(265)
二、《周易注》与《周易略例》…………………………………(276)
（一）从天命到性命 …………………………………………(276)
（二）卦时与爻位 ……………………………………………(290)
（三）易道与太极 ……………………………………………(305)
三、《论语释疑》………………………………………………(313)
（一）《集解》与《释疑》 ……………………………………(313)
（二）礼乐与真情 ……………………………………………(317)
（三）性与情 …………………………………………………(322)
第四章　千秋功过………………………………………………(328)
一、不朽贡献……………………………………………………(328)
二、历史局限……………………………………………………(335)
附　录……………………………………………………………(343)
凡例………………………………………………………………(343)
附录一:年谱 ……………………………………………………(344)

一、何晏年谱 …………………………………………… (344)
二、王弼年谱 …………………………………………… (362)
附录二:著作考 …………………………………………… (368)
一、何晏著作历代著录及考辨文字 ……………… (368)
二、王弼著作历代著录及考辨文字 ……………… (375)

索　引………………………………………………… (385)
人名索引……………………………………………… (385)
文献索引……………………………………………… (396)
词语索引……………………………………………… (409)

A CRITICAL BIOGRAPHY OF WANG BI

Contents

Introduction: Academic Changes in the turn of the Han and Wei Dynasties .... (1)

The Prefixed Part: A Critical Biography of He Yan

Chapter 1 The Phony Son of the Jian'an Period ...... (43)
Chapter 2 The Leader of the "Gaudy Youngsters" of *Taihe* Period .... (71)
Chapter 3 The Soul of the Voices of *Zhengshi* Period ... (97)

The Main Part: A Critical Biography of Wang Bi

Chapter 1 the Family Background .... (165)
Chapter 2 Academic Originality .... (193)
Chapter 3 New Explanation of Confucius Classics ...... (240)
Chapter 4 The Historical Evaluations .... (328)
Appendix .... (343)
Indices .... (385)

引论：汉魏之际的学术巨变

近代史学大师王国维深为汉魏之际思想文化的激烈动荡而震惊，认为这是一个中国历史上少见的学术剧变时期。大师所言极是。这一剧变过程的结果，是于曹魏正始年间（公元240年—249年）诞生了以何晏、王弼为代表的正始玄学，标志着中国思想文化形态从两汉经学向魏晋玄学的历史性转折。何晏与王弼也以他们的杰出贡献而载入史册，成为中国思想史研究中无法回避的学术重镇。毫无疑问，何晏、王弼的学术成就有赖于他们各自的天才禀赋和人生机遇，但更是汉魏之际特定时代矛盾的产儿。因此，在分别对何晏、王弼个案作评介之前，必须了解他们所面临的时代课题以及将他们推向历史舞台的社会动因。

一、时代课题

在汉魏之际的学术巨变中,随着经学危机的加深与黄老之学的复兴,儒、道异同成为重要的思想课题,它意味着魏晋精神世界的基本矛盾已经形成,以解决这一矛盾为学术主题的玄学思潮必将应运而生。

(一)经学危机

经学思潮产生于西汉中期。它是由董仲舒首先创立,以“天人感应”的神学目的论为思想基础,以名教之治为理论核心,以今文经学为外在形式的新儒学体系。由于这个体系宣扬君权神授,强调道德教化作用,比较适合大一统专制皇权的理论胃口,被汉武帝立为官方哲学,尔后在朝廷的扶植下和思想界的积极参与下,不断获得新的能量,影响日益扩大,渗透到两汉意识形态和社会生活的各个领域,形成了一整套理论形态、思维习惯和行为规则,统称为汉代经学思潮。

公平而论,两汉经学在巩固汉王朝的统一,形成汉民族共同的文化心理结构方面曾起过不可忽视的作用。然而它也像一切事物都难逃生、成、异、灭的过程那样,自东汉中叶开始,就陷入了不可逆转的危机之中,那些一度使它获得活力的思想理论要素,已经历史地走向了反面,成为致自身于死地的不可救药的痼疾。

从理论层面看,今文经学的生机在于它根据实现政治的需要,对“六经”进行“微言大义”的无限发挥,便于为封建秩序披上神圣的外衣。显然，这种经学方法自娘胎中就带有“烦琐”和“神秘”的种子，当时机一旦成熟，必然按自身的逻辑向极端方向发展。所以经学思潮在理论发展中变得日趋烦琐和妖妄，以至于失去了活力。

关于烦琐性：由于断章取义、牵强附会的注经方式越演越烈，使圣人的真义湮灭在浩繁的文字游戏中，一经的注文，少则数十万，多则百万言，更有甚者，注释几个字的经文就要花费几万字。清儒皮锡瑞是今文经学者，但他在其名著《经学历史》一书中，旁征博引，抨击了今文经学的这种流弊：“一经说至百万言，则汉之经学所以由盛而衰者，弊正坐此。”①他进而引班固《汉书·艺文志》的说法，分析了烦琐与衰落之间的关系：“便辞巧说，破坏形体，说五字之文至于二三万言，后进弥以驰逐。故幼童而守一艺，白首而后能言。安其所习，毁所不见，终以自蔽。此学者之大患也。”②简言之，烦琐则难通，故作茧自缚。王弼在总结汉代经学衰落的原因时同样指出了这一点，他充满激情地写道：“夫立言垂教，将以通性，而弊至于湮；寄旨传辞，将以正邪，而势至于繁。”③

关于神秘性：灾异和符命是今文经学解释“天人之际”的主要手段，通过这些方法，既论证了君权神授，巩固了大一统的政治局面，又给儒士以天意限制君权提供了方便，所以受到了皇帝和士人的欢迎。然而它的进一步发展则必然导向

① 皮锡瑞：《经学历史》。中华书局1959年12月版，第134页。
② 皮锡瑞：《经学历史》。中华书局1959年12月版，第134页。
③ 楼宇烈：《王弼集校释》。中华书局1980年版，第632页。

迷信荒诞以至“妖妄”。尤其是谶纬之学的介入，经学的恶性发展也就不可遏制了。“谶”是用诡秘的隐语、预言作为神的启示，向人们昭示吉凶祸福、治乱兴衰的图书符箓；“纬”是用宗教迷信观点对儒家的经典所作的解释。因为经文是不能随意改动的，为了把儒学神学化，纬书就假托神意来解释经典，把它们说成是神的启示。一般每种儒家经典，都有一种或数种相应的纬书相配合，例如仅《春秋》一书，目前可见的相应汉代纬书种类（佚文）即达十五种之多[①]，足见当时妖妄气氛之浓重。这些纬书大都荒诞不经，而汉儒却极力将谶纬与经学融为一体，用谶纬注释六经，甚至形成了像《白虎通》那样的儒学神学融为一体的法典化著作，把宇宙、社会和人生一切现象统统纳入神学逻辑框架，生搬硬套，穿凿附会地加以解释。这样不但窒息了一切理性的、生气勃勃的思想创造，而且以公然的荒谬引起了进步思想界的反感。可以说，经学的谶纬化标志着经学思潮即将寿终正寝。王弼总结汉代象数易学衰落的原因时说：“伪说滋漫，难可纪矣。互体不足，遂及卦变；变又不足，推至五行，一失其原，巧愈弥甚。”[②]

从实践层面看，汉代经学在社会政治领域的活动是以“名教之治”形式出现的，并与当时的荐举制选官方式紧密联系在一起。所谓名教，不仅指封建道德规范本身，而且指以这种道德规范为标准，选拔遵守这些规范而获得声名的人物当官，以此教化百姓遵守道德，保持社会的稳定。名教之治

① 《玉函山房辑佚书·目录》。上海古籍出版社 1990 年版，第 14 页。

② 楼宇烈：《王弼集校释》。中华书局 1980 年版，第 609 页。

是汉代神学目的论哲学体系的核心部分。名教被说成是天帝意志的表现，起用名教的道德标兵当官，就是顺应天意，是保证国泰民安的必由之路。可见名教之治是联系天人之际的政治中介，也是经学思潮的社会实践，具有十分重要的意义。

可悲的是，神圣的道德教化一旦与升官发财相联，则立刻变成了获得功名利禄的工具。所以在仕途之路这根魔棍的指挥下，东汉帝国出现了求名的狂潮。由于正常的道德操行已经难以出名，于是沽名钓誉之徒纷纷做出不近情理的道德壮举。有人被强盗抢劫后再将剩余财物追送强盗而成著名“义士”，有人在母亲墓道中服丧二十年，偷偷生了五个儿子，却成著名“孝子”。一切道德善行都成了发放政治高利贷，都是为了一个极简单、极明了的目标——欺世盗名而荣华富贵。再发展下去，当伪名士毕竟太费周折，不如以权势疏通或金钱交易更简捷。所以选官中不绝史书的“权门请托”和“贿赂公行”现象也就丝毫不奇怪了。据《后汉书》卷五十六《种暠传》记载，河南尹田歆按法定荐举程序，准备向中央政府推举六个孝廉。田歆的天良还未彻底泯灭，向其外甥、著名人材鉴识专家王谌求助：“今当举六孝廉，多得贵戚书命，不宜相违，欲自用一名士以报国家，尔助我求之。”清官尚且不得不如此，赃官更可想而知了。这种腐败之风继续发展，自然达到了“西园卖官”的地步，政府将各级官职标价拍卖。显而易见，道德教化反而成了摧毁道德良心的工具。名教之治已走向了自我毁灭的绝路。

随着名教破产，吏治腐败和社会风气江河日下，官方的经学思想大厦在士人心中倒塌了。如何挽救经学危机造成的信仰危机和社会危机，已成为汉魏之际最重要的时代课题。当时的中国思想界以不同形式,从各个方面寻找新的出路,表现出反对经学烦琐和名教虚伪,追求自然简约真诚的共同思想倾向。

首先,经学内部的自我革新活动日益发展,表现为今文经学的衰落和古文经学的兴起。古、今文经学之争由来已久,自西汉中朝开始,到东汉时期始终未停止。与今文经学的烦琐和神秘性相比,古文经学则强调理解先王的本义,"通训诂"、"举大义",不作牵强附会的发挥。据周予同先生总结,古、今文经学在十三个方面存在着差异。从总体上看,今文经力图神化孔子和六经,而古文经则力图恢复其历史真相。例如,今文经学认为孔子是"受命"的"素王",六经是孔子所作,而古文经学则认为孔子是先师,六经是古代史料。① 在对待谶纬的态度上,今文经学的阴阳灾异之说,实为谶纬的重要思想渊源,所以今文经学十分重视谶纬,古文经学尽管并没有摆脱谶纬的影响,但与今文经学相比,妖妄之气明显轻得多。由于古文经学的上述特点,东汉中后期古文经学发展迅速,学术大师辈出,如班固、贾逵、张衡、许慎、马融、服虔、郑玄等人。他们中许多人也大量吸收今文经长处,开展了以古文经学为主体、注重理性的经学变革活动。古文经虽然在东汉时期基本上未立于官学②,但后来几乎成为私学的

① 《周予同经学史论著选集》。上海人民出版社 1983 年 11 月版,第 9 页。

② 王莽当权时,古文经曾一度立于官学,东汉光武时,复取消。除《左氏春秋》曾由汉光武帝特许立博士,不久又废除外,终东汉之世,古文经再没有立于官学。汉末荆州官学始立古文经,详见《王弼评传》第一章《荆州学派》。

主流，并且成为未来正始时期玄学革命的经学起点。[①]

再者，名教之治的破产刺激了人物品评活动的兴起。名教之治的失败是导致经学思潮危机的关键，而名教的核心又是选拔人材问题，因此人材问题被当时的思想界提高到空前的高度去认识，各种思想理论问题，多与人物品评活动联系在一起讨论。

人物品评活动是汉魏之际新兴士族阶级的伟大社会实践活动，它在这一时期经学思潮向玄学思潮的历史转变中起了不可估量的作用。它批判、扬弃了经学文化的旧学风、旧价值观，萌发了像清谈、名理学、言意之辩及贵"无"人材哲学等一系列新的学风、新的思维方式和哲学思想。比如对人材标准的辨析，促使了清谈的发生；对人物名实关系的讨论，促使了形名思维的发展；对理想人格的自然气质和圣人无为材质的讨论，促使了儒道融合的深化，对玄学的形成产生了深远影响。这些问题，将在以后的章节中逐一展开讨论。

总之，经学思潮的变革已不可逆转，而经学变革需要注入新的生机和活力。这种生机活力，仅从经学本身寻求是不够的，需要新的血液。在当时的历史条件下，倡导自然无为的道家思想，以不可遏制的趋势发展起来，开始了儒道融合的历史进程。

---

① 汤用彤《王弼之周易论语新义》说："魏晋经学之伟绩，首推王弼之《易》，杜预之《左传》，均源古学，今学本汉代经师之正宗，有古学乃见歧异。歧异既生，思想不囿于一方，而自由解释之风始可兴起。……王弼黜爻象，而专附会义理，似为突创。然王氏本祖费氏《易》，世称同于古文。"

(二)黄老复兴

谁也不会否认,在中国思想文化由汉代经学向魏晋玄学历史性转变的汉魏之际,道家学说作为最有活力的思想因素,居于这场变革的主导地位。尽管老庄自然主义的人生哲学已开始渗入知识分子的精神生活中(这一点将在《何晏评传》中作介绍),然而,其中最有影响的道家思想流派,并不是通常所说的老庄自然哲学,而是所谓"黄老之学"。它不是汉初黄老之学的简单重复,而是在黄老旗帜下,活跃于汉末社会批判思潮、早期道教和魏初形名法术中。对研究汉魏之际的思想巨变过程来说,它是真实存在、无法逾越、不可忽略的时代精神,而恰恰又是学术界没有予以充分注意的方面。

从表面上看,两汉学术思潮似乎荒唐地走了一个从黄老→经学→黄老的圆形,实际上却是螺旋式辩证运动。西汉初期,面对民生凋敝的社会状况,汉王朝采用了黄老之学作为官方政治指导思想,以"清静无为"去休养生息,迎来了文景之治的盛况。后来,随着帝国综合国力的增强,无为而治的黄老之学已不再适宜时代的需要,所以自汉武帝开始,以董仲舒为代表的富有积极进取精神的新儒家思想逐渐取代了黄老之学而成为官方哲学。自东汉中叶开始,随着经学危机的不断加深,形势发生了新的逆转。东汉安、顺之际是一个重要的思想转折时期,代表上层士人的汉末社会批判思潮和代表下层士人及农民的早期道教,都萌生于这个时期,并且在寻找思想批判的武器时,都不约而同地将目光集中在那个据说曾给汉初社会带来安定繁荣的黄老之学。例如社会批判思潮的先驱理论家王充，在《论衡》中屡称黄老之言，并以黄老学说的继承者自居，“虽违儒家之说，合黄老之义也。”[①]后继的汉末清流思想家大有人在，如郭林宗“娱心黄（彭）老”[②]，杨厚“修黄老，敬授门生，上名录者三千余人”[③]。早期道教亦是如此，如五斗米道经典《老子想尔注》便祖述黄帝和老子，太平道领袖张角被记载为“奉事黄老道”[④]。丹鼎派鼻祖魏伯阳在《周易参同契》中，则更是处处以“黄老自然”为理论旗帜。甚至连代表汉末恶势力的宦官、皇帝也纷纷以黄老作为精神寄托。汉桓帝“事黄老道”[⑤]，在宫中“立黄老、浮屠祠”[⑥]，宦官中的头面人物中常侍封谞、徐奉等竟然也成了张角黄老道信徒，并准备参加暴动。[⑦] 上述现象深刻反映了危机中的汉末社会企望黄老之学救世的普遍心态。

黄老之学在东汉末年再次复苏，与该派的理论特点息息相关。自 1973 年马王堆汉墓黄帝四经出土以来，学术界已据此研究了大量先秦秦汉典籍，基本上理清了该学派的思想脉络，认为它与司马谈《论六家之要旨》对道家的描述大同小异，属于诸子合流中的新道家学派。司马谈是汉初人物，他对黄老新道家的看法更能接近汉末人的思想。他将该派的思想特征归结为三点：一、因势利导、无为无不为的总原则，

① 《论衡》卷十八《自然》。
② 《抱朴子·正郭》。
③ 《后汉书》卷三十《杨厚传》。
④ 《后汉书》卷七十一《皇甫嵩传》。
⑤ 《后汉书》卷七十六《王涣传》。
⑥ 《后汉书》卷三十《襄楷传》。
⑦ 《后汉书》卷三十一《皇甫嵩传》。

“以因循为用,无成势,无常形”。二、以形名之辨为治国之术,“贤不肖自分,白黑自形”。三、以养生术达到身心健康的目的,“神者生之本也,形者生之具也”。在历史实际发展中,黄老之学主要演化为政治形名学与神仙方术两个主要流派。

由于西汉初期与东汉末期社会矛盾和时代需求不同,所以两个时期的黄老之学也各自带上了鲜明的时代烙印:首先,西汉初年需要休养生息,故这时黄老之学强调的内容是清静无为,外在形象较为消极;东汉末年的时弊是繁琐、虚伪和腐败,因而强调简约、真诚和公正是这一时期“黄老之学”的新特点,表现出积极主动的批判精神。再者,西汉初年的黄老之学属官方哲学,表现出一元化倾向,而东汉末年的黄老之学则是官方哲学的批判者,具有自发和多元发展的倾向。严格地说,汉末黄老思潮的特点因人而异,并没有一个统一的路数,但是粗略归纳一下,大致可分为两大流派:一是黄老方术,表现为从汉末道教思潮到早期玄学的元气自然流派,一般以下层知识分子和民众为社会载体,具有宗教色彩;二是黄老形名学,表现为从汉末社会批判思潮、魏初形名法术到正始贵无论玄学,一般以士族知识分子为社会载体,具有鲜明的理性色彩。这两大流派,都是汉魏之际思想变革的生力军。

1. 黄老方术的新发展

有些学者认为,西汉黄老之学仅仅是一种政治哲学,服食养生内容是东汉之后形成的。其实,早在汉初,养生术便一直是黄老之学的重要组成部分。《汉书·艺文志》中托名黄帝君、臣之书有二十七种,其中医经类、经方类、房中类和神仙类共九种一百六十六卷。从篇目看，大都与养生术有关。例如仅存的医书《黄帝内经》中，便含有大量的养生理论。马王堆帛书中，也有《去(却)谷食篇》之类书籍，可见，在西汉初期的"黄老之学"并非是纯粹的政治哲学。据司马谈《论六家之要旨》的说法，养生是黄老之学的三大特点之一，并且与治理国家的政治活动不可分割，是治国平天下的基础和终极目的："凡人所生者神也，所托者形也，神大用则竭，形大劳则敝，形神离则死，死者不可复生，离者不可复反，故圣人重之。由是观之，神者生之本也，形者生之具也，不先定其神，而曰，我有以治天下。何由哉！"司马谈的这种思想方法并不是孤立的，西汉时期另一位黄老思想大师严遵也在其代表作《老子指归》中多次指出安神养气与社会政治的关系。"神明不留，大命以绝，天下不能救。"[①]"圣人去智去虑、虚心专气，清静因应，则天之心，顺地之意，政举化流，如日之光。"[②]

早期道教对上述黄老养生哲学的继承是相当明显的，尽管早期道教的思想来源及理论形态十分芜杂，但是其宗教哲学的中心，可以简单表述为：通过对自身形神的调养，最终完成救国致太平的社会理想。例如《太平经》宣扬致太平的途径在于太阳、太阴、中和三气的平衡和谐。具体到人类社会，则表现为政治关系中君、臣、民和家庭关系中父、母、子的平衡和谐。而这些和谐最终取决于每一个个体的主观努力，即通过积德养气使自身神、精、形这三种元气的不同形态

① 《老子指归·名身孰亲篇》。
② 《老子指归·大成若缺篇》。

和谐，达到家庭和谐、举国和谐最后天下万物和谐。这个思路也是《老子想尔注》的思路，不同之处是在《想尔注》中，“太平气”被“道气”所取代，个体神、精、形的和谐，亦改为“道气”的充盈。

如果早期道教没有与农民暴动相结合并成为其宗教外衣，仅从早期道教的理论形态看，这种表现中华民族精神深层神秘情感的宗教，应当很容易被士大夫阶层所接受。况且，早期道教与汉末社会批判思潮有不少相通之处，即都准备以自然简约的黄老思想去纠正繁琐虚伪的社会弊端。早在黄巾起义之前，《太平经》的信徒襄楷就与汉末清流同为一党。他在为汉末党人李云等人鸣冤叫屈的激烈上疏中，向汉桓帝推荐了救世神书《太平经》。当第二次党锢发生，改良希望破灭后，这位襄楷曾与陈蕃的儿子陈逸同去煽动冀州刺史王芬等人发动政变。襄楷预言：“天文不利宦者，黄门常侍真族灭矣。”[①]王芬因此而组织了一场准备劫持汉灵帝的未遂政变。汉末农民战争使早期道教与士大夫阶层一度对立，但是即使在这个时期，双方的文化认同亦时时可见。比如青州黄巾军及五斗米教主张鲁与曹操的关系，都是明证。（详见何晏评传）严格地说，汉末道教也应算是社会批判思潮的一个特殊形态，因为这时的道教，不是成仙的宗教，而是救世的宗教。换句话说，其终极关怀，不是个人的生死解脱，而是建立一个太平的理想社会，与上层士大夫理性主义的政治哲学殊途同归。

我们强调黄老养生术与早期道教的关系，并非认为它与

① 《三国志》卷一《武帝纪》注引司马彪《九州春秋》。

玄学思潮毫无关系，相反，作为中华民族生理医学观念和宗教情感，它仍然活跃在士大夫阶层的灵魂深处，并影响着早期玄学思潮的形成：一方面它强化了士人对“道”的信仰与向往，这一点在何晏评传中将展开讨论；另一方面它直接导致了早期玄学中嵇康、阮籍元气自然论玄学流派的形成。由于嵇康阮籍玄学思想没有构成正始玄学的主流，并且不属本书讨论的范围，故在此不作进一步介绍。正始玄学中占主导地位的王弼、何晏贵“无”论流派，则较少受黄老养生论影响，而是直接渊源于黄老政治形名学。

2. 黄老形名学的新发展

汉魏之际的形名学，一般被称之为“名理学”。“名理”一词始见于马王堆帛书《经法·名理》。名理是“循名究理”治国之术的简称，它不仅是《名理篇》的中心议题，也是贯穿《经法》各篇的核心思想。综合起来看，其基本思想如下：无形无名的道生成了有形有名的万物，也生成了万物必须遵循的法律和法则。这些法律和法则体现在制度所规定的各种名分及其关系之中。臣民行为是否符合自己名分所规定的内容，是无法隐匿而客观存在的。只要君主虚静无为，不持任何主观成见，就会公正、客观、全面地审视臣民的行为是否符合各自的名分，臣民的是非曲直便会自然而然地显现出来，然后再运用法律规定去奖善惩恶，也就必然使之名实相符，达到天下大治。显而易见，在黄老名理学的理论假设中，统治者虚静公正的无为与循名责实的有为是一个过程的两个方面，两者是不可分割的统一体。然而，两者完全的和谐只存在于黄老哲学的理论幻想中，在政治实践中，必然有所侧重。如果强调虚静无为，则呈现出所谓道家色彩；如果强调循名责实，则表现为名法倾向。这两方面的重要性往往因时代条件不同而有所侧重。在西汉初年，清静无为被政府关注，而在汉末魏初则侧重名实之辨。

汉代经学否定了黄老之学，但仍然离不开以“名”治国，不同之处是将冷酷的刑名变为热情的名教，用表达儒家伦理纲常的“名”为标准教化人民，改造社会。正如前面所言，东汉中期之后，名教之治引起弄虚作假、欺世盗名之风蔓延，选官中的名实不符成为汉末政治痼疾。所以，汉末社会批判思潮继承了黄老名实相符，循名责实、“以法断之”的思想方法，使之与儒家的政治理想及伦理观点相结合，对名教的唯名弊端展开了批判。略翻《后汉书》，汉末名士的上疏、政论无不以名实论作为理论武器去抨击时政。从东汉安顺之际李固与黄琼的往来书信到桓灵之际党锢清流的激烈上疏，无不贯穿这一思想原则。王符在《潜夫论》这本汉末社会弊病的“百科全书”里提出的救治方案中，黄老的“名理”方法，被置于显要位置。“圣王之建百官也，皆以承天治地，牧养万民也。是故有号者必称于典，名理者必效于实，则官无废职，位无非人。”[①]大意为，圣王根据各种职位的名分，去考察百官，选拔官材，达到天下大治。以此对照《经法》中的“循名究理”过程和《论六家之要旨》形名之说，思想承袭关系一目了然。

汉末社会批判思潮没有真正解决实际问题，而是在汉末社会的大崩溃中与恶势力一起同归于尽了。但是，新崛的曹魏帝国的政治领袖在思想上薪尽火传，执行了汉末社会批判

① 《潜夫论》卷二《考绩》。

思想家的历史遗嘱。在战乱中九死一生的曹魏统治者亲眼目睹并亲身感受了东汉名实相乖所带来的灾难，决不愿重蹈覆辙，所以名实问题被提到空前的高度去认识。“魏武好法术，而天下贵刑名”[①]，可谓时代精神之概括。“名理学”的盛行，的确是魏初政治的一大特色。《文心雕龙·论说》总结得很准确：“魏之初霸，术兼名法，傅嘏、王粲，校练名理。”在曹操的倡导下，建安名士集团的思想家们积极地将这一方法，以人物品评为中心，扩及政治法律制度等各个领域。例如在选官方面，曹操特别强调“名实相符”[②]，他批评当时社会舆论“采其虚名，少于核实”[③]的习惯，认为官职应该和实才相符合。曹操集团的谋士刘廙也指出了汉代选举重名不求实的弊端，“名实相违，好恶相错”，因此他要求“王者必正名以督其实。名其何以正之哉？曰：‘行不美则名不得称，称必实其所以然。效其所以成，故实无不称于名，名无不当于实也。’”[④]又如在法律方面，形名学在当时亦称刑名学，这是因为法学同人物学一样与名实关系密切。就立法过程而言，必然要根据实际存在的罪行确定相应的罪名，这就是“校实定名”；就司法过程而言，则要根据罪名的内涵，考察相应的案例，这就是“循名责实”。面对汉末立法司法的混乱，汉魏之际刑名学十分活跃。不少思想家运用名实方法对刑法问题发表了见解。仲长统批评汉律说：“科条无所准，名实不相应，恐非帝

① 《晋书》卷四十七《傅玄传》。
② 《三国志·魏书》卷十一《王修传》。
③ 《三国志·魏书》卷十二《崔琰传》注引《魏氏春秋》。
④ 《全三国文》卷三十四引刘廙《政论》。

王之通法,圣人之良制也。”他要求:“今令五刑有名,轻重有数,科条有序,名实有正。”①

魏初的名法之治尽管一定程度上改变了汉末名教之治带来的虚伪腐败风气,但同时也表现出严酷之弊,而且并没有把新帝国变成太平乐土。因此,从魏明帝时期开始,为纠名法之偏,圣人无名思想和政治无为思想逐渐引起思想界的关注,正始贵无论玄学应运而生了。

正始贵无论玄学的思想性格并不像人们通常认为的那样鼓吹虚无主义,相反,它的全部哲学理论都围绕治国这个主题展开,是一种积极的政治哲学,是魏初名法之治的辩证发展。不仅形名思维方式仍是构建正始贵无论玄学体系的逻辑框架,而且刑名法术的研究在正始玄学思想体系中也占有一席之地。许多最重要的玄学领袖,本身就是“校练名理”的专家。像正始名士中最有威望的夏侯玄,既崇尚无名的“道”,著《本玄论》,又热衷于肉刑问题的讨论和礼乐制度的考辨,并对九品中正制度下人材选拔中如何“互相形检”,发表长篇高论。② 另一位著名玄学理论家钟会,出身于汉末以刑名学闻名的颍川钟氏家族。钟会既对玄学贵无论有精辟见解,注《老》、《易》,又善于校练名理,在才性四本论中持才性合观点。《三国志·钟会传》披露:“及会死后,于会家得书二十篇,名为《道论》,而实刑名家也。其文似会。”这件事与任嘏那篇题名《道论》,而实际讲治国之术的文章联系起来看,可以得知,在当时思想界的意识中,刑名法术的有为与玄学

① 《全后汉文》卷八十八引仲长统《昌言》。

② 《三国志·魏书》卷九《夏侯玄传》。

的无为，都可以在"道"的旗帜下并行。

那么，正始玄学与魏初刑名法术在形名学理论中的根本差异何在呢？这个问题，似乎又须重复汉初黄老形名学中无名与有名，无为与有为的古老话题。简单说，魏初刑名法术派侧重君主有为，故强调对有形有名事物之辨析，循名责实；正始玄学侧重君主无为，故强调研究、效仿无形无名的宇宙本体，倡导圣人无名论。

从形名学的发展角度看，汉魏时期的中国思想界似乎走了一个从（黄老）无名论，经过（名教与名法）有名论，再向（玄学）无名论回归的近乎圆形的发展路线。然而，历史并没有原地踏步，而是完成了辩证的螺旋形发展过程。

（三）儒道异同之辨

经学危机与黄老之学的复兴，将儒、道关系这一历史难题提上了议事日程。

经学思潮虽然在汉末陷入了危机，有为的名教之治及其神学外衣已难以维系人心，但是儒家思想的地位并没有因此而彻底动摇，因为儒家关于社会伦理关系的学说，十分适合中国国情，并在两汉几百年的实践中，已经由哲学转化为文化，成为人民生活的准则。儒家的名教，在当时有两种含义，一是社会伦理关系本身，二是用这些伦理观念去教化人民。名教的破产，主要是后一种意义上的失败，即人为教化的失败，而前一种意义上的名教，并没有也不可能失败，因为它已是一种实实在在的思想的社会关系。

汉魏之际黄老之学的复兴主要是因纠正名教之治的弊端

而发挥作用,并没有全面取代儒家思想的统治地位。然而,儒道两家在深层的思想差异也逐渐引起了思想界的关注。如儒家重视人的社会性(名教),而道家强调人的个性(自然),儒家积极有为地改造人,道家则要求顺应人的自然本性。如何解决这些矛盾呢?当时,有些貌似激烈的思想家,也提出过崇道败儒的激烈言论。如仲长统说要"安神闺房,思老氏之玄虚","叛散《五经》、灭弃《风》《雅》"。[1] 但是,他所著《昌言》一书,却处处闪耀着儒家伦理精神。曹操在战乱时要唯才是举,起用不忠不孝、能治国平天下的干才,而一俟政局稳定,则仍用儒家思想为治国之本。其中的奥妙,大概就在于儒家思想已不再是某种学说,已成为无法超越的文化传统。

黄老之学虽然无法动摇儒家伦理思想的统治地位,但是在哲学方面,尤其是在治国的总方针方面却表现出比儒家更强的生命力。当时,为了纠正儒家名教之治中君主过分有为的弊端,思想界十分重视道家关于君主无为的政治哲学。在这个问题上,汉末魏初的思想家留下了许多箴言。荀悦在《申鉴》一书中大声疾呼,要求皇帝"无为为之,使自施之,垂拱揖让,而海内平矣"。徐干的君主无为思想更为具体,他说:"今使人君视如离娄,聪如师旷,御如王良,射如夷羿,书如史籀,计如隶首,走追驷马,力折门键,有此六者,可谓善于有司之职,何益于治乎?无此六者,可谓乏于有司之职,何增于乱乎!"[2]

---

① 《后汉书》卷四十九《仲长统传》。
② 徐干:《中论·务本》。

这种崇尚君主无为的思想倾向在魏明帝时期（曹魏中期）得到了进一步发展，甚至影响到了皇帝的治国方针。就曹叡本人的倾向而言，是力图强化儒家教化的作用，在其执政期间，频频下达尊崇儒学的诏书，“尊儒贵学，王教之本也”①。同时，他“特留意于法理”②，在位时亦是曹魏立法活动的高峰期。但他又模仿《老子》的语言，表示反对严刑峻法，崇尚淳朴之风：“法令滋章，犯者弥多；刑罚愈重，而奸不可止。”③当然，魏明帝本人并不想当一个无为的皇帝，在其执政时期，大权也没有旁落。但是随着士族势力的增长，社会上要求君主无为的呼声越来越高，并且部分地影响到了政治实践。“（明帝）车驾尝卒至尚书门，（陈）矫跪问帝曰：‘陛下欲何之？’帝曰：‘欲案行文书耳。’矫曰：‘此自臣职分，非陛下所宜临也。若臣不称其职，则请黜退，陛下宜还。’帝惭，回车而反。”④

为了调解儒道二家在君主政治行为方面的差异，汉魏之际思想家们通过人物品评活动对君主材质的讨论，作了不懈努力，其理论成就集中表现在刘邵《人物志》一书中。刘邵将政治人材分为两种类型：第一，政治全材，指理想君主或圣人。这种人材具备了一切人材素质并且十分平衡，呈现出无偏颇的中性色彩，无法予以命名，“其质无名”。其政治功能不是亲自处理某种政务，而是正确发挥各种人材的作用。第

① 《三国志·魏书》卷三《明帝纪》。
② 《三国志·魏书》卷三《明帝纪》。
③ 《三国志·魏书》卷三《明帝纪》。
④ 《三国志·魏书》卷二十二《陈矫传》。

二，政治偏材，指大臣之材。这种人材天生具有某个方面的偏颇性专长，适宜管理某个政府部门或处理某类具体政务，故各有其名号。偏材共有十二种类型，其中清节家(儒家)、法家和术家三种人材最为重要，其他九种人材，都是从上述三材中派生出来的。

透过刘邵人材学外表，我们不难看出，他实际上是对儒、道、法、术各流派的作用发表看法。刘邵笔下全面而"无名"的理想君主与清节家、法家和术家三种偏颇而"有名"的大臣，不过是道、儒、法、术思想的人格化。刘邵人材政治学说的核心，就是企图融合它们。他把儒家、法家、术家，都看作治国的必需人材，去负责某个职能部门的工作，而在国家机器金字塔的顶端，则由一个实际有为，但表现无为的皇帝，即儒、道合流的皇帝去控制。

《人物志》在君主材质问题上，对儒、道思想的融合虽然是成功的，但并不意味着儒道二家思想体系矛盾的全面调合，而仅仅反映了这巨大矛盾的展开以及思想界为之调和所作出的努力。作为中国的两大思想流派，儒道各自有着完整的思想体系。从宇宙观、人生观、命运观到政治、伦理思想各个层面都存在差异：儒家重社会伦理，道家重人性自然；儒家强调有为，道家强调无为；儒家讲天命，道家讲性命……如何调合这些矛盾，使儒、道两家哲学得以内在融合，创建适应时代需要的新哲学，是整个魏晋时代所面临的共同课题，也是魏晋玄学所回答的学术主题。虽然各个时期的具体矛盾各有特点，各玄学流派的命题也多种多样，但无不围绕着这个中心旋转。从曹魏正始时期何晏、王弼开始，到西晋末永嘉时代郭象那里，才得到比较圆满的解答。

汉魏之际，儒道同异这一矛盾刚刚展开，当时思想界迫切需要回答的问题，是儒、道圣人之间以及儒道经典之间的高低优劣。正始玄学家们首先遇到的就是这个问题。何晏提出关于老子与孔子相同的言论，王弼与裴徽的著名清谈、向秀关于“儒道为一”的高论，都从正面作了肯定的定性式回答，而这一回答，又必须以“定量分析”为基础。以新的学术方法对《老子》、《周易》、《论语》诸类重要儒道经典的注释势在必行，以调合儒道学说在名教与自然、有为与无为、有与无、性与情、天命与性命等一系列重大理论问题上的差异。何晏、王弼对这些问题作了出色的回答，演奏了正始之音的主旋律。

二、社会动因

（一）士族思想性格的双重裂变

所谓时代课题，并非什么独立存在社会之外的宇宙意志，而是那个时代人们的心灵活动本身。同样，汉魏之际的历史课题及其玄学解答，不过是这一时期士族知识分子的心灵活动。确切点说，是汉魏之际知识分子文化性格中儒家社会伦理与道家个性自由双重倾向的展现。

从社会史上看，正始名士这一新兴知识群体的出现，标志着魏晋士族阶层双重文化性格的基本成熟，这种新型人格的形成，经历了从汉末到曹魏正始一段漫长的发展演变过程，如果粗略划分一下，可大致分为汉末名士、魏初名士和正始名士依次发展、逐渐成熟的三代知识分子群体。这三个群体在家族渊源与思想性格上都有明显的继承关系：

1. 汉末名士

汉末名士是指于东汉安顺—桓灵之际形成，以清议—党锢而著于青史，以陈蕃、李膺、郭林宗为领袖的官僚知识分子群体。面对宦官专政所导致的政治腐败，他们是以儒家道德的中流砥柱形象出现的，并不惜生命代价以"严刑峻法，破奸轨之胆"，表现出"知其不可而为之"的义无反顾的儒家直道精神。同时，面对名教之治带来的弄虚作假的社会风气，他们中有些人开始反其道而行之，寻求那种发自内心的真诚自然的伦理道德，而不求其外在形式，表现出道家人性自然之思想倾向。这种双重人格迹象在汉末名士的中坚力量汝南名士身上表现得比较典型。

汝南名士领袖便是那位后来以礼法严峻而举世闻名的陈蕃。但礼法严峻只是其性格的一个侧面，据《后汉书》卷六十六《陈蕃传》记载，恰恰由于他不遵礼仪、真率自然的惊人之举，使他开始扬名："蕃年十五，尝闲处一室，而庭宇芜秽，父友同郡薛勤来候之，谓蕃曰：'孺子何不洒扫以待宾客？'蕃曰：'大丈夫处世，当扫除天下，安事一室乎！'勤知其有清世之志，甚奇之。"《汝南先贤传》讲，薛勤这时为汝南郡功曹，负责一郡的人材选拔工作。他十分欣赏陈蕃的行为，作出了具有清议效力并使陈蕃成名的评语："陈仲举有命世才，王佐之具。"

薛勤之所以赏识陈蕃，因为他们属同一类士人。当时，汉政府推行名教之治，名教以孝为首，所以在服丧中弄虚作假、欺世盗名之风尤为炽热。汉末名士在这个方面的反抗也最激烈，追求人性自然的心态也表现得最明显，薛勤本人便是典型之一。妻子死后，他不悲不哭，而是效法庄子丧妻鼓缶而歌的豁达气度泰然处之。“山阳太守汝南薛恭祖，丧其妻不哭，临殡，于棺上大言曰：‘自同恩好四十余年，服食禄赐，男女成人，幸不为夭，夫何恨哉，今相及也！’”[①]陈蕃十分佩服的好友周乘亦是同类人物，《风俗通·十反》记载，他被太守李伥举为孝廉，恰巧李伥病亡，周乘为了能早日报效国家，打击恶势力，接受李伥妻子的建议，不按礼教习俗办事，放弃为恩主服丧而进京赴任，被陈蕃誉为“世之干将”。

汝南名士中向名教挑战最勇敢者是以孔子、大禹自居的名士戴良。《后汉书》卷八十三《戴良传》说，戴良自幼就任性而动，其母喜欢听驴鸣，他就经常模仿驴鸣“以娱乐焉”。母亲去世后，戴良的哥哥戴伯鸾完全按丧礼规定去表达哀思，居陋室喝稀粥，“非礼不行”，而戴良却吃肉饮酒，不按丧礼规定哭泣。什么时候悲哀涌上心头，什么时候就放声大哭。兄弟二人居丧方式不同，但都因为过度悲伤而憔悴“毁容”。有人对戴良行为不满，前去质问：这样做是否符合礼教规定？戴良回答：“然。礼所以制情佚也。情苟不佚，何礼之论！夫食旨不甘，故致毁容之实，若味不存口，食之可也。”戴良的大意是说，丧礼的本义是防止人们失去哀情，如果哀情不失，那么是否按丧礼的具体规定做，也就不重要了。既然悲哀得吃饭已尝不出任何味道，那么吃什么都是可以的。据史家评论，戴良的驴鸣与居丧无礼产生了深远的影响，这些“多骇流俗”的语言行为堪称魏晋放达之风的先声。“此可见一代风气，

---

① 《风俗通·衍礼第三》。

有开必先，虽一驴鸣之微，而魏晋名士之嗜好，亦袭自汉也，况名教礼法，大于此者乎？”①

在汝南名士中，最有典型意义的是与陈蕃同年被辟为郡吏的黄宪（字叔度）。这位世代贫贱的牛医之子，既没有突出的德行，也没有过人的才干，甚至连值得记录的事迹也没有，然而却在人材济济的汝南地区奇迹般地获得了极高声誉。那位慧眼识别陈蕃的薛勤，同时更器重黄宪，评语是：“当为世盛德。”②据《后汉书》卷五十三《黄宪传》记载，当时汝、颍地区各种类型的名士都异口同声地将其誉为最优秀人材：笃行儒教的荀淑将他视为颜回；放达不羁的戴良见到他“未尝不正容”；陈蕃认为“时月之间不见黄生，则鄙吝之萌复存乎心”；郭林宗则将他的人格喻为“汪汪若千顷陂，澄之不清，淆之不浊，不可量也”。

黄宪成功的奥秘是什么呢？范晔这样推测道：“黄宪言论风旨，无所传闻，然士君子见之者，靡不服深远，去玭吝。将以道周性全，无德而称乎？余曾祖穆侯以为宪隤然其处顺，渊乎其似道，浅深莫臻其分，清浊未议其方。若及门于孔氏，其殆庶乎！”③很明显，黄宪成功在于他的人格融儒道于一体，既像老子笔下无形名的道，又像孔门的亚圣颜回。范晔及其曾祖父范汪对黄宪获誉的解释表达了玄风熏陶下魏晋南朝士人的观点，汉末士人决不可能达到范晔等人那样清晰明确的理论高度，但毕竟反映了汉末名士对儒道兼综新型人格的朦胧向

① 余嘉锡：《世说新语笺疏·伤逝第十七》。

② 《后汉书集解》卷六十六《陈蕃传》，惠栋注引《汝南先贤传》。

③ 《后汉书》卷五十三《黄宪传》。

往。黄宪现象所蕴含的意义是巨大的，它在历史和逻辑上，都是一百多年后魏晋玄学兴起的起点。

确切地说，汉末名士思想性格的双重化并不十分明显，刚刚处在萌芽状态。党锢之祸的血腥镇压，政治改良的幻灭，加速了这一分裂的过程，尤其是东汉末年九死一生的大动乱，使传统儒家人格及其政治理想随同整个社会一起崩溃了。痛苦的寂灭，再生了新的魏初名士。

2. *魏初名士*

魏初名士是指以曹氏父子为领袖的活跃于建安—黄初时代政治文化各个领域的新兴知识群体。这个群体由汉末名士子弟与战乱中崛起的地方豪绅融合而成。从政治上看，他们是曹魏帝国的缔造者及文臣谋士；从社会史上看，是尔后魏晋南北朝士族社会的开创者；从思想文化上看，则是创作建安文学的艺术大师和校练名理的魏初名法派思想家。

东汉末年的战乱，实质上是中国社会周期性以战争屠杀自我净化的历史运动，所以它并非像汉末名士期望的那样仅仅铲除腐败的政治痼疾，而是使整个社会处于休克状态。十几年的战争、瘟疫、饥荒使北中国成了人间炼狱，人口减少了十分之九。曹操士兵粮袋中的人肉干，似乎已证实了庄子关于几百年后人吃人的可怕预言。为了利益，人们撕下了各种道德面纱而陷入赤裸裸毫无廉耻的争斗、乞怜、叛卖、屠杀之中。不是圣贤的说教和纲常礼仪，智力和武力才是获得生存权和统治权的真正依据。对中国士大夫来说，他们的灵魂也像当时的社会关系一样，发生着大动荡、大崩溃、大分化、大改组。

在这场残酷的争斗中，可以说没有人取得真正意义上的胜利。尽管曹操集团在北方的角逐中击败群雄而居统治地位,但曹操本人则在这场战争中失去了亲生父亲和长子曹昂及家族的几十口人。至于建安名士的其他人物,几乎没有不经过生离死别的痛苦折磨。曹操父子及建安七子的诗以沉痛的笔调描绘了那些令人心碎的历史画面。“铠甲生虮虱,百姓以死亡。白骨露于野,千里无鸡鸣。生民百遗一,念之断人肠。”①“出门无所见,白骨蔽平原。路有饥妇人,抱子弃草间。顾闻号泣声,挥涕独不还。未知身死处,何能两相全。”②“北登北邙阪,遥望洛阳山。洛阳何寂寞,宫室尽烧焚。垣墙皆顿擗,荆刺上参天。不见旧耆老,但睹新少年……中野何萧条,千里无人烟。”③

慷慨悲凉的建安文学是魏初名士痛苦心态的艺术表达。在三曹和建安七子诗文中,充满了瞬间即逝的朝露,随波漂流的浮萍,长空哀鸣的孤雁,萧瑟呜咽的秋风。这些令人伤感的景物,无一不表达了他们对人生易灭的哀叹,对生命永恒的憧憬。“天地何长久,人道居之短。”④“日月不恒处,人生忽若寓。”⑤

展转不能寐,披衣起彷徨。彷徨忽已久,白露

---

① 曹操:《蒿里行》,《先秦汉魏晋南北朝诗》。中华书局1983年版,第349页。

② 王粲:《七哀诗》,《先秦汉魏晋南北朝诗》。中华书局1983年版,第365页。

③ 曹植:《送应氏诗二首》,同上。第454页。

④ 曹操:《秋胡行》,同上。第350页。

⑤ 曹植:《浮萍篇》,同上。第424页。

沾我裳。俯视清水波，仰看明月光。天汉回西流，三五正纵横。草虫鸣何悲，孤雁独南翔。[1]

很难想象，上述诗文出自曹魏帝国的政治栋梁之手。因为在实际政治军事活动中，他们是何等清醒冷峻。对照他们所颁布的法令、文告、檄文，宛如出自二人之手。不错，为了生存，三曹、建安七子及广大魏初名士必须积极从事军事政治活动，用刑名法术及儒家伦理等一切可以利用的治国之术达到生存目的，这构成了魏初名士的现实政治性格。然而，人类不能没有高明境界的支持而仅仅生活在现实中，必须有理想和寄托，需要精神彼岸支持。当传统的精神彼岸崩溃之后，士族知识分子在寻找意义世界的过程中，不得不转向了美酒与艺术，从求暂时达到忘我之境，获得暂时的精神解脱。于是，魏初名士中盛行着一种融美酒、音乐、清淡与诗赋于一体的文人聚会。“洒笔以成酣歌，和墨以籍谈笑。”[2]曹操“对酒当歌，人生几何”的千古绝唱，就出自这种酒会的即兴之作。曹丕的二封《与吴质书》则为我们展现了一幅魏初名士“综合艺术超越”的生动历史画面：“每至觞酌流行，丝竹并奏，酒酣耳热，仰而赋诗。当此之时，忽然不自知乐也。”[3]

“艺术超越”的目的是“忘忧”，但是它的麻醉作用如同醇酒，只是暂时的。欲获得长久而稳定的精神彼岸，只能通

① 曹丕：《杂诗二首》，《先秦汉魏晋南北朝诗》。中华书局 1983 年版，第 401 页。

② 《文心雕龙》卷九《时序》。

③ 《三国志·魏书》卷二十一《王粲传》注引《魏略》。

过哲学或宗教的超越。当时,许多知识分子开始向黄老方术靠拢。曹植《辨道论》中记载的广大曹魏官员对方士的崇拜狂潮就是明证。“鸱视狼顾、呼吸吐纳”的练功人群,大概体验到了那种与元气为一的神秘而愉快的忘我之境。深信“行气”与“胎食”的仲长统,在其诗文中淋漓尽致地表达了这种感受:“寄愁天上,埋忧地下……抗志山栖,游心海左。元气为舟,微风为柂。敖游太清,纵意容冶。”[①]在这个过程中,道家自然无为的哲学逐渐渗入了士大夫的生命本体中。例如曹植《释愁文》,描写了一位道家哲学家“玄虚先生”用“无为之药”、“淡泊之汤”、“玄虚之针”、“淳朴之方”,即用道家哲学为某公子治愈了忧愁痼疾。

显然,魏初名士的思想性格的双重化逐步加深了:政治生活中的儒法指导思想与生命深层追求自由逍遥的道家哲学是一个巨大的矛盾。现实行为与价值理想的冲突是一个无法回避的时代课题。原因很简单:魏初名士是现实国家的文臣武将,他们不可能放弃功利名位去实践道家的玄虚无为,也就是说,单纯的道家学说不可能成为真正支撑魏初名士精神世界的“彼岸”。无论是方士的呼吸吐纳,还是道家哲人的开导,都不可能为魏初名士指出一条真正的思想出路。这一时代课题,是由他们的子弟正始名士完成的。

3. 正始名士

正始名士是指活跃于太和—正始之际政治和思想文化舞台上的以何晏、夏侯玄和王弼、钟会为代表的曹魏第二、三代青年士族知识分子群体。关于这个群体的组成和历史活动

---

① 《后汉书》卷四十九《仲长统传》。

我们将在以后几章内展开。在此，仅从双重性格的发展角度作一介绍。

在汉晋之际士族知识分子思想性格发展变化的链条上，道家的人性自然呈明显发展的趋势。作为年轻一代士族知识分子，正始名士无疑比其父辈活得更洒脱。他们是著名的清谈家和思想自由派，但在官场上，他们同样是恪守礼法的官僚，并非像后代史家想象的那样属放荡公子。在正始时期实际政务中，他们同样是称职的政府官员。傅咸说："正始中，任何晏以选举，内外之众职各得其才，粲然之美于斯可观。"[①]傅咸是何晏政敌傅玄的儿子，他的话应是可信的。除何晏外，正始名士中的其他人物也大都政绩显著。例如夏侯玄担任主管选拔武官的中护军一职时，以知人善任闻名"拔用武官，参戟牙门，无非俊杰，多牧州典郡。立法垂教，于今皆为后式"[②]。又如李胜曾出任荥阳太守，河南尹，"前后所宰守，未尝不称职"[③]。至于当时大批与曹爽、何晏关系密切或被这个集团提拔重用的人物，如卫瓘、王沈、裴秀、荀勖、王浑、郑冲、钟会、卢钦、鲁芝、杨综、辛敬、羊祜等，大都成为后来晋初的谋臣武将。如果我们略翻一下他们在《三国志》和《晋书》的本传，则不难看出这些人物的精神风貌、行为规范与"放荡"是风马牛不相及的。

正始名士中声望最高并且思想性格最有典型意义的是夏侯玄。如果说，正始名士中其他人物在魏晋时期仍不乏微词

① 《晋书》卷四十七《傅咸传》。

② 《三国志·魏书》卷九《夏侯玄传》注引《世语》。

③ 《三国志·魏书》卷九《曹爽传》注引《魏略》。

的话，那么对夏侯玄的评价却是一致的赞扬，堪称士大夫心中的楷模。此人获得如此盛誉，似乎很难解释。论文采和理论贡献，他不如何晏、王弼；论事功政绩，他不如司马氏兄弟，况且又是骆谷之役的败军之将。那么他成功的奥秘何在呢？从各种史书赞誉的焦点看，是其人格的内在力量。“玄格量弘济”①，“邈哉太初，宇量高雅，器范自然，标准无假”②，“风格高朗，弘辩博畅”③。

那么，夏侯玄“伟大”人格的内涵是什么？表面看，似乎是他具有不为外物所累、超越生死的博大气量，如遇雷击烧焦衣服而读书自若以及斩首之际颜色不变。然而，最重要的原因，在于他将儒家的纲常礼教与道家的人性自然有机地融为一体：他一方面是清谈领袖，弘扬《老子》的学说，“著《道德论》”④，鼓吹人性自然，宣扬“天地以自然运，圣人以自然用”⑤。另一方面又是一个十足的礼法之士。他在选官问题上，要求以儒家纲常为标准推举“孝行著于家门”、“仁恕称于九族”和“义断行于乡党”的人物。⑥ 刘陶发表偏激的言论，说：“仲尼不圣。”夏侯玄则认为刘陶“其言大惑”⑦。其人格被当时的人物批评家目为礼仪楷模。“裴令公目夏侯太初：‘肃肃如入廊庙中，不修而人自敬。’一曰：‘如入宗庙，

---

① 《三国志·魏书》卷九《夏侯玄传》。
② 《晋书》卷九十二《袁宏传》引袁宏《三国名臣颂》。
③ 《世说新语·方正》注引《魏氏春秋》。
④ 《世说新语·文学》注引《晋诸公赞》。
⑤ 何晏：《无名论》引夏侯玄语。
⑥ 《三国志·魏书》卷九《夏侯玄传》。
⑦ 《三国志·魏书》卷十四《刘晔传》注引《傅子》。

琅琅但见礼乐器。'"[1]正因为夏侯玄比较成功地调合了心性自由与封建礼教的矛盾，所以他赢得了极高的社会声望，被魏晋玄学家视为儒道兼综的榜样。

> 亮美姿容，善谈论，性好庄老；风格峻整，动由礼节，闺门之内不肃而成，时人或以为夏侯太初、陈长文之伦也。[2]

乍看起来，"性好庄老"与"动由礼节"，似乎是水火不相容的，因为老庄的人生处世态度与礼教的伦理纲常在实际生活中是难以调合的。正始名士的理论贡献就是从哲学高度解决这个矛盾。何晏、王弼关于孔子与老子人格关系的讨论在理想人格问题上融合儒道，并为后代士族知识分子接受。

玄学流派是怎样实践儒道融合的玄学理论的呢？这主要表现在人生态度与政治态度的割裂，即人生态度上的道家倾向和政治态度上的儒家倾向并行，这种现象反映在人格问题上，就形成了人格的二重化，换句话说，就是人格或心理的分裂。魏晋玄学人物一般面临人生两大战场，一是官场，二是清谈场。在官场上，他们是维护封建等级制的官僚，以儒家的纲常礼教作为治国的手段；在清谈场上，他们则成为心性自由、追求理性超越和艺术超越的名士，以道家的人性自然为旗帜。只有这样，"善谈论，性好庄老"，才能与"风格峻整，动由礼节"统一起来，并行不悖。"非惟风流，兼有为

① 《世说新语·赏誉》。
② 《晋书》卷七十三《庾亮传》。

政之实。"[1]正始名士中的何晏、夏侯玄、曹羲、钟会等等,竹林名士中的山涛、王戎、向秀,中朝名士中的乐广、裴頠,以及江左名士中的王导、谢安等,都是以这种双重人格载于史籍的。

封建礼教与人性自然的结合是玄学人物的一般特征。但是,从宏观的角度看,魏晋时期毕竟又是一个不断追求人性自由解放的时期,一般每过几十年时间,社会思想和文化习俗都会发生较大变化。从魏初名士(魏初期)、正始名士(魏后期)、竹林名士(魏末晋初)、中朝名士(西晋中后期)到江左名士(东晋),虽各具时代特点,但其中自由度逐渐扩大,礼教逐渐松弛(远没有消亡)。我们决不能以后代玄学家的品格去印证和理解正始名士。正始时期的玄学人物所具有的儒家色彩是比较浓厚的,其处世也比较严谨。这种人格特点,决定了正始玄学对道家思想的吸收是重老学而不重庄学,因而其学说闪耀着积极入世的进取精神。

总之,正始名士的出现,标志着汉魏之际士族知识分子人格量变中质的飞跃和新起点。这不仅表现在他们双重性格的明朗化,主要表现在以比较完备的理论去调合了两者之间的矛盾。这理论,就是儒道融合的玄学。

(二)庄园的文化意义

魏晋士族知识分子双重文化性格的出现,并非偶然,它深刻根源于这一时期社会背景的巨大变化,尤其是庄园经济

① 《晋书》卷七十三《庾亮传》。

所引起的生活方式的变化。

秦汉属于官僚—小农社会。宗法小农和官僚、皇帝依次构成了社会的金字塔结构。作为这个结构中间部分的官僚阶层，并非"世官世禄"，而是通过察举征辟从社会下层——宗法小农及中小土地所有者中选拔。官僚阶层在经济上依靠国家俸禄和来源于国家权力的其他超经济剥削（贪污受贿等），在政治上与上下级形成人身依附和被依附关系，最终隶属于皇权。他们没有独立的经济政治地位，是国家机器上一些没有个性的大小零件和螺丝钉，因而也就不可能有独立的人格和平等的心理意识。这种以竖向依附为特征的官僚社会压抑了任何人格独立倾向和自由思想，它所理想的人格是循规蹈矩。不绝于史书的对所谓"敦朴"、"方正"、"忠厚"之士的征召以及对"浮华"分子的斥责，都表明了这种社会的理想人格和价值取向。

汉晋之际，在传统的封建经济形态中，迅速发展着一种新的生产组织形式——庄园。这种自给自足，多种经营的庄园，看起来是那样安逸无害，甚至蒙着田园诗般的面纱，但它却是这一时期社会猛烈动荡以及学术思想剧变的温床。

东汉崔寔的《四民月令》和王符的《潜夫论》，都对东汉庄园的情况作了朦胧的描述。西晋潘岳的《闲居赋》和南朝谢灵运的《山居赋》，则为我们再现了一幅幅完备的庄园生产经营画面。这些庄园一般是农、林、牧、副、渔全面经营，连草药、葱姜、水果、蜂蜜也不放过，并且拥有满足各种生活需要的手工业作坊，经济上基本自给自足，"谢工商与衡牧"，

"灌蔬自供","不待外求",甚至具有部曲佃客一类亦农亦兵的准军事武装。[1] 这种独立性极强的庄园,是士族人格独立的物质基础。

仲长统在憧憬其人生理想时,生动地揭示了庄园与人格独立之间的内在联系。他说,希望能在一个有"良田广宅,背山临流,沟池环匝"的地方,建立一个"竹木周布,场圃筑前,果园树后"的大庄园。在酒足饭饱之后,与朋友们一起享受清谈哲理的乐趣。"与达者数子,论道讲书,俯仰二仪,错综人物……消摇一世之上,睥睨天地之间。"这样,则不必再混迹官场,为皇帝的五斗米折腰了。"岂羡夫入帝王之门哉!"[2]仲长统的心理在当时具有普遍意义。

庄园经济的特征决定了士族人格的独立性,而个体的独立往往是个性自由思想产生的基础。因此,在以庄园经济为背景的人格独立的士族知识分子之间,一种相对平等的社会关系开始形成。在传统的以竖向联系为特征的社会金字塔内部,产生了一个相对独立的士族社会"平面"。这个"平面",要求在学术上平等交谈,自由聚会;在思维方法上要尊重理性;在人性论上要求"自然";在政治上要求君主"无为",这些变化都是玄学产生的广阔的思想背景。

然而,魏晋士族庄园与近代资本主义商品生产的农场是不能同日而语的,前者是一种典型的封建经济,庄园主依靠一系列封建强制——暴力、人身依附以及宗法关系对劳动者实行农奴制超经济剥削,因而也就必然借助封建专制政治和

① 《宋书》卷六十七《谢灵运传》。

② 《后汉书》卷四十九《仲长统传》。

封建文化来维护这种剥削，这就决定了士族是一个具有双重人格的阶层。在官场上，他们是维护专制统治的官僚，以儒家的纲常作为治国的武器，甚至建立了等级森严的门阀制度；在清谈场上，则表现为人格平等的名士，以道家的人性自然为籍托，自由交谈，探求宇宙人生的真谛。从总体上看，庄园比中国古代其他封建经济形态更能产生独立自由精神，尽管这种自由有着极大的局限性。

显而易见，庄园不仅是一个经济范畴，同时作为一种生活方式，也是一种文化范畴。可以说，士族是庄园的人格化，而庄园则是士族文化性格的外化。从根本上讲，是物质决定精神，社会存在决定社会意识。但在历史实际发展中，则表现为物质与精神，存在与意识不可分割互相作用的整体历史运动。其实，社会存在与社会意识是无法割裂的，且不说政治法律制度的本质只是思想的社会关系，即使经济制度和经营方式，也决离不开经济意识的参与，预设的方案或规划亦先于经济行为。可见，寻找历史发展中第一推动力的想法只能存在于逻辑假定中，而无法在历史中实证。在魏晋庄园与士族自由精神之间的关系上，也是如此。可以说，庄园萌生了独具特色的魏晋自由精神，同时又依赖于这一精神才得到了发展。

首先，庄园生活方式是士族所信奉的人格独立和人性自然思想赖以生存的条件，他们带有老庄印证的人生理想，可以在庄园逸乐中部分地实现。他们在傍山临水、自给自足、风光秀丽的庄园中，弹琴赋诗、对酒弦歌、清谈哲理，充分享受人性自然之乐。比如，石崇在风景如画的著名庄园“金谷园”中与“二十四友”一起体验道家的“自然”。“或登高临下，或列坐水滨，时琴瑟笙筑，合载车中……感性命之不永，惧凋落之无期。"[①]石崇的好友潘岳在洛水旁"筑室穿池"、"灌园鬻蔬"，建立了一个"靡不毕殖"的大庄园，在其中聚众游乐，"浮杯乐饮，丝竹骈罗，顿足起舞，抗音高歌，人生安乐，孰知其他"。[②] 张华与何劭各有一个相距不远的庄园，他们追求的生活情趣，属于老庄人性自然的"清虚型"。"自昔同案采，于今比园庐……散发重阴下，抱杖临清渠。属耳听莺鸣，流目玩鯈鱼。从容养余日，取乐于桑榆。"[③]

同时，士族知识分子崇尚自然的玄学思想又积极地反作用于庄园经济的发展，即按照他们的生活理想能动地建立庄园。两晋南朝时期士族所掀起的占山据水营造庄园的狂潮，固然以经济目的为主，但是玄学生活理想的影响也是极重要的动力。留心一下史书则不难发现，"庄园癖"大多为深受玄学思想影响的士族名士，从竹林名士王戎到南朝的谢灵运，不胜枚举。半玄半佛的康僧渊也被这种时代风潮所感染，他"去郭数十里，立精舍，旁连岭，带长川，芳林列于轩庭，清流激于堂宇。乃间居研讲，希心理味"[④]。孙绰在《遂初赋序》中说得更透彻："余少慕老庄之道，仰其风流久矣，却感于陵贤妻之言，怅然悟之，乃经始东山，建五亩之宅，带长阜，倚茂林，孰与坐华幕击钟鼓者同年而语其乐哉！"[⑤]这的确是一个玄学精神外化于庄园的典型事例。

---

① 《世说新语·品藻第九》注引石崇《金谷诗叙》。

② 《晋书》卷五十五《潘岳传》。

③ 《文选》卷二十四《张茂先答何劭二首》。

④ 《世说新语·栖逸第十八》。

⑤ 《世说新语·言语》注引。

士族庄园经济从它诞生之日起，就不断地从它所创造的“自然”精神中吸取能量而逐渐壮大，不断巩固士族阶级的个体独立意识和人性自然(自由)思想，成为魏晋思想解放运动的原动力。值得注意的是，那些早期的玄学流派人物，大都与庄园有着不解之缘。正始名士中的何晏，“共分割洛阳野王典农部桑田数百顷……以为产业”①。曹爽的长史应璩说：“欲求远田，在关之西，南临洛水，北据芒山，托崇岫以为宅，因茂树以为荫。”②竹林名士中的山涛，“占官三更稻田”③。王戎“区宅僮牧，膏田水碓之属，洛下无比”④，“园田周遍天下”⑤。据说王戎修建田庄到了疯狂程度，以至于“坐遣吏修园宅，应免官，诏以赎论”⑥。向秀则“与吕安灌园于山阳。收其余利，以供酒食之费”⑦。

毫无疑问，庄园经济与士族社会的发育成熟是一个漫长而曲折的过程。到东晋时期，士族阶级在经济上、政治上、文化上才真正居于主导地位。田余庆先生指出：“严格的门阀政治只存在于江左的东晋时期。”⑧所言极是。同样，庄园经济在东晋时期才获得了大规模的发展，而魏晋玄学也在这个时期才全面深入士族社会生活各个层面，成为文化。但是，玄

① 《三国志·魏书》卷九《曹爽传》。
② 《宋书》卷六十七《谢灵运传》注引应璩《与程文信书》。
③ 《晋书》卷四十一《李熹传》。
④ 《世说新语·俭啬第二十九》。
⑤ 《世说新语·俭啬第二十九》注引王隐《晋书》。
⑥ 《晋书》卷四十三《王戎传》。
⑦ 《太平御览》卷四百九引《向秀别传》。
⑧ 田余庆：《东晋门阀政治》。北京大学出版社1989年1月版，第2页。

学理论的创建高潮，与士族经济政治的发展并不完全同步。古今中外，一个新兴阶级哲学理论的创造高峰期，往往不在其相应社会发展的顶点，而是在其社会发展的早期。一个社会阶层获得全面胜利的时代，往往是实践其政治哲学理论而不是创造政治哲学的时代，魏晋亦然。玄学理论的创造高潮时代，是曹魏、西晋而非东晋。经过汉魏之际这个重要的孕育时期，于正始年间，迎来了玄学的第一个高潮，诞生了何晏、王弼为代表的第一代思想大师。

作为正始玄学的创始人，何晏与王弼的名字永远联在一起了。其实，他们分别属于正始玄学名士的两代人，各自有着不同的家族文化背景，不同的思想理论倾向，并在那场玄学思想变革中，扮演了不同的领袖角色。

何晏在正始名士中，属于中年政治实力派，是玄学思潮的活动家和组织领袖。曹魏王室黄老方术的文化烙印，使他的思想十分芜杂。尽管他首先提出了儒道融合的哲学命题，创建了玄学并深刻影响了年轻一代，但是没有建立起完整的理论体系。特殊的社会地位，使他一直处于当时政治文化活动的中心位置，与当时重大的历史事件以及学风的变革联系在一起。因此，何晏的评传，从某种意义上说，就是早期玄学思潮兴衰的历史缩影。

王弼比何晏年轻二十岁左右，属正始名士中的少年思想家，却是正始玄学的理论大师。他出身于著名的世族山阳王氏，具有良好的文化传统，虽然仅仅活了二十三岁，却以不可思议的天才力量奠定了早期玄学的理论基础，是正始思想舞台上的真正主角。然而，短暂而平淡的人生经历，使其作品缺乏独特的生命感受，而是以那个时代最高水平的抽象思维，总结并升华了汉魏之际思想变革的理论成果，全面融合了儒道思想。因此，对其评传的写作，只能从其理论体系的内在逻辑出发，将其思想的各个基本范畴与命题，分别置于汉晋之际思想文化的变化中综合分析，进而评价他对中国文化的贡献。

何晏与王弼两部评传的研究角度与表现手法，因传主的个性而各异，但又不可分割地联系在一起，共同展现了早期玄学形成的历史。但愿它们能引导读者穿过不可逆的时间隧道，到达那个已逝的遥远时代。

前　篇

何晏评传

第一章 建安时代的“假子”

动荡的建安年代，名为汉朝司空而实为中原霸主的曹操娶了一位年轻的寡妇尹氏为妻，同时也收养了她年幼的儿子。当时，谁也不会想到，这位体弱多病的养子，在中国思想史上竟扮演了与其养父曹操不相上下的重要角色。如果说，曹操的理论和实践直接导致了汉魏之际传统儒学向形名法术转变的话，那么何晏尔后创建的融各家于一体的玄学思潮又否定了曹操的名法，影响中国文化达几百年之久。因此，深入探讨曹操与何晏的关系也就有了突出而醒豁的意义。因为只有从那些实际存在而非凭空想象的历史联系中，才能深切把握思想流变的真迹。

一、身世之谜

何晏的身世也许是一个永远说不清的谜。

关于何晏的家族和籍贯，魏晋史书中大都说其祖父是汉末大将军何进。尽管也有其祖父不是何进而是何苗的记载，但何苗是何进的弟弟，两者又都是汉灵帝何皇后的兄弟，所以何晏的籍贯是南阳宛(今河南省南阳县)人，应当没有疑义了，因为《后汉书》、《三国志》等史书多次涉及这些风云人物，对他们的籍贯，没有其他不同的说法。然而，《太平寰宇记·淮南道·庐州》却记载何晏的坟墓在庐江县。“何晏坟在(庐江)县北十七里，其墓高大，景元二年有人发墓得砖铭，是何公坟。”众所周知，汉魏时期盛行归葬习惯。某人客死他乡后，其亲属或门生故吏往往不辞艰辛将其遗体送回故乡安葬，营地为冢，烧砖造墓。政府对行刑的犯人，亦是如此。何晏被杀于洛阳东市，其墓远在千里之外的庐江，足以说是归葬习俗所致。虽然不能排除后人为攀附名流提高本地知名度而伪造古迹的可能性，但是，如果没有新的地下发掘的实物资料或文献资料推倒《太平寰宇记》的记载，那么何晏的籍贯和家世则永远跟着一个小小的问号。

何晏的出生时间也是一个使学术界十分棘手的难题。各种史籍均未涉及何晏的准确年龄。仅《魏略》提到曹操纳何晏母亲尹氏为妾并收养何晏的大致时间：“太祖为司空时，纳晏母并收养晏。其时秦宜禄儿阿苏亦随母在公家，并见宠如公子。”[①]曹操任司空的时间是建安元年(公元196年)至建安十三年(公元208年)，秦宜禄妻子杜夫人和儿子阿苏(秦朗)于建安三年(公元198年)末被曹操收纳，再加上《何

① 《三国志·魏书》卷九《曹爽传》注引《魏略》。

晏别传》有何晏七八岁前已进魏宫的说法[①]，所以何晏的生年必定在初平元年（公元190年）至建安十三年（公元208年）之间这样一个长达18年之久的时间跨度内。因此，学术界对何晏的生年作出了各种推测，众说纷纭，莫衷一是，但大都是倾向于在这个范围的上段，即公元190年—195年之间徘徊。[②]

王葆玹先生在其近作《正始玄学》一书中，对何晏生年的考证另辟蹊径。他据《何晏别传》关于何晏七八岁时即在“魏宫”的记载，认为建安十二年（公元207年）是何晏的生年，理由如下：“宫”字属于诸侯王以上王公住宅的专用名词，所以曹操的住宅被称为魏宫，只能于建安十八年加九锡之后。假设何晏到魏宫时年龄七岁，那么他的生年不得早于建安十二年，仍在何晏生年的下限建安十三年之前。

我基本上同意王葆玹先生的结论。但仅据“魏宫”二字即断定何晏被曹操收养的时间，并以此推导生年，难成定论。因为古人写史用词，未必十分严格，远的不说，那位明确于建安三年末就被曹操收养的秦朗，亦被史家称为“朗随母氏畜于公宫”[③]。但是，王葆玹先生的见解仍有重要价值，因为它将学术研究视点从何晏生年的上限转向了下限，这无疑是合理的。何晏的朋友及所交往的知识群体属曹魏第二代士人，多出生于公元208年前后，至于思想倾向，则更能说明属第二代新派人物，这在后面的有关章节中将会看得很清楚。所

① 《太平御览》三百八十五引《何晏别传》。

② 关于何晏生年的不同学术观点，请参考本书附录一《何晏年谱》。

③ 《三国志·魏书》卷三《明帝纪》注引《献帝传》。

以即使何晏并非生于建安十二年，相差也不会太大。为了便于记忆，在无新资料、新论点之前，不妨从王葆玹先生说，暂且假定何晏生于建安十二年。

在上述假定的基础上，我们可以作如下完整表述：大约在建安十二年（公元 207 年），也就是曹操已完全控制了北方并准备南下发动赤壁大战的前一年，已故东汉大将军何进新守寡的儿媳尹氏，带着不满周岁的何晏，进入了曹操此时还不叫“宫”的深宫，成为众妻妾中的一员，何晏也自然成了曹操的养子。

早在东汉末年，曹操与何进就有较为密切的关系，他们都是汉末腐败政治的宠儿，却又决心为改变这种腐败政治而共同努力。曹操的祖父是权倾朝野却又为人谦和的著名大宦官曹腾，父亲曹嵩则因出巨款而买到太尉高官，曹操也因之在青少年时代就官运亨通。何进出身于富裕的屠夫之家，因向挑选宫女的官员们行贿而使其漂亮的妹妹“选入掖庭”①，后来成为汉灵帝的皇后，何进亦因此而平步青云，当上大将军。当时，党锢之祸的冤气，太平道农民战争的打击以及无休止的宫廷倾轧已使东汉帝国陷入总崩溃的边缘，中智以上的人都看到它必死的命运，像曹操之类高智者更不愿随它一起殉葬。所以外戚和士大夫甚至宦官子弟中的有识之士开始联合起来准备以武力谋杀宦官，进行政治革新以挽救败局。何进、曹操、袁绍这三个分别出身外戚、宦官和官僚的人在汉末共同的阴谋活动充分表明了这一点。中平五年（公元 188

① 《后汉书》卷十《灵思何皇后传》。

年)，因“天下滋乱，望气者以为京师当有大兵，两宫流血”[1]。汉灵帝为震慑阴谋作乱者而亲自穿上铠甲，自称“无上将军”，站在高十丈的大坛大华盖下，检阅帝国军队时，何进则以副统帅的身份站在高九丈的小坛小华盖下，而作为军队主力的所谓的西园八校尉中，“阴谋分子”袁绍和曹操也分别作为中军校尉和典军校尉接受检阅。那时，何进所依靠的主要政变力量是袁绍和党人，而不是曹操，但曹操也的确参与了最机密的政变策划工作。中平六年(公元 189 年)，汉灵帝死后，何进、袁绍、曹操等人研究诛杀宦官的技术措施时，志大才疏的何进要调董卓进京助威，曹操坚决反对，认为“一狱吏足矣，何必纷纷召外将乎?”[2]何进不采纳曹操的正确建议，果然事泄被杀，并且导致了董卓进京，曹操、袁绍各自只身逃出京城，中国亦从此陷入了九死一生的空前战乱。

公正而论，正是何进的战略错误所导致的动乱，才给了曹操后来成名的历史机会。但是，对何进的愚蠢之举所造成的恶果，致使曹操若干年后仍耿耿于怀，十分鄙视何进等人的政治短见和拙劣的治国能力。他在《薤露》诗中这样追忆了那场历史悲剧：

惟汉二十世，所任诚不良。
沐猴而冠带，知小而谋强。
犹豫不敢断，因狩执君王。
白虹为贯日，己亦先受殃。

---

① 《后汉书》卷六十九《何进传》。
② 《三国志·魏书》卷一《武帝纪》注引《魏书》。

贼臣持国柄，杀主灭宇京。

每当王朝的末世，任人唯亲的选官制度经常十分可笑地将弱智者推上最高权力宝座，将国家命运委置于某个平庸大脑的指挥下。曹操诗中那个智小而想干大事业的衣冠沐猴，无疑是指在诛宦官中犹豫不决一错再错的何进。曹操对何进不可能敬重，但也不是敌视，而是鄙视。

曹操与何进的关系以及对何进看法，与他纳何进之儿媳为妾并无直接关系。在十几年战争中出生入死的曹操是一个强调实用价值的人，很少受传统伦常的束缚或道德幻想的蒙骗。如果说在政治军事上曹操是以唯才是举而闻名于世，那么在婚姻问题上则是以唯色是娶而著称。他在南征北战中从不放过搜罗美女的机会。尹氏容貌史籍无载，但从先于尹氏入宫的秦宜禄之妻和张济之妻的“国色”看，尹氏恐怕也是以其姿色入选的。尹氏入宫后深受曹操的宠爱，被封为“夫人”；属后宫中地位仅次于“皇后”的嫔妃，并与曹操生了范阳闵王曹矩。

曹操的家庭关系如何呢？戏台上的曹操以阴险残忍闻名，而历史上的真曹操却是最狡诈残忍与最真诚无私的混合体。假设他把狡诈残忍的一面留给了敌人，那么在家人面前，则展现了真诚无私的一面。对自己的孩子，他无疑是位宽厚仁慈的父亲。比如，据陆机的《吊武帝文》讲，身为著作郎的陆机于元康八年(公元 298 年)在国家图书资料室“秘阁”中读到曹操的临终遗书时，虽然事隔近八十年，仍激动不已。有人不能理解他这种为古人动情，“伤心百年之际”的原因，陆机说，他为一代枭雄曹操“雄心摧于弱情”而伤感。这位曾叱叱风云的英雄在临终前拉着身边姬妾和年幼的孩子，老泪纵横地嘱托给曹丕等四位卞皇后所生的儿子，希望他们日后能善待诸后母及诸异母兄弟。“持姬女而指季豹，以示四子。曰：‘累汝。’因泣下。伤哉！昔以天下自任，今以爱子托人。”真可谓儿女情长而英雄气短。

爱亲子，人之常情，不足为怪，但曹操对其养子的疼爱也超出常人。他对随母进宫的秦朗和何晏与诸亲生儿子一视同仁，“并见宠如公子”[①]。那位杜夫人的儿子秦朗，便深得曹操宠爱。曹操经常带他出席宴会，席间向宾客炫耀，当众宣布自己是天下最爱养子的父亲。“朗随母氏畜于公宫，太祖甚爱之，每坐席谓宾客曰：‘世人有爱假子如孤者乎？’”[②]至于曹操与何晏的关系，似乎更为亲密。史书有以下几条记载：

> 晏小时养魏宫，七八岁便慧心大悟。众无愚智，莫不贵异之。魏武帝读兵书，有所未解，试以问晏。晏分散所疑，无不冰释。[③]
>
> 晏小时，武帝雅奇之，欲以为子，每挟将游观，命与诸子长幼相次。晏微觉，于是坐则专席，止则独步。或问其故，答曰：“礼，异族不相贯坐位。”[④]
>
> 何晏七岁，明惠若神，魏武奇爱之。因晏在宫

---

① 《三国志·魏书》卷九《曹爽传》注引《魏略》。

② 《三国志·魏书》卷三《明帝纪》注引《献帝传》。

③ 《太平御览》三百八十五引《何晏别传》。

④ 《太平御览》三百九十三引《何晏别传》。

内，欲以为子。晏乃画地令方，自处其中。人问其故？答曰："何氏之庐也。"魏武知之，即遣还。[1]

从以上引文看，何晏自幼就聪明异常并因此深受曹操赏识是没有疑义的，至于他的兵书理解能力超过曹操，却不太可能。曹操是著名的军事家，所注《孙子》至今仍不减其权威性，很可能是后代人为烘托何晏的高智捕风捉影。值得注意的是，引文中对何晏幼年行为的描述，给我们展现了一个过于拘谨以至带有强烈自卑感的少年形象，这与《魏略》的说法大相径庭："苏(秦朗)性谨慎，而晏无所顾惮，服饰拟于太子，故文帝特憎之，每不呼其姓字，尝谓之'假子'。"[2]可见，谨慎行事的是另一位养子秦朗，而何晏则随心所欲，甚至模仿太子的服饰，引起曹丕的反感，以至注定了他在曹丕及儿子掌权时代的没落命运。"故黄初时无所事任，及明帝立，颇为冗官。"[3]从史实看，《魏略》的说法比较可信，因为曹丕和曹叡似乎都不喜欢何晏。那位善于察言阅色的秦朗，其官运在曹丕父子时期与何晏形成鲜明对照，尤其是在魏明帝时期，与皇帝关系甚为亲密，出入同行，被皇帝昵称小名"阿苏"，授以骁骑将军高官，"数加赏赐，为起大第于京城中。四方虽知无能为益，犹以附近至尊，多赂遗之，富均公侯"[4]。最后险些成为曹芳的顾命大臣，因魏明帝在咽气的一瞬间改变

① 《世说新语·夙惠》。
② 《三国志·魏书》卷九《曹爽传》注引《魏略》。
③ 《三国志·魏书》卷九《曹爽传》注引《魏略》。
④ 《三国志·魏书》卷三《明帝纪》。

了主意而前功尽弃。《魏略》将这位秦朗归于《佞幸篇》,足见其人之乖巧及所受宠幸。也可以由此说明何晏在曹丕父子心中的形象,不是那种低眉顺眼、唯命是从的“养子”。

在中国语汇中,对同一现象完全可以因作者感情的好恶而用两种不同词语去表述。例如,狡猾与机智;憨厚与愚笨;谦逊与虚伪……不胜枚举,褒贬之间只差那么一点。综合史书对何晏幼年性格的不同描述,联系其身世,我们可认为,何晏似乎是一个既自卑怯懦又清高孤傲的少年。寄人篱下、体弱多病的童年容易使其自卑怯弱,离众公子独坐可以为证;养父和母亲的溺爱加上漂亮的容貌和聪明伶俐,又使其清高孤傲,“性自喜,动静粉白不去手,行步顾影”①,着意修饰,自我欣赏的记载也是可信的。这种复杂混合的幼年性格像佛教中所说的那个充满各种心理印记的阿赖耶种子一样,预示着未来历史舞台上成年何晏的复杂形象。任何种子的生长成熟都有待后天的条件,何晏少年时代所受的教育,尤其是其世界观形成时的文化氛围,显得格外重要。

二、曹氏家族的文化氛围

既然何晏等养子在魏宫中与诸位公子一样深受魏武帝宠爱,那么他们所受的文化教育也应与诸公子相似。关于曹操诸子所受教育的情况,史书无正面记载,仅曹丕《典论·自叙》中透露了如下信息:

---

① 《三国志·魏书》卷九《曹爽传》注引《魏略》。

> 余时年五岁，上以世方扰乱，教余学射，六岁而知射。又教余骑马，八岁而能骑射矣……上雅好诗书文籍，虽在军旅，手不释卷，每每定省从容，常言人少好学则思专，长则善忘。长大而能勤学者，唯吾与袁伯业耳。余是以少诵诗、论，及长而备历五经、四部，《史》、《汉》、诸子百家之言，靡不毕览。①

上述文武兼备的教育，使曹丕既是杰出的骑士剑客，又是才华横溢的大文学家。曹丕的武艺教育显然与当时的动乱形势有关，而不是正常情况下的主要教育内容。“夫文武之道，各随时而用，生于中平之季，长于戎旅之间，是以少好弓马。”②随着北方局势的稳定，曹操对和平环境中成长的诸子，似乎更重视文化教育和智力培养。比如曹操对那位“少善骑射，膂力过人，手格猛兽”③的儿子曹彰，并不欣赏其勇力，曾经开导这位纠纠武夫：“汝不念读书慕圣道，而好乘汗马击剑，此一夫之用，何足贵也。”④相反，曹操对聪明并有文采的儿子却格外喜爱，他在考虑未来王位继承人时，首先注意才智过人的曹冲和善诗文的曹植而不是文武兼备的曹丕，原因即在于此。仅仅因曹冲的夭折和曹植的失误才使曹丕登上太子宝座。由此可见，曹氏诸子的正常教育中，文化教育无疑放于

---

① 《三国志·魏书》卷二《文帝纪》注引。
② 《三国志·魏书》卷二《文帝纪》注引《典论·自叙》。
③ 《三国志·魏书》卷十九《任城威王彰传》。
④ 《三国志·魏书》卷十九《任城威王彰传》。

第一位。

从何晏成年后的学识和文采看，其少年时代肯定受到相当良好的文化教育，大概像其异父母的兄弟一样，"博贯古今经传诸子百家之书"①。但是，这种有形的教育并非最重要，它只是一种文化课程。在人们世界观形成中最重要的教育形式是无形的，它隐藏在父母、师友、亲戚、朋友等所形成的小社会的日常生活中，这些亲友的思想观点通过他们的言谈举止而自然流露，形成一种无形的文化氛围。这在信息工具发达的现代社会也许并不太重要，但在古代，这种家族的文化影响不可低估。

何晏所生活的曹氏家族，思想信仰应是黄老之学。在引论中，我们已经介绍了黄老之学在汉魏之际复兴时所表现的两种形态：形名学与方术，以及它们在社会意识中所起的不同作用，下面仍从这两个方面探讨曹氏对何晏思想的影响。

第一，黄老形名。

黄老形名学由自然无为的无形无名与循名责实的有形有名两个对立统一的理论侧面组成。曹操形名学的理论与实践，同样由这两个侧面互补而成。关于曹操循名责实的思想层面，无须进一步介绍，这是众所周知的事实。问题在于，曹操是否存在崇尚自然无为之无形无名的另一思想层面呢？

从表面上看，曹操的政治哲学似乎很难定于一是：忽而法，忽而儒，忽而术。可以说，几乎没有什么一成不变的信仰，无法归于某种学术流派。的确，这位从汉末社会崩溃的精神废墟中走出的政治家，十分清醒地利用一切可以为其治

① 《三国志·魏书》卷二《文帝纪》注引《魏书》。

国服务的理论。为了政治稳定,他可以严刑峻法以破豪强之胆,也可以强调儒家纲常伦理的教化作用。总之,随形势变化而综合运用名家所长,随机应变,因势利导地夺取胜利。说到这里,不难看出曹操的思想原则正是黄老学派的"无名"理论。司马谈在《论六家之要旨》中总结黄老道家的特征时写道:"其为术也,因阴阳之大顺,采儒墨之善,撮名法之要,与时迁移,应物变化,立俗施事,无所不宜,指约而易操,事少而功多。"难以置信,司马谈似乎在描述几百年后曹操的政治方针,由此可见,曹操的形名法术与战国秦汉之际的黄老之学有着共同的思想基础:以冷静的理智态度客观审视利害关系,因势利导,不择手段夺取胜利。用哲学术语表达,就是以无名无形,顺应万物之自然:"兵无常势,水无常形。""不以一形之胜万形。"[①]正是处于对黄老哲学的信仰,故曹操对黄帝与老子,表现得十分敬重。他在所著《孙子兵法序》中,高度评价了黄帝:"黄帝汤武,咸用干戚以济世也。"同时对老子也予以特殊待遇——在严禁民间宗教活动的形势下,仍为老子修祠。[②]

除了在政治行为中以黄老哲学作为指导思想外,在个人的生活方式中,曹氏家族成员亦表现出追求真率自然的精神风貌。这一现象,可视为黄老"无形无名"学说在人生哲学方面的表现——不拘一格,自然而然。例如曹操,自幼"任侠放荡"[③],后来身为北方霸主,仍举止随便:"佻易无威重。

① 《孙子兵法·虚实篇》曹操注。

② 《续高僧传》卷二十四《释僧勔传》。

③ 《三国志·魏书》卷一《武帝纪》。

好音乐，倡优在侧，常以日达夕。被服轻绡，身自佩小鞶囊，以盛手巾细物。时或冠帢帽以见宾客。每与人谈论，戏弄言诵，尽无所隐；及欢悦大笑，至以头没杯案中，肴膳皆沾汙巾帻，其轻易如此。"①无怪郭嘉论证曹操必胜袁绍原因时说："绍繁礼多仪，公体任自然。"②曹丕的通达，并不亚于其父。王粲死了，曹丕带领名士朋友们一起到粲墓前学驴鸣，以示对这位生前爱听驴鸣的亡友之悼念。故傅玄总结为："魏文慕通达，天下贱守节。"③至于曹植，似乎比父兄走得更远。曹操、曹丕严格将个性自由限制于生活圈内，而曹植的放达作风甚至影响到政务活动，以至因不遵法令、酗酒而引起曹操的震怒，失去竞争太子的机会。也许是曹植政治上的失意所致，他的思想倾向大有从"黄老"向"老庄"靠拢之势。

尽管曹操实践着黄老形名哲学，但从理论方面看，他仅仅对有形有名的治国方针发表过论述，而对"无形无名"的哲学原理，并未作出过任何理论概括或抽象论证，更没有从形名角度，对宇宙本根"道"进行过任何描述。在曹氏家族中，从形名角度论道的人物，是曹操的儿子曹植，他在《髑髅说》一文中，借髑髅之口这样表达了自己对"道"的体验："道也者，身以无形为主……望之不见其象，听之不闻其声。挹之不冲，满之不盈。吹之不凋，嘘之不荣。激之不流，凝之不停。"④显然，曹植从视听、取舍、生灭、动静各种角度

① 《三国志·魏书》卷一《武帝纪》注引《曹瞒传》。
② 《三国志·魏书》卷十四《郭嘉传》注引《傅子》。
③ 《晋书》卷四十七《傅玄传》。
④ 《全三国文》卷十八引。

去称赞“道”超言绝象、无形无名的美。这种对宇宙本根进行多侧面否定式描述的形名方法，也是尔后何晏等正始玄学家论道的基本思维方法。这个问题，后面还要详述。

当然，从总体上看，曹操父子侧重有形的名法理论，并不注重无形的“道”。但这种黄老形名思维方法，无疑对养子何晏产生着影响。尤其是当魏初名法之治在政治实践中暴露出残酷之弊端时，为纠正名法之偏，沿着名理学思路转向与名法对立统一的另一极——宏扬圣人无名的理论，则是顺理成章的。这一由名法向玄学无名论的历史转变，由何晏完成，以其所著《无名论》为标志，并不是偶然的。

第二，黄老方术。

黄老之学的方术流派在汉魏之际被称为“黄老道”，这是一个涵盖面极广的范畴，泛指这一时期的神仙家、方术家及早期道教等反映民族宗教情感的各家流派。事实上，上述宗教流派之间的差异在汉魏之际已经变得十分模糊，它们已经互相渗透，逐渐融为一体。比如它们都将神秘的道气（元气）视为宇宙万有的根本，将神仙视为生命的最高境界，将养生方术视为获得生命元气以至成仙的途径。由此可见，以“黄老道”去概括汉魏之际的宗教思潮并非是那个时代思想界认识水平的低下，而是诸宗教思潮已呈现出共同的特色并都聚集在“黄老”旗帜下所致。

“黄老道”一般盛行于社会下层或土豪阶层中，汉末宦官中流行黄老方术，奥秘大概在于此。曹氏家族即属于出身土豪的宦官阶层，具有明显的“黄老道”信仰传统。[①] 毫无疑问，作为冷静的军事统帅和政治领袖，在曹操父子的精神世界中，理性主义是占主导地位的，但是神秘主义的非理性倾向也是存在的。这种非理性的宗教情感，像那个时代绝大多数受黄老思想影响的人一样，由道气论、神仙说及养生方术等多种因素构成。

首先，关于“道气”。

曹氏父子信仰道气论，与太平道的宗教哲学有某些相同之处。例如青州黄巾军曾写信给曹操，认为曹操的思想信仰与自己相同，都属“黄老道”的信徒，“其道乃与中黄太乙同”，所以双方不必互相残杀。[②] 所谓“中黄太乙”，就是《太平经》中那个至高无尚的“太一妙气”[③]，也是曹丕后来所尊崇的“黄中纯气”[④]。也许是这种文化上的认同，才使曹操创造了以千余人的“新兵”收降“兵皆精悍”的三十万黄巾军“青州兵”的军事奇迹，并使之成为曹操尔后南征北战的主力军。另一位割据汉中的五斗米教教主张鲁，竟然也“宁为魏公作奴，不为刘备上宾”[⑤]。从曹丕的年号“黄初”和曹叡的年号“太和”看，曹魏帝国的哲学依据与早期道教的信仰也有共同之处。所谓“黄初”，既有应五德终始说中土气之德的含义，也有接受太平道“中黄太乙”之气的暗示。因此，曹丕

---

① 据《文物》1978 年第 8 期载《亳县曹操宗族墓葬》一文披露：曹操宗族汉末墓葬出土的砖铭有“仓(苍)天乃死”和“反是怒皇(黄)天”的字样。

② 《三国志·魏书》卷一《武帝纪》注引《魏书》。

③ 王明：《太平经合校》。中华书局 1960 年版，第 2 页。

④ 《艺文类聚》卷六十七曹丕《玉玦赋》。

⑤ 《三国志集解》引《华阳国志》。

既宣布“魏行次为土”[1]，又赞扬“包黄中之纯气，抱虚静而无为”[2]。至于魏明帝的“太和”年号，在《太平经》中是指那种兴帝王的太和之气。“元气有三名：太阴、太阳、中和……三气合并为太和。太和即出太平之气……太和不至，太平不出。”[3]

再者，关于神仙思想。

曹操父子是否相信有神仙存在呢？唐长孺先生曾在《魏晋期间北方天师道的传播》一文中指出：“按曹操乐府如《气出倡》、《精列》等具有神仙思想，歌咏服药长生。聚集这些方士，未必完全为了防止他们‘欺众惑民’，但乃是个重要原因，他当然记得近在目前的黄巾起义。”[4]观曹操诗文集，其中表现神仙思想的作品除《精列》、《气出倡》外，还有《陌上桑》、《秋胡行》等。例如“驾虹蜺，乘赤云，登彼九疑历玉门。济天汉，至昆仑，见西王母，谒东君。交赤松，及羡门，受要秘道爱精神。食芝英，饮醴泉，拄杖桂枝佩秋兰。绝人事，游浑元，若疾风游欻飘翩。”[5]当然，诗作中出现的仙境未必是信仰写实，毛泽东的《蝶恋花·答李淑一》中也写了“杨柳轻飏直上重霄九，问讯吴刚何所有”的诗句，谁也不会以此来证明彻底唯物论者毛泽东信神仙，所以曹操的游仙诗完全可以用艺术意境去解释。从总体上看，曹操作为一

① 《三国志·魏书》卷二《文帝纪》注引《魏略》。

② 《艺文类聚》卷六十七引曹丕《玉玦赋》。

③ 王明：《太平经合校》。中华书局1960年版，第19页。

④ 唐长孺：《魏晋南北朝史论拾遗》。中华书局1983年版，第219页。

⑤ 曹操：《陌上桑》，《先秦汉魏晋南北朝诗》。中华书局1983年版，第348页。

个指挥千军万马的军事统帅，是十分清醒而务实的，但他也不是彻底的无神论者，而像绝大多数古代中国人一样，对神仙亦采取实用态度，游离于信与不信之间。有病则信，病愈则不信；天旱则信，风调雨顺则不信。例如，当爱子曹冲夭折后，曹操痛哭流涕以至失去了理智，一定要为曹冲完成冥婚。先向邴原早亡的女儿“欲求合葬”①，邴原指出这是不符合训典的迷信行为，并严辞拒绝。曹操仍不罢休，转而“为聘甄氏亡女与合葬”②。

曹操的儿子们与其父大同小异。曹丕多次著文指出神仙思想的荒谬：“夫生之必死，成之必败……然而惑者，望乘风云，冀与螭龙共驾。”③而他却在另一首诗中幻想“望乘风云”了：“西山有两仙童，不饮亦不食，与我一丸药，光耀有五色。服药四五日，身体生羽翼。轻举乘浮云，倏忽行万亿。”④至于曹植，神仙信仰比其兄更为强烈，是他诗赋创作的主题之一。读一遍《曹植集》，不言自明。

最后，关于养生术。

曹操对方术的态度具有两面性。虽然他是相信方术的，但处于政治方面的考虑，对方士采取了名为优待，实为控制的政策。鉴于黄巾起义的教训，为了防止方士在民间活动影响政局的稳定，曹操将天下方士招至魏国集中管理。这些方士中有善于行气导引的甘始、通晓房中术的左慈，以及辟谷大

---

① 《三国志·魏书》卷十一《邴原传》。

② 《三国志·魏书》卷二十《武文世王公传》。

③ 《文选》卷二十一《郭景纯游仙诗》注引《典论》。

④ 曹丕：《折杨柳行》，《先秦汉魏晋南北朝诗》。中华书局 1983 年版，第 393 页。

师却俭等人。这些方士也从被束之高阁的处境察觉到了曹操收容他们的真实用意。面对政府严刑峻法的威胁，这些方士亦不敢乱说乱动，“终不敢进虚诞之言，出非常之语”①。

各种迹象表明，曹操对方士的政策是相当英明的，因为当时的中国，神仙方士有着广阔的市场，即使在曹操集团的大本营中也是如此。据曹丕讲，当那位以“能辟谷、饵伏苓”的却俭应召到达国都时，市面上茯苓的价格暴涨数倍，有位叫李覃的人因追随却俭学辟谷食茯苓、饮寒水而导致泻肚子几乎丧命。当闻名四海的气功导引大师甘始到来时，亦掀起了一股导引狂潮，“众人无不鸱视狼顾，呼吸吐纳”②，军谋祭酒董芬因为练功不当几乎窒息而死，“气闭不通，良久乃苏”③。更可笑的是，那位据说是善于房中术，能在性生活中知“补导之术”的左慈到后，在众多的准备通过“还精补脑”延年益寿或成仙的追随者中，竟然还有一位因阉割而失去性功能的宦官严峻。面对如此狂热而盲目的宗教情感，曹丕对众人的愚昧大发感慨：“人之遂声，乃至于是……古今愚谬，岂唯一人。”④

曹氏对方士的限制，并不意味着完全不信方术。从曹植所著《辨道论》到《释疑论》的思想变化看，似乎是方士的表演征服了曹氏父子，改变了他们的态度。曹植说，当全国各地被征召的方士刚入京城时，其父曹操及曹丕、曹植等诸

---

① 《三国志·魏书》卷二十九《华佗传》注引曹植《辨道论》。
② 《三国志·魏书》卷二十九《华佗传》注引曹丕《典论》。
③ 《三国志·魏书》卷二十九《华佗传》注引曹丕《典论》。
④ 《三国志·魏书》卷二十九《华佗传》注引曹丕《典论》。

公子根本不信方士的秘术，而是私下作笑料看待。他在《辨道论》中写道：“自家王与太子及余兄弟，以为调笑，不信之矣。”[①]曹丕在《典论》中，也记述了这一事实，可以佐证曹植所言不误。但是曹植的思想信仰后来发生了巨大的改变：对方术由不信而转为笃信。他又著《释疑论》一文，公开检讨了自己曾在《辨道论》中所持的偏颇观点。他说，自己过去曾认为方术几乎就是骗术，但是当目睹左慈辟谷一月而气色不变的奇迹，观看了甘始将用了仙药的活鱼放入沸油中而不死的表演之后，彻底改变了自己的立场。“乃知天下之事，不可尽知，而以臆断之，不可任也。但恨不能绝声色，专心以学长生之道耳。”[②]

其实，即使在方士们刚刚被召至京师的早期，曹操父子对方术亦并非全部持怀疑态度。他们所讥笑的，大概是方术中关于长生不死和肉身成仙之类内容。在曹操笔下，“神龟虽寿，犹有竟时，腾蛇乘雾，终为土灰。”[③]曹丕也清醒地看到：“生有七尺之形，死惟一棺之土，惟立德扬名，可以不朽，其次莫如著篇籍。”[④]但是，他们对方术中的养生术还是相信的。曹操认为“养怡之福，可得永年”[⑤]。曹丕亦赋诗渴望神童“与我一丸药，光耀有五色”。曹植则表现得更为虔诚，在其

① 《三国志·魏书》卷二十九《华佗传》注引曹植《辨道论》。

② 《抱朴子内篇·论仙》引曹植《释疑论》。

③ 曹操：《步出夏门行》，《先秦汉魏晋南北朝诗》。中华书局1983年版，第354页。

④ 《三国志·魏书》卷二《文帝纪》注引《魏书》。

⑤ 曹操：《步出夏门行》，《先秦汉魏晋南北朝诗》。中华书局1983年版，第354页。

诗文中处处可见这种心态:“我知真人,长跪问道……授我仙药,神皇所造。教我服食,还精补脑。寿同金石,永世难老。”①“王子奉仙药,羡门进奇方,服食享遐纪,延寿保无疆。”②“得道之真人,咸来会讲仙。教尔服食日精,要道甚省不烦。”③曹氏父子的服食长生术并非仅仅限于诗文中的精神向往,而是实实在在地实施了。以曹操为例:

> 一说皇甫隆遇青牛道士,姓封名君达。其余养性法,即可放用。大略云:体欲尝少劳,无过虚。食去肥浓,节酸硷,灭思虑,损喜怒,除驰逐,慎房室施泻。秋冬闭藏,详别篇。武帝行之有效。④
>
> 甘始、左元放、东郭延年,行容成御妇人法,并为丞相所录问,行其术,亦得其验。⑤
>
> 又好养性法,亦解方药,招引方术之士庐江左慈、谯郡华佗、甘陵甘始、阳城郄俭,无不毕至。又习啖野葛至一尺,亦得少多饮鸩酒。⑥

从上文看,曹操的养生术至少包括房中术和服食两项内容。曹操习房中术不见其他佐证,而服食之事却有其他资料记载。

---

① 曹植:《飞龙篇》,《先秦汉魏晋南北朝诗》。中华书局1983年版,第421页。

② 曹植:《五游咏》,同上。第434页。

③ 曹植:《桂之树行》,《先秦汉魏晋南北朝诗》。中华书局1983年,第437页。

④ 《博物志》卷五引曹丕《典论》。

⑤ 《博物志》卷五引曹丕《典论》。

⑥ 《三国志·魏书》卷一《武帝纪》注引张华《博物志》。

例如曹丕《典论》所说的那位皇甫隆教曹操服食之事，《千金方》引用了曹操与皇甫隆的信，信中向皇甫隆索求服食药方：“闻卿年出百岁，而体力不衰，耳目聪明，颜色和悦，此惑事也。所服食施行导引，可得闻乎？若有可传，想可密示封内。”《博物志》所列举的曹操所服用野葛、鸩酒一事，卢弼于《三国志集解》此条下旁征博引，证明野葛是一种毒性极强的野生草药，食用容易引起生命危险，至于所饮鸩酒，更是世人皆知的毒酒。服用任何毒药如低于致死量，都不会危及生命，况且当时大约有相应的解药。按魏晋养生学的看法，适当服用毒药，会以毒攻毒达到养生目的。何晏所服用的养生毒药“寒食散”，与曹操吃野葛喝鸩酒的药理相似，这很可能是家族影响所致。

寒食散有多种配方，史籍中可见的有：五石更生散、五石护命散、三石散、侯氏黑散、紫石寒食散等。由于服用此类药后，除可饮热酒外，其他食物一律必须冷吃，否则性命难保，因此取名为寒食散。何晏虽然不是寒食散的发明者，但却是魏晋南北朝时期服寒食散风潮的首倡者。“寒食散之方虽起汉代，而用之者寡，靡有传焉。魏尚书何晏首获神效，由是大行于世，服者相寻也。”①

关于寒食散的产生，西晋皇甫谧考证后指出，汉末寒食散的发明者在当代已无法详考，有人说是华佗，有人讲是张仲景。鉴于华佗擅长外科，不重药物治疗，而张仲景精于药理，况且张仲景著作中有《侯氏黑散》和《紫石英方》两种与寒食散近似的药方，其服药后的调理方法——饮热酒、吃

---

① 《世说新语·言语》注引秦丞相《寒食散论》。

冷食、冷水浴等方法也与寒食散相近,因此可认为寒食散渊源于张仲景。[①]《太平广记·卷二百一十八》引《小说》载,张仲景曾建议王粲服五石汤治病,虽非散剂,亦可佐证。《金匮要略》一书中保存了张仲景的《侯氏黑散方》和《紫石寒食散方》,文多不引。从配方内容看,《侯氏黑散方》是草本类药,矿石类药仅矾石一味;《紫石寒食散方》中有矿石类药四种,与何晏之后盛行的五石散也不同。从配方内容看,何晏率先服用的"五石散"大概是由上述两个方子改变而成。新方以《紫石寒石散方》为主,加上石硫黄,以桂心代替桂板。减去太乙余粮和鬼臼,再加上《侯氏黑散方》中的白术、细辛、人参三味,就成了著名的《五石更生散》,其内容如下:

> 五石更生散,治男子五劳七伤,虚羸著床,医不能治,服此无不愈,惟久病者服之。其年少不识事,不可妄服之。明于治理,能得药适,可服之。年三十勿服。或肾冷脱肛阴肿,服之尤妙。
>
> 紫石英二两半　白石英二两半　赤石脂二两半
>
> 钟乳二两半　石硫黄二两半　海蛤二两半
>
> 防风二两半　栝楼二两半　白术七分
>
> 人参三两　桔梗五分　细辛五分
>
> 乾姜五分　桂心五分　附子炮三分去皮
>
> 以上十五味药,捣筛为散,酒服方寸匕,日二。中间节量,以意裁之。万无不起。热烦闷,可冷水洗面及手足,身体亦可混身洗。若热欲去石硫黄、赤

① 巢元方:《诸病源候总论》卷六《寒食散发候》引皇甫谧《寒食散论》。

石脂，即名三石更生散。一方言是寒食散，方出何侯。①

上文所说“何侯”即指关内侯何晏。寒食散是一种剧毒药，如果不懂药理而服用，必死无疑。据巢元方《诸病源候总论·卷六·寒食散发候》所言，服寒食散后，伴随毒力发作会产生巨大内热，因此需要一整套极细微、极烦琐的程序将毒力、热气散发掉，即所谓“散发”。如果散发得当，体内疾病将随毒热一起挥发掉；假如散发不当，则五毒攻心，后果不堪设想。即使大难不死，也将留下严重后遗症，在极其痛苦的折磨中慢慢死去，惨不忍睹。何晏有能力改良寒食散配方，并率先服用，“大获神效”。可见他对方药尤其毒药的解毒方法深有研究，这无疑得益于其养父及周围方士们服食毒药的教育传授。何晏青出于蓝而胜于蓝，寒食散经他而大为流行。“近世尚书何晏，耽好声色，始服此药，心加开朗，体力转强。京师翕然，传以相授，历岁之困，皆不终朝而愈。众人喜于近利者，不睹后患。晏死之后，服者弥繁，于时不辍。”②

何晏五石更生散问世以后，寒石散的配方并未从此停滞，而是在此基础上不断增减变化，创造性地派生出许多配方，其服用的范围亦日益扩大，超越了治疗痼疾的范围，在患小病甚至健康的士族知识分子中迅速蔓延，影响魏晋南北朝文化达几百年之久，对所谓魏晋风度的形成起了重要作用。

① 《千金翼方》卷二十三。
② 巢元方：《诸病源候总论》卷六《寒食散发候》引皇甫谧《寒食散论》。

前人对此描述甚多,然而对于寒食散流行的原因,却一直是个不解之谜。有多种推测,如治病、寻求刺激、追求时髦等等,何晏谈自己的体验时这样表述:“服五石散,非唯治病,亦觉神明开朗。”[①]所谓神明开朗,大概是获得欣快感、精神超越感。另外,可能也与当时的仙药观念关系密切。金正耀先生指出:“魏晋人慨叹人生短暂,生命无常,最常用的有两个比喻,一是朝露,一是金石。前者喻生命转瞬即逝,往焉难追;后者的比喻多以否定的形式出现,抒发人寿难如金石之固的悲哀,表现了一种希望和冀求……在当时人的观念中,金石是坚固的。人若同金石一样,就能长寿。对金石稳定性质的崇拜,使人们总幻想把它们的性质转移到人体中。魏伯阳《周易参同契》说:‘金性不败朽,故为万物宝。’主张服食黄金。魏晋人则风行服食‘五石散’。”[②]由此可见,在服散的诸多动机中,神仙思想的影响也不可忽视,从曹丕诗中“光耀有五色”的仙药到何晏的五石散,其道一也。

何晏在道术方面的家庭影响,并非结出寒食散一个果实,而且使他对神仙家和术数派《易》学都持赞同态度。例如《文心雕龙·明诗》说:“正始明道,诗杂仙心,何晏之徒,率多浮浅。”刘勰治学严谨,如果未见到过何晏的游仙诗,不会发此空论。又如,何晏正始九年请术士管辂为己占卜,并对管辂的象数易学津津乐道。总之,若干年后,当何晏以理性哲学家的面目活跃于历史舞台时,其思想仍表现出了混杂性,这些都

① 《世说新语·言语第二》。

② 金正耀:《道教与科学》。中国社会科学出版社 1991 年版,第 84—85 页。

与其家庭文化传统密不可分。

以上我们侧重讨论了曹氏家庭道家思想因素对何晏的影响，其实，这只是一个侧面而已。儒家伦理精神和政治理想的直接灌输式教育和潜移默化作用仍然是不可忽视的。例如，儒家经典仍是曹氏家庭子女文化启蒙的必读课本，曹操反复强调，重名法是战争特殊环境所致，以儒家伦理道德教化治国，才是社会政治的常态，声称：“治定之化，以礼为首；拨乱之政，以刑为先。”[①]“治平尚德行，有事赏功能。”[②]建安八年，即官渡之战第二年，北方形势稍定之时，即发布《脩学令》：“丧乱已来，十有五年，后生不见仁义礼让之风，吾甚伤之。”命令各县建立学校，学习儒家经典。曹操的这种思想倾向并不奇怪。因为儒家的纲常伦理及政治思想，经过两汉几百年的实践，已成为民族精神生活中一个不可缺少的组成部分，三纲五常，在任何情况下，都是社会公认的行为准则。因此，作为传统文化一部分的儒家思想再由曹氏传至何晏，也是顺理成章、自然而然的事。

在历代封建正统文人笔下，何晏被描绘成一个“蔑弃典文、不遵礼度”的人物。[③] 然而现存史料中却几乎找不到关于何晏行为放荡的有力证据，仅有其喜欢擦粉打扮和喜欢穿女人服装的记载。余嘉锡先生在《世说新语笺疏·容止》中为擦粉一事写了一段长文，在考察了自汉末名士李固到曹植的擦粉习惯后指出：“何晏之粉白不去手，盖汉末贵公子习气如此，

① 《三国志·魏书》卷二十四《高柔传》。

② 《三国志·魏书》卷一《武帝纪》。

③ 《晋书》卷七十五《范宁传》。

不足怪也。"鲁迅先生曾这样写道:"何晏的名声很大,位置也很高,他喜欢研究《老子》和《易经》。至于他是怎样的一个人呢?那真相现在可很难知道,很难调查。因为他是曹氏一派的人,司马氏很讨厌他,所以他们的记载对何晏大不满。因此产生许多传说,有人说何晏脸上是搽粉的,又有人说他本来生得白,不是搽粉的,但究竟何晏搽粉不搽粉呢?我也不知道。"[①]鲁迅先生对魏晋文化极有研究,他的看法言之有据。

陈寿在《三国志》中称何晏"好老庄言",对这种说法,当时就存在不同意见。东晋时期的王坦之对不遵礼法的放达之风深恶痛绝,著《废庄论》一文,在所引用的前代反对庄子的礼法之士的名单中,竟然有何晏及其高论:"荀卿称庄子'蔽于天而不知人'。扬雄亦曰:'庄周放荡而不法。'何晏云:'鬻庄躯,放玄虚,而不周乎时变。'三贤之言,远有当乎?"[②]从史实看,何晏似乎亦好儒家言,他所主编的《论语集解》一书,是典型的正统儒家著作,被唐代统治者视为标准注本。他对儒家礼仪甚有研究,《通典》所收录的《与夏侯太初难蒋济叔嫂无服论》,便是何晏关于丧礼的专题文章。尤其是正始八年秋天他所写的《奏请大臣侍从游幸》一文中,对小皇帝曹芳不遵礼教、放达不羁的行为提出了正面劝诫。文中引经据典,以尧舜禹周公为楷模,强调加强自我道德修养及选择正派侍从的重要性,"善为国者,必先治其身,治其身者慎其所习。所

① 鲁迅:《而已集·魏晋风度及文章与药及酒之关系》。人民文学出版社1973年版,第86页。

② 《晋书》卷七十五《王坦之传》。

习正其身正，其身正则不令而行；所习不正则其身不正，其身不正则虽令不从。是故为人君者，所与游必择正人，所观览心察正象，放郑声而弗听，远佞人而弗近，然后邪心不生而正道弘也……”[①]如果何晏本人在当时的朝野均以放荡公子形象出现，那么他公然发表这种长篇道德告诫就是不近情理的事。无怪有些清儒据此将何晏视为被诬的儒家人物，并认为《三国志》作者陈寿迫于当时的政治高压而不敢公然替何晏立公正之传，只在该书《齐王曹芳纪》中收录了这篇文章的全文，以便使后人能够认识何晏是一个有“大儒之风”的人物。

综合各家不同的说法，我们可以看出，何晏一方面像其养父曹操一样，是一个各种思想的复合体，但又有明显的差异。如果抛开各种次要因素而抓其主要特征的话，何晏的思想性格无疑由儒、道两个鲜明的思想侧面构成：政治态度上的儒家倾向与人生态度上的道家自然倾向并行，既追求人性自由，又恪守封建礼教，力求二者的和谐与统一。这种人格心理的双重化，不仅是以何晏为代表的正始玄学名士的基本思想特征，也是尔后魏晋正统玄学人物的基本思想特征。

如果扩大一下视野，则不难看出，何晏与曹氏家族文化传统的承袭关系，不过是以曹操为代表的魏初名士与正始名士两代人之间思想发展的历史缩影，它深刻反映了汉魏之际中国知识分子人格双重化的历史进程。

本书在《引论》部分介绍汉魏之际三代知识分子之间的关系时，侧重强调他们的共同点文化继承性。然而也应当看到

---

① 《三国志·魏书》卷四《齐王曹芳纪》。

他们之间的差异。以何晏为代表的正始名士生长在建安—黄初时代的文化氛围中，但他们只是那个时代精神的“养子”，而不是“骄子”，他们是面向未来的一代人。一般情况下，年轻一代往往对父辈的作为不满意，准备开创新的生活；父辈也对下一代的新思想难以接受，因为它不符合自己的经验。因此，两代人之间的摩擦是难免的，其中有思想差异，也有利益冲突，如果处理不妥，还可能导致激烈对抗。例如曹操尽管与党锢人物关系密切，但后来也对汉末清议不乏微词，还杀边让、孔融以正视听。正始名士与魏初名士之间的纠葛则更为复杂，两者之间的矛盾冲突，几乎构成了曹魏中期历史发展的主线索。这一切最初发生于魏明帝曹叡太和年间的京师洛阳，何晏也作为正始名士的领袖开始步入历史舞台。

第二章 太和“浮华”少年的领袖

魏明帝太和年间，以何晏为首的一批贵族青年士人步入了社会舞台。他们聚众交游、品评人物、探讨宇宙人生的哲理，一时风靡了上层青年思想界。在朝中当权派眼中，这是危害社会稳定的非法结社活动，应予取缔；在我们的历史视野中，则是魏晋玄学思潮即将到来的前兆，正始之音的序曲，也是汉晋之际正作上升运动的士族社会必然发生的文化现象。

一、浮华案前后

公元226年，魏文帝曹丕英年早逝，其子魏明帝曹叡继承了皇位，但何晏的政治命运并没有发生根本性变化。在魏明帝统治期间，何晏已从“无所事任”的处境变为“冗官”——大概因为与沛王曹林的妹妹金乡公主结婚而被封为关内侯，并加上了“驸马都尉”这个当时皇亲国戚一般都能得到的闲散虚职。如果说魏明帝有时也使用何晏的话,那么也是让他陪同游宴,为吾皇的丰功伟绩吟诗作赋以歌功颂德。例如何晏就曾遵命为新建的景福殿作赋,为曹叡粉饰太平。虽然何晏在该赋中也借机躲躲闪闪地阐述自己的政治见解,要求实施无为而治的政治方针,但这些观点除了现代研究者们由之而发现何晏此时的玄学思想萌芽之外,在当时朝中没有引起什么思想波澜。在历史记载中,除文赋之外,何晏引起魏明帝注意的并不是其思想见解,而是其漂亮的仪表。“何平叔美姿仪,面至白。魏明帝疑其傅粉,正夏月,与热汤饼。既噉,大汗出,以朱衣自拭,色转皎然。”[①]很明显,何晏的地位只是一个文学侍从或名为“驸马都尉”的高级文化倡优。

对于一个年仅二十多岁的青年来说,魏明帝赐与的政治待遇也不能算太低,但何晏出身魏王室,又是个才华横溢并且有政治抱负的思想家,所以这种境遇与他的期望值之间却有天渊之别。在何晏的主观感觉中,此时的他与被打入冷宫的曹丕时代相比,也只能算从第十八层地狱升入第十七层而已。当时,在何晏的朋友中和他一样自认为受到魏明帝不公正待遇的青年官员,有曾“为尚书郎,除洛阳令,坐事免”[②],被一度罢官的邓飏,还有著名的青年士人领袖夏侯玄。

夏侯玄,字太初,出身于因为曹魏帝国的创建立下汗马功劳而著名的夏侯氏家族。他的族祖父夏侯淳、从祖父夏侯渊,都是著名的军事将领;父亲夏侯尚,与曹丕私交甚密,位

① 《世说新语·容止第十四》。
② 《三国志·魏书》卷九《曹爽传》注引《魏略》。

至征南将军。夏侯氏家族不仅是军事世家，同时也有良好的文化传统。黄初六年(公元226年)夏侯尚去世，年仅17岁的夏侯玄继承父亲的爵位，太和二年便"弱冠为散骑黄门侍郎"①。自曹丕时代开始，散骑黄门侍郎多由杰出的青年才子充任，作为高层次政治人材的锻炼、储备机构。"是时，散骑皆以高才英儒充其选。"②曹丕曾专门下诏解释散骑侍郎的政治意义："今便以参散骑之选，方使少在吾门下知指归，便大用之矣。天下之士，欲使皆先历散骑，然后出据州郡，是吾本意也。"③但是有时皇亲国戚中的平庸之辈，依靠裙带关系也会进入散骑显职，这往往引起社会舆论的不满。曹丕时，有位叫孟康的官员靠郭皇后的关系居该职，被时人所讥笑，"号为阿九"④，夏侯玄太和初任散骑时也遇到同样的问题：魏明帝所宠爱的毛皇后出身于低贱的"典虞车工"家庭，其弟毛曾愚笨而粗俗，却借皇后势力跻入散骑侍郎行列，与夏侯玄"朗朗如日月之入怀"的高贵气质形成鲜明的反差。⑤ 魏明帝使后弟毛曾与夏侯玄共坐，时人谓"蒹葭倚玉树"⑥。蒹葭，即芦苇。时人况且如此，夏侯玄本人当然更不满。这位以气量弘大著称的人物也失去了自制力，愤愤之色溢于言表："尝进见，与皇后弟毛曾并坐，玄耻之，不悦形之于色。明帝恨

① 《三国志·魏书》卷九《夏侯玄传》。
② 《三国志·魏书》卷十六《杜恕传》注引《魏略》。
③ 《三国志·魏书》卷二十四《崔林传》注引《魏名臣奏》。
④ 《三国志·魏书》卷十六《杜恕传》注引《魏略》。
⑤ 《世说新语·容止第十四》。
⑥ 《世说新语·容止第十四》。

之,左迁为羽林监。”[1]曹叡对夏侯玄还算客气,他不愿彻底得罪军事世家夏侯氏家族,将其逐出散骑黄门侍郎了事。

何晏、夏侯玄、邓飏等政治上不得志的人物结合在一起成为洛阳上层青年士人中已经形成的交游清谈活动的活跃人物。当时,尽管直接遭受政府当权派贬抑的青年官员并非多数,但像何晏、夏侯玄之类自我感觉怀才不遇的政治心态在青年士人中却不是孤立现象。这时一大批出身豪门年龄在二十岁左右的青年士人正步入仕途,在洛阳中央政府任职,他们的才华、个人期望与实际可能有一定差距。同时在这些青年中萌生的新的政治哲学思想又使他们看不起父辈的治国政绩,而那些建安功臣们正年富力强地位于政府各种要职。魏明帝曹叡此时虽然也是二十余岁的青年,但他是个守成之君,通过依靠父辈的建安老臣来维持已形成的政治格局。在这种形势下,京师洛阳的上层青年知识分子中萌发了一种新风气:他们并不像传统官僚机器中的“零件”那样在各自的部位老老实实地听天由命,而是自发地联合起来,互相交游,建立政治关系网络;品评人物,形成自己的人材舆论;探讨社会政治和宇宙人生哲理,以宣泄过盛的思想能量。这种风气在太和元年就已见端倪:

> (荀粲)太和初,到京邑与傅嘏谈。嘏善名理而粲尚玄远,宗致虽同,仓卒时或有格而不相得意。裴徽通彼我之怀,为二家骑驿,顷之,粲与嘏善。夏

① 《三国志·魏书》卷九《夏侯玄传》。

侯玄亦亲。①

有些学者认为文中"善名理"的傅嘏与"尚玄远"的荀粲之间的争论是礼法之士与玄学家的争论。这种看法很难成立。《世说新语·文学第四》转载上述事件时,称傅嘏为"善言虚胜"。可见,名理与虚胜含义相似,指研究天地万物之中的"道"或"理",而荀粲的"尚玄远",大概是喜欢研究天地之外的"道"。总之,两人并无根本不同,仅是认识角度差异。正因为双方"宗致"相同,所以裴徽才能调合双方观点,"释二家之义,通彼我之怀,常使两情皆得,彼我俱畅"②,达成一致见解,最终成了思想上的好朋友。荀粲和裴徽都是著名的玄学人物,对他们的思想事迹,后面还要多次涉及。在太和时期,这种交游清谈中最著名的领袖人物还不是他们,而是何晏、夏侯玄、邓飏。

是时何晏以材辩显于贵戚之间,邓飏好交通,合徒党,鬻声名于间阎,而夏侯玄以贵臣子少有重名,为之宗主。③

从《傅子》上文评述看,何晏、邓飏和夏侯玄三位活跃人物的特点和作用各不相同。何晏似乎以思想家形象出现,以其突出的"材辩"——对人材问题的雄辩而驰名于思想界。邓

① 《三国志·魏书》卷十《荀彧传》注引《荀粲传》。
② 《世说新语·文学第四》。
③ 《三国志·魏书》卷二十一《傅嘏传》注引《傅子》。

飏善于联系交际，打通各种人事关系，“好交通，合徒党”。夏侯玄则以其人格的内在力量居于“宗主”地位。对照他们后来在历史舞台上的角色，《傅子》的说法尽管带有贬意，但基本特征还是符合实际的。

各种迹象表明，以何晏、夏侯玄为首的聚会清谈活动在洛阳上层的知名度日益扩大。“收名朝廷，京师翕然。”[①]越来越多的青年士人参加进来，并形成了一种时髦风气，在京师弥漫开来。这种活动对青年士人的巨大吸引力，一方面来自新思想的感召，但更重要的却是其人物品评内容。作为荐举制选官制度的人材依据，汉魏之际人物品评活动十分活跃。来自“民间”的人材清议舆论所形成的声价，直接影响着未来的仕途通塞。引起清议注意的最佳方法，是加入人物品评中心，结交人材鉴识权威。如果在人物批评活动中获得“知人”美名，意义更为重大，因为，具有“知人”能力，被视为参与高层政治活动的必要才干。从史书记载看，汉魏之际的重要政治家大都被认为有这种资本。比如曹操、荀彧、荀攸、诸葛亮等人都以“知人”闻名。所以一旦被舆论界定为“知人”，则声价倍增，而参与人物品评活动则是获得此项殊荣的唯一途径。例如何晏的朋友李丰早在黄初时期，“年十七八，在邺下名为清白，识别人物，海内翕然，莫不注意”[②]。积极参与何晏的人物品评活动，以至声名远扬至孙吴。有一次，魏明帝问孙吴的降人：“江东闻中国名士者谁？”降人回答：“闻有李安国者是。”魏明帝十分惊讶：“丰名乃被于吴

① 《三国志·魏书》卷二十八《诸葛诞传》。
② 《三国志·魏书·夏侯玄传》注引《魏略》。

越邪?”[①]总之,大量的青年士人被此风所裹携,连司马懿那位以务实而闻名的儿子司马师也被吸引而至。“初,夏侯玄、何晏等名盛于时,司马景王亦预焉。”[②]另外,何晏等人也非守株待兔,而是四处伸出触角,十分积极地与一切有才能的青年名士交朋友,所以,很少有人愿意游离于这个团体之外,据说只有傅嘏例外:

> (何晏、夏侯玄、邓飏)求交于嘏而不纳也。嘏友人荀粲,有清识远心,然犹怪之。谓嘏曰:“夏侯太初一时之杰,虚心交子,合则好成,不合则怨至。二贤不睦,非国之利,此蔺相如所以下廉颇也。”嘏答之曰:“太初志大其量,能合虚声而无实才。何平叔言远而情近,好辩而无诚,所谓利口覆邦国之人也。邓玄茂有为而无终,外要名利,内无关钥,贵同恶异,多言而妒前;多言多衅,妒前无亲。以吾观此三人者,皆败德也。远之犹恐祸及,况昵之乎?”[③]

《傅子》的作者傅玄,是傅嘏的从弟,二人在正始时期都是何晏的政敌,高平陵政变后又都是司马氏的死党,所以历代史家都怀疑《傅子》这段文字的真实性,认为是傅玄用了曲笔故意贬低何晏、夏侯玄,以烘托傅嘏的知人之明。如裴松之

① 《三国志・魏书》卷九《夏侯玄传》注引《魏略》。
② 《三国志・魏书》卷九《曹爽传》注引《魏氏春秋》。
③ 《三国志・魏书》卷二十一《傅嘏传》注引《魏略》。

在《三国志 · 傅嘏传》中注引了《傅子》的这段文字后即指出其不可信,认为傅嘏不可能知道“夏侯之必危……《傅子》此论,非所以益嘏也”①。李慈铭说:“案夏侯重德,平叔名儒,嘏于是时名位未显,何至内交见拒,且烦奉倩为言?观《晋书 · 列女传》,当何、邓在位时,嘏之弟玄以见恶于何、邓,至于求婚不得。岂有太初岳岳,反为嘏辈为重?此自缘三贤败后,晋人增饰恶言。”②此外,近代著名学者余嘉锡在其力作《世说新语笺疏 · 识鉴第七》中,旁征博引写了二千余字的考辨文章,以何劭《荀粲传》为据,指出:“傅玄著书,为其从兄门户计,又从而傅会之耳。”③

先贤的考辨,实属不刊之论,但是退一步讲,即使《傅子》所言是事实,也可证明当时绝大多数青年士人十分愿意与何晏、夏侯玄交往。正因为傅嘏的行为不合常情,所以才引起荀粲的诧异,“犹怪之”。

总之,到太和中后期,这种结社交游、清谈论辩的风气已在京师弥漫开来,尤其是形成了来自“民间”的人材清议舆论,影响了政府的选官活动。汉末党锢之祸还记忆犹新,殷鉴不远。于是作为当权派的魏初名士集团本能地作出了反应,建安老臣董昭首先出场,上书魏明帝,要求予以严厉制裁。他指出:“当今年少,不复以学问为本,专更以交游为业;国士不以孝悌清修为首,乃以趋势游利为先。合党连群,互相褒叹。以毁訾为罚戮,用党誉为爵赏……皆法之所不取,刑之

① 《三国志 · 魏书》卷二十一《傅嘏传》裴松之案。
② 余嘉锡:《世说新语笺疏 · 识鉴第七》。中华书局1983年版,第385页。
③ 余嘉锡:《世说新语笺疏 · 识鉴第七》。中华书局1983年版,第386页。

所不赦。”①

魏明帝对董昭的建议迅速作出反应。他下诏要求严办“浮华”案。“帝于是发切诏，斥免诸葛诞、邓飏等。”②关于这次案件发生的时间，史料记载有所差异。据董昭本传记载，其上疏一事发生在太和六年之后，魏明帝下诏也应在此年之后。但是《资治通鉴》却将此事系于太和四年下面，这是不对的。不错，魏明帝是于太和四年发布过一道反“浮华”的诏书，其内容如下：

> 兵乱以来，经学废绝，后生进趣，不由典谟。岂训导未洽，将进用者不以德显乎？其郎吏学通一经，才任牧民，博士课试，擢其高第者，亟用；其浮华不务道本者，皆罢退之。③

细观诏书内容，则不难发现其主旨是要求知识分子以儒学为本，加强对六经的学习，对浮华现象发出警告。这与充满了逮捕、禁锢等严厉制裁措施的“浮华案”显然不是一回事。再者，时间上也与其他史料所载不符。《魏略》说，李胜因此案被“禁锢数岁，帝崩，曹爽辅政，胜为洛阳令”④。太和四年（公元230年），距魏明帝逝世的景初三年（公元239年），相距整十年，《魏略》不可能将十年记载为“数岁”。那么，它

---

① 《三国志·魏书》卷十四《董昭传》。
② 《三国志·魏书》卷十四《董昭传》。
③ 《三国志·魏书》卷三《明帝纪》。
④ 《三国志·魏书》卷九《曹爽传》注引《魏略》。

发生在哪一年呢?《三国志·魏书》卷十四《董昭传》将上疏一事置于太和六年董昭任司徒一职后:“六年,拜真。昭上疏陈末流之弊曰……”董昭任司徒的时间为太和六年(公元 232 年)七月,青龙四年(公元 236 年)五月死于职位上。不能否认,浮华案也有发生在青龙年间的可能性。比如景福殿太和六年九月才落成,何晏受明帝之命写了著名的《景福殿赋》,可见浮华案只能在其作赋之后发生,不可能早于该时。又如,史书明确记载毕轨因浮华案而被罢了官“皆抑黜之”[1],但至少青龙元年,他仍任并州刺史,与鲜卑轲比能作战。[2] 毕轨系皇亲,与明帝交情较深,不排除被特殊对待的可能性,所以在无确凿证据的情况下,不妨仍将案发时间暂定为太和六年。并作如下合理推测:“浮华交会”之风由来已久,魏明帝太和四年曾下诏,力图以崇尚儒术来遏制这股风潮,没有收效,因而于太和六年,在董昭的建议下断然采取了镇压措施。史料中有关这一事件内容方面的记载比较简略,最详细的一条资料如下:

> 是时,当世俊士散骑常侍夏侯玄,尚书诸葛诞、邓飏之徒,共相题表,以玄、畴四人为四聪,诞、备八人为八达,中书监刘放子熙,孙资子密,吏部尚书卫臻子烈三人,咸不及此,以父居势位,容之为三豫,凡十五人,帝以构长浮华,皆免官废锢。[3]

---

① 《三国志·魏书》卷九《曹爽传》。
② 《三国志·魏书》卷三《明帝纪》。
③ 《三国志·魏书》卷二十八《诸葛诞传》注引《世语》。

《资治通鉴》引上段文字时，“玄、畴”为“玄等”，指夏侯玄等人；“诞、备”为“诞辈”指诸葛诞等辈，文义较通。此句大意是说，他们在互相品题时，将夏侯玄等四人称为“四聪”，将诸葛诞等八人称为“八达”。聪，指聪明；达，指通达；豫，指参与，分属三个人材层次。四聪最高，八达次之，三豫仅具参与资格。这种品评方法是汉末以来经常使用的，容易产生较强的人材舆论。“三豫”属于随从，因父辈权势而参与，可以不预考虑，那么，这个号称“四聪、八达”集团究竟由哪些人组成呢？除上文列举夏侯玄、诸葛诞之外，《三国志·魏书》卷九《曹爽传》也提供了一个名单：“南阳何晏、邓飏、李胜，沛国丁谧，东平毕轨咸有声名，进趣于时，明帝以其浮华，皆抑黜之。”综合一下，可整理出如以下核心人物：何晏、夏侯玄、诸葛诞、邓飏、李胜、丁谧、毕轨七人。熟悉曹魏历史者一眼即可看出，这些人物亦是正始时期曹爽政治改制集团的主要领袖人物和骨干分子，也是司马懿高平陵政变时作为曹爽死党而屠杀的目标。显而易见，这个组织在太和时期就已经形成，它构成了正始名士的政治核心。

除上述“四聪八达”的核心人物外，其他有据可查的在太和时期即参与其活动的青年名士还有荀粲、裴徽、李丰、刘陶等人。傅嘏、司马师此时大概也介入了这类活动，政治利益使他们产生分歧，是后来的变化。在此，我们将太和六年（公元232年）浮华案发的历史瞬间定格，考查这时上述人物的年龄、职务及家族历史和父兄官职，请看下表：

姓名	字	生卒年	太和时职务	东汉家世	父兄名及在曹魏官职
何晏	平叔	？—249	驸马骑都尉	祖父大将军何进	养父曹操
夏侯玄	太初	209—254	羽林监		父夏侯尚，征南将军
诸葛诞	公休	？	尚书	诸葛丰后代	
邓飏	玄茂	？—249	中书郎		
丁谧	彦靖	？—249	度支郎中		父丁斐，典军校尉
毕轨	昭先	？—249	黄门郎		父毕子礼，典农校尉
李胜	公昭	？—249			父李休，太守
刘熙				汉王室后代	父刘放，中书监
孙密					父孙资，中书令
卫烈				祖父卫慈汉末名士	父卫臻尚书右仆射
裴徽	文季			世为著姓	父裴茂，封列侯 兄裴潜，尚书令
荀粲	奉倩			曾祖父荀淑	父荀彧，尚书令
李丰	安国	？—254	给事中		父李义，卫尉
刘陶	季治	？—255		汉王室后代	父刘晔，大鸿胪
傅嘏	兰石	209—255	司空掾	祖父傅睿太守	父傅充，黄门侍郎
司马师	子元	208—255		世为二千石	父司马懿，大将军

据上表内容，我们可以得知如下情况：

其一，他们的年龄一般在20—30岁之间。夏侯玄和傅嘏时年23岁，司马师24岁。其他人物的年龄已难详考，但从各种迹象看，相互间差距不会太大。例如，《魏略》说，“李丰黄初中……年方十七八”①。假设此时是黄初元年（公元 220 年），李丰已 17 岁，那么到太和六年，也不超过 29 岁。又如邓飏，《魏略》说他“少得士名于京师”②。史学界认为“士名”是延康元年（公元 220 年）实行九品中正制后中正对士人的身份肯定。“少得士名”说明此时邓飏年龄不超过 18 岁，那么太和六年其年龄也不会大于 30 岁，很可能小于这个数字。

其二，浮华案时，这些人物均在洛阳，有些人于中央机关任职。其中无明确任职记载者，并非闲散人员，按一般惯例，亦应在职，只是史书未做记载。

其三，汉末家世多样化，有些人物为东汉以来的名门，如世为著姓的裴徽、诸葛诞、傅嘏、司马师、邓飏、荀粲、刘熙、刘陶等。家世史籍无载者，大概是父辈汉末动乱中随曹操征战而白手起家的暴发户。如夏侯玄、丁谧、孙密、李丰、李胜等人。不过其共同点都是十分明显的，即这些人的父兄辈都是曹魏帝国的新贵。这种由汉末士人与土豪融合而成的曹魏新贵，才是魏晋南北朝士族社会的真正开创者。他们子弟共同的活动和友谊说明彼此之间社会身份和文化上的认同。共同的阅历和所面临的时代课题，使他们于太和时期走到了一起。

面对贵族青年士人的结社现象和保守派大臣的抗议，魏明帝本来决心严办一次“浮华案”，下令逮捕了李胜等人。

---

① 《三国志·魏书》卷九《夏侯玄传》注引《魏略》。

② 《三国志·魏书》卷九《曹爽传》注引《魏略》。

"明帝禁浮华，而人白胜堂有四窗八达，各有主名。用是被收，以其所连引者多，故得原，禁锢数岁。"很明显，由于该案涉及人太多，而且这些人的父辈都是朝中举足轻重的人物，所以，魏明帝感到很棘手，只得将案中的李胜、何晏、邓飏等人免官禁锢，匆匆收场。

在浮华案结束后的明帝青龙、景初时期，尽管史籍上已不见何晏、夏侯玄等人的活动，但其影响似乎并未消除，魏明帝对此可谓念念不忘。直至青龙四年卢毓出任吏部尚书后，曹叡仍下诏提醒要抵制"浮华"分子造成人材舆论。"前此诸葛诞、邓飏等驰名誉，有四聪八达之诮，帝疾之。时举中书郎，诏曰：'得其人与否，在卢生耳。选举莫取有名，名如画地作饼，不可啖也。"[①]卢毓向曹叡建议，应建立考试制度来检验人才，这是对付浮华舆论的最好办法，曹叡接受了卢毓的建议，下令刘邵起草《考课法》以遏制"浮华交会"的潜在威胁。但是，《考课法》于一年后出台不久，就随魏明帝个人生命的结束而一同夭折了。直至魏明帝离开人世，他一直没有松懈对"浮华"风死灰复燃的警惕。

二、新思潮的萌动

太和"浮华"之风实质上是魏晋玄学思潮的萌动。尽管这时它还很不成熟，但是那些士族社会的思想先驱们已经通过他们的活动向社会显示了新思潮即将到来。他们的人格行为，清谈名理和文章诗赋，都表现出玄学的基本特征。如果

① 《三国志·魏书》卷二十二《卢毓传》。

说，夏侯玄是以其人格的内涵体现了玄学的精神的话，那么何晏则以人物品题和文章展示了新思潮的方向。

众所周知，人物品评是汉魏之际最重要的时代论题，何晏于太和时期的理论活动，也首先表现在"以材辩显于贵戚间"，即在上层贵族青年中从事人物品评活动。

> 初，夏侯玄、何晏名盛于时，司马景王亦预焉。晏尝曰："唯深也，故能通天下之志，夏侯太初是也；唯几也，故能成天下之务，司马子元是也；惟神也，不疾而速，不行而至，吾闻其语，未见其人。"盖欲以神况诸己也。①

何晏品评人物所用典故出自《易·系辞上》，原文为："夫《易》圣人之所以极深而研几也。唯深也，故能通天下之志；唯几也，故能成天下之务；唯神也，故不疾而速，不行而至。"应当说，何晏对夏侯玄和司马师的评语都甚高，韩康伯对"深"和"几"的注释为"极未形之理则曰深，适动微之会则曰几"②，都接近通玄体道的境界，但仍不如不疾而速，不行而至的"神"，只有"神"才达到了与"道"合一的境界。何晏大意是说：夏侯玄思想深刻，能通晓天下的道理，司马师洞察隐微，明能见机，所以能完成天下的事功。而何晏自己则达到了出神入化与宇宙大道一体的最高境界。何晏品评人物的显著特征是注意人的内在精神，尤其是以人们悟"道"的

① 《三国志·魏书》卷九《曹爽传》注引《魏氏春秋》。

② 《王弼集校释·附韩康伯系辞注》。中华书局 1980 年版，第 551 页。

水平为人材高低的标准，而不甚注重外在形迹及具体事功。这种人材标准，在荀粲那里也有类似表现。荀粲“常谓(傅)嘏、(夏侯)玄曰：‘子等在世途间，功名必胜我，但识劣我耳?’嘏难曰：‘能盛功名者，识也。天下孰有本不足而末有余者邪?’粲曰：‘功名者，志局之所奖也。然则志局自一物耳，固非识之所独济也。我以能使子等为贵，然未必齐子等所为也。’”[①]很明显，在荀粲看来，人间再伟大的功业也不过是无限宇宙中有限的一物而已，而人类的智慧“识”，既能决定有形有限事功的成败，又可与无形无限的宇宙大道为一体，因此，“识”的意义最伟大。

上述人物品评活动以及新的人材品评标准的出现，并不是孤立的，它是太和时期正在萌动的玄学新思潮的一个组成部分。这种融合儒道，调合名教与自然，注重形而上哲理探索的新思潮，此时正以人物品评为中心，以清谈论辩为学术交流形式，向政治哲学等各个领域拓展。遗憾的是，能反映这一时期玄学思潮萌芽状态的思想资料太少了。现存何晏的著作中，很难分清哪些是太和时期，哪些是正始时期的作品。目前能确定属反映太和时期玄学思想的资料除何晏的《景福殿赋》之外，只有荀粲关于《易经》言意之辨的高论了。

荀粲是著名的颍川荀氏家族的成员，这个家族素以擅长人物品评和儒学闻名。在人物品评方面：荀粲的曾祖父荀淑、父亲荀彧、从兄荀攸，都精于鉴别人材，为一代人物品评权威。在经学方面，荀淑是一位著名的喜欢标新立异的大儒；荀粲的叔祖父荀爽，是屈指可数的经学大家，所作《易注》，

① 《三国志·魏书》卷十《荀彧传》注引《荀粲别传》。

为卦气解经的典范,却很少谈阴阳灾变,表现出明显的理性主义思想倾向。当然,从总体上看,荀氏家学仍属于旧经学范畴。

荀粲继承了荀氏家学中的人物品评传统,但对儒家学说却以思想叛徒的面目出现,以老子的信徒自居,表现得异常激进,甚至认为其父荀彧礼法气息太浓,不如从兄荀攸那样有道家风范,“论父彧不如从兄攸”[①]。他经常发表怪论,其中最骇人听闻的是他在太和时期与荀氏兄弟讨论经学问题时发表的关于六经中“言意”关系的谈话,引起了诸位兄弟的震惊、不满和反击。

关于荀粲“言意”关系谈话的哲学内容及意义,将在《王弼评传》第二章《学术新创·言意之辨》中讨论。在此,暂且不作详细分析。荀粲的话大意为:六经是关于治国方面的书籍,圣人没有在其中讨论人性与天道之类玄远的哲理,因为宇宙大道,是超言绝象,无法用言象表述。尽管荀粲并没有否定六经在政治人事方面表达了圣人之意,但他毕竟将六经视为“圣人之糠秕”,表现了激进青年士人反传统态度和准备创建新哲学的冲动。

中国历史上的思想大变动时期,总会出现一些貌似激烈的人物,这些人物的意义恰如鲁迅所言:在中国进行改革,主张必须激烈,欲开窗户则宣布拆屋顶,才能使保守派接受开窗户的建议。其实,这类激烈人物骨子里却往往是旧传统的忠实奴隶。荀粲本人就是典型之一。比如,礼教宣扬妇女价值在于“四德”,而荀粲大唱反调,说“妇人德不足称,当以

---

① 《三国志·魏书》卷十《荀彧传》注引何劭《荀粲传》。

色为主"[1]。并娶了曹洪的漂亮女儿。但荀粲实际是个十分重感情的人,妻子生病高热,他冬天于室外冻透身体再上床用身体给妻子降温。妻子死后,他"不哭而神伤"。前来吊丧的傅嘏开导他:"妇人才色并茂为难,子之娶也,遗才而好色。此自易遇,今何哀之甚?"[2]这位自称好色而实际感情专一的口头革新家,因"痛悼不能已,岁余亦亡,时年二十九"[3],"是以获讥于世。"[4]连几百年后的南朝颜之推也在《颜氏家训·勉学》中讥笑荀粲因丧妻而悲痛身亡,无庄子丧妇鼓缶而歌的胸怀,以此证明玄学家言行不一。可见,后人很难理解汉魏之际思想大动荡时代,内心剧烈冲突的青年思想家,是如何背着因袭的重担奔向未来,去找寻一条新生之路的。

与荀粲的激烈言论相比,何晏显得平和得多。也许与自幼寄人篱下有关,何晏公开阐述政治哲学观点时比较谨慎。他于太和六年作遵命文学《景福殿赋》,在歌颂象征曹叡盛大帝业的景福殿之宏伟壮丽的主旋律中,时时出现几个不协合的玄学乐句伴奏。

其一,何晏首先将魏明帝美化为玄学理想中集名教与自然合一的理想君主。"至于帝皇,遂重熙而累盛。远则袭阴阳之自然,近则本人物之至情。上则崇稽古之弘道,下则阐长世之善经。"[5]此句大意为:曹魏帝国传至明帝时,变得更加繁荣昌盛了,原因在于明帝政策既顺应宇宙变化的自然规律,

---

① 《世说新语·惑溺第三十五》注引《粲别传》。
② 《三国志·魏书》卷十《荀彧传》注引何劭《荀粲传》。
③ 《三国志·魏书》卷十《荀彧传》注引何劭《荀粲传》。
④ 《世说新语·惑溺第三十五》。
⑤ 《文选》卷十一何晏《景福殿赋》。

又符合人类的自然本性；既继承了古代圣王的治国大法，又为后世树立榜样。总之，明帝有为的礼教名法都是与自然之道相一致的。余敦康先生认为：“这就是后来玄学家所服膺的名教本于自然思想的最早表述。”[①]所言极是。

其二，在回忆景福殿的修建原因及过程后，文章进入了对宫殿建筑装饰的描述。在介绍各个建筑部分时，只要有可能，何晏都借题发挥，不时地插入政论。例如在介绍宫室壁画功能时说：“钦先王之允塞，悦重华之无为。命共工使作缋，明五彩之彰施。图象古昔，以当箴规。”重华即虞舜。按五德终始说，舜与曹魏同为土德，故当时格外受曹氏尊重。共工指画工；缋通“绘”，绘画。很明显，何晏于献媚中借机表述自己君主无为的玄学思想。再如论及孟子母亲为教育孟子而多次迁居等壁画时，何晏强调了该画的人材学意义，这也是他擅长的学术领域：“……伟孟母之择邻。故将广智，必先多闻。多闻多杂，多杂眩真。不眩焉在，在乎择人。”即使介绍到景福殿南的“承光前殿，赋政之宫”时，何晏也强调该殿的功能是“纳贤用能，询道求中，强理宇宙，甄陶国风。云行雨施，品物咸融”。

其三，在文章的结束处，何晏表达了他理想的社会政治状态：“家怀克让之风，人咏康哉之诗，莫不优游以自得，故淡泊而无所思。”近似老子笔下“其政闷闷，其民淳淳”[②]的社会。这种状态可以称之为上德，也可以称为“朴”，也是下文的“太素”——天地人刚刚形成的淳朴状态。但是，要达

① 余敦康：《何晏王弼玄学新探》。齐鲁书社 1991 年版，第 90 页。
② 楼宇烈：《王弼集校释》。中华书局 1980 年版，第 151 页。

到这种无为之境，必须进行政治改良。“招中正之士，开公直之路，想周公之昔戒，慕咎繇之典谟。除无用之官，省生事之故。绝流遁之繁礼，反民情于太素。”这些观点，十几年后部分转化为正始改制的内容。

太和时期玄学思潮的萌动是无可置疑的，虽然此时它还很幼稚以致看不到系统的理论体系，然而时代思潮的兴起犹如自然界的浪潮，它往往开始于一个微弱的浪花，但它将一浪高过一浪，最终变成惊天动地的思想巨澜。

三、必然与偶然

浮华交会现象实际上就是知识分子的结社活动和自由探索的学术清谈活动，在汉魏之际的大量出现不是偶然的，而是深刻反映了当时士族知识分子个性解放和思想自由倾向。它是以庄园经济为经济背景的魏晋士族社会正在进行历史性上升运动过程中所必然产生的文化现象。士族社会的存在与发展，威胁传统金字塔社会政治结构的稳定，所以汉魏时期的皇权都力图抑制这个阶层力量的增长。但是，士族阶层有着不以人们意志为转移的不断发展壮大的经济背景。在这种历史动力的推动下，顽强地为自身的发展开拓道路。当时，士族知识分子的独立意识和对人性自由的追求，主要表现为反抗皇权的自由结社活动——清议运动。皇权及传统势力，则给这种新风气一个在当时可以杀头的罪名，叫作“浮华交会”或“浮华朋党”。

在汉晋历史的坐标系上，庄园产生于东汉，经过汉末魏初的波浪式运动，到西晋迅速发展，而“浮华交会”这类士族知识分子结社活动的升降曲线，则与其惊人地一致。

东汉后期，庄园经济获得了更大发展的同时，士族知识分子的结社活动也日益增多，形成了强大的清议势力。“逮桓灵之间，国命委于阉寺，士子羞与为伍，故匹夫抗愤，处士横议，遂乃激扬名声，互相题拂，品核公卿，裁量执政，婞直之风，于斯行矣。”[①]当时，士族官僚与太学生结成政治联盟，形成了由“三君”、“八俊”、“八顾”、“八及”、“八厨”等领袖人物为代表的团体，具有较强的政治结社特点。他们控制了清议舆论，矛头直指以宦官为代表的中央皇权。“是时太学生三万余人，皆推先陈蕃、李膺，被服其行。由是学生同声，竟为高论，上议执政，下讥卿士，……于是天下翕然。”[②]

皇权是不能容忍这种现象的。在宦官的支持下，以李膺等人“养太学游士，交结诸郡生徒，更相驰驱，共为部党，诽讪朝廷，疑乱风俗”[③]为罪名，于桓帝延熹九年，逮捕、禁锢了李膺、陈蕃等二百余人，这便是著名的第一次党锢案。

当时，宦官专政使社会政治日益腐败，东汉政府声名狼藉，凡被政府打击的人物，立刻会身价倍增，成为士族名流。“膺等虽免废，名愈盛，希之者唯恐不及。涉其流者虽免黜，未及家，公府州郡争礼命之。”[④]“膺免归乡里，居阳城山中，天下士大夫皆高尚其道，而污秽朝廷。”[⑤]范滂被政府释放，

① 《后汉书》卷六十七《党锢列传》。
② 袁宏《后汉纪》卷二十二《延熹九年》。
③ 《后汉书》卷六十七《党锢列传》。
④ 袁宏《后汉纪》卷二十二《延熹九年》。
⑤ 《后汉书》卷六十七《党锢列传》。

"始发京师,汝南、南阳士大夫迎之者数千两"[1]。面对日益发展的反对势力,封建皇权当然不肯让步,于灵帝建宁二年,又制造了第二次党锢案,使清议力量遭到了惨重损失,"其死徒废禁者六七百人"[2]。

士族阶级在汉晋之际是一股向上发展的社会力量,正因为如此,党锢中人物在斗争中才能表现出历史上一般进步势力所共同具有的视死如归的牺牲精神,并获得广泛的社会支持。范滂在与其母永诀时,其母竟然说:"汝今得与李、杜齐名,死亦何恨!"[3]当张俭被追捕时,"困迫遁走,望门投止,莫不重其名行,破家相容"[4]。党人的同情者中,有不少豪族地主,如赵岐被宦官追捕时,便被"阖门百户"的大庄园主孙嵩所收留。[5] 郑泰"知天下将乱,阴交结豪杰,家富于财,有田四百顷,而食常不足,名闻山东"[6]。东汉政府后来就瓦解在这些庄园士族手中,而黄巾大起义则给了这个腐朽王朝致命的一击。在汉末的战乱中,被禁锢的党人及其支持者东山再起,"名豪大侠,富室强族,飘扬云会"[7],导致了东汉的最终灭亡。

汉末魏初的长期战乱,使士族庄园经济受到了沉重打击,因而使士族的政治势力处于暂时的抑制状态。为了维护自身的生存,他们需要强有力的专制皇权来稳定社会秩序。再者,

① 《后汉书》卷六十七《党锢列传》。
② 《后汉书》卷六十七《党锢列传》。
③ 《后汉书》卷六十七《党锢列传》。
④ 《后汉书》卷六十七《党锢列传》。
⑤ 《后汉书》卷六十四《赵岐传》。
⑥ 《三国志·魏书》卷十六《郑浑传》注引张璠《汉纪》。
⑦ 曹丕:《典论·自叙》。

曹氏所建立的强大的屯田制国有经济对魏初皇权的巩固起了重要作用。这些,都是曹氏皇帝企图再次重建高度专制集权大帝国的社会条件。尽管曹操本人属于汉末党锢的同情者,曾与“浮华交会”之徒打得火热,拜访汝南月旦评的清议权威许劭,为陈蕃鸣不平,与袁绍等谋诛宦官等等,在思想上也对汉儒的礼教不甚支持,但是当他一旦成为事实上的皇帝后,则必然有了皇帝的立场,本能地反对“浮华交会”这种危及皇权的士族知识分子结社活动。这种活动,在曹氏父子时期虽然处于低潮,却一直没有绝迹。早在建安十年,曹操就发布了一道破朋党的法令:“阿党比周,先圣所疾也。”[①]曹丕也撰文批评了汉末士族分子的结社活动:“桓灵之际,阉寺专命于上,布衣横议于下……位成乎私门,名定乎横巷。由是户异议,人殊论。论无常检,事无定价,长爱恶,兴朋党。”[②]他们在实践中也搞了几个镇压“浮华朋党”的大案。例如,孔融“宾客日盈其门”,与曹操唱对台戏。曹操曾威胁他说:“破浮华交会之徒,计有余矣。”[③]孔融终于在建安十年掉了脑袋。魏讽“有惑众才,倾动邺都”[④],“自卿相以下皆倾心交之”[⑤],被刘廙贬称为“不修德行而专以鸠合为务,华而不实”[⑥],亦于建安末年被曹丕处死。至于在董昭上疏中提到的那位“斩戮于黄初之始”的曹伟,大概也是因为同一性质

① 《三国志·魏书》卷一《武帝纪》。
② 曹丕:《典论》。
③ 《后汉书》卷七十《孔融传》。
④ 《三国志·魏书》卷一《武帝纪》。
⑤ 《三国志·魏书》卷十四《刘晔传》。
⑥ 《三国志·魏书》卷二十一《刘廙传》。

的问题而招来杀身之祸。

经济规律是不可抗拒的,屯田不可能长久支持下去。战争尽管摧毁了庄园,却同时使封建人身依附关系得到进一步加强。《三国志》中记载的许多举宗避难、聚族自保所形成的带有军事色彩的坞堡以及举宗参加屯田等现象,均为重建农奴制庄园提供了巨大潜能。一旦社会秩序趋于稳定,一次从政治和思想反作用于经济的农奴化历史运动将无法遏制,故以此为基础的士族社会的发展及其"浮华交会"现象,同样无法阻挡。所以在魏明帝时期,随着新一代年轻的士族子弟登上历史舞台,交游结社之风来得更加猛烈,终于导致了太和六年"浮华案"的发生。此时,魏明帝已经不能再像其祖父和父亲那样采取屠杀政策了,对这些达官贵人子弟,只采取了罢免禁锢的措施。

在玄风必然高涨的历史发展中,偶然机遇也是不可忽视的。所谓必然性,总是体现在那些由偶然机遇构成的因果链条中。如果魏明帝的寿命不是35岁而是65岁,那么尽管魏晋玄学还会诞生,它的创建者无疑将是另外一些人物,而何晏、夏侯玄这一代人将失去在历史舞台上表演的最佳创作时间,连他们在太和时期的"浮华案"也随之不再引起当时史家的注意,他们将在历史上消失得无影无踪。古今中外,某个君主个体生命的长度将推动或延缓历史进程几十年并不是什么耸人听闻的怪论,这在以简单再生产为经济基础的前资本主义社会尤为明显。所以何晏首先应当感谢某些已无法考证其学名的致病菌,它们早早地结束了魏明帝年轻的生命,使这位大权在握的君主在仅35岁的盛年,于景初三年(公元237年),怀着无限的遗憾离开了人间的荣华富贵。再者,何晏等人应当感谢魏明帝弥留之际，在中书监的孙资、刘放的哄骗下，罢免了原来已钦定的四位顾命大臣中的三人(其中有曹操的另一位养子秦朗)，仅保留了武卫将军曹爽，补增了司马懿。这样，仅有两名顾命大臣，小皇帝年仅 8 岁，作为曹氏皇族代表的曹爽，地位十分重要。

曹爽，字昭伯，曹操的族孙，父亲曹真位至大将军，曾任魏明帝的顾命大臣。曹爽是一个才智平庸之辈，缺乏作为顾命大臣治理国家的政治资本和能力，必须起用那些既有才干又忠于自己的亲信，才能有效地行施“大将军”和“录尚书事”的军政大权而不被驾空。当时他所能想到的，自然是那些自少年时代就关系密切的亲朋好友。身为皇室家族的曹爽所能接触的同龄亲友，恰恰是何晏、夏侯玄等“浮华分子”。据史书记载，曹爽一直就与“四聪八达”集团有着千丝万缕的联系。例如，夏侯玄是“爽之姑子也”[①]，丁谧“曹爽宿与相亲”[②]，毕轨“素与曹爽善”[③]，李胜“与曹爽善”[④]。所以随着曹爽地位的上升，这些人物纷纷被起用担任军政要职，“乃复进叙，任为腹心”[⑤]。被压抑了多年的浮华少年们终于东山再起了。《魏略》记载了这个发生在正始初年的戏剧性变化。请看：

何晏，“至正始初，曲合于曹爽，亦以才能，故

① 《三国志·魏书》卷九《夏侯玄传》。

② 《三国志·魏书》卷九《曹爽传》注引《魏略》。

③ 《三国志·魏书》卷九《曹爽传》注引《魏略》。

④ 《三国志·魏书》卷九《曹爽传》注引《魏略》。

⑤ 《三国志·魏书》卷九《曹爽传》。

爽用为散骑侍郎，迁侍中尚书……晏为尚书，主选举，其宿与之有旧者，多被拔擢。”

夏侯玄，“正始初，曹爽辅政……累迁散骑常侍、中护军。”

诸葛诞，“会帝崩，正始初，玄等并在职，复以诞为御史中丞尚书，出为扬州刺史。”

邓飏，“正始初，乃出为颍川太守，转大将军长史，迁侍中尚书。”

丁谧，“会帝崩，爽辅政，乃拔谧为散骑常侍，遂转尚书。”

毕轨，“至正始中，入为中护军，转侍中尚书，迁司隶校尉。”

李胜，“帝崩，曹爽辅政，胜为洛阳令……累迁荥阳太守，河南尹。”①

显然，当年的“浮华”分子逐渐控制了曹魏政权。其中何晏的位置最为重要、最为显赫，担任主管官吏任免大权的吏部尚书。大批的青年士人在何晏的直接选拔下步入了仕途，新派力量日益壮大。何晏盼望已久的实施政治抱负的机会终于来临了。

---

① 《三国志·魏书》卷九《曹爽传》注引。

第三章 正始之音的灵魂

曹魏正始年间(公元240年—249年)在中国思想发展史上是一个具有划时代意义的时期,被视为由汉代经学思潮向魏晋玄学思潮巨变的枢纽和转折点。当年的太和浮华少年大踏步地进入社会政治舞台的显要位置,一变为“正始名士”,在意识形态领域和实际社会政治生活中发动了一场革新运动。他们的清谈论辩及玄学理论,被誉为“金声玉振”的正始之音;他们根据新思想对政治制度的变革尝试,被称之为“正始改制”。他们的领袖何晏,作为正始时期变革运动的灵魂,也开始了其生命史上最辉煌但也最具悲剧色彩的一幕。

一、清谈大宗师

魏晋时期最为后世所瞩目的文化风尚是清谈。所谓清谈就是知识分子的学术辩论会,类似现代的学术沙龙。它往往在官员或学者的客厅中举行，参加者的身份从皇帝官员到平民僧侣各异，属于非官方性质的自发聚会，其典型形式有甲、乙两个主辩人，一个主持人和四座听众。主辩人甲首先提出某个观点，主辩人乙对此观点发难，一问一答为一回合，叫"一番"。双方轮番进攻，反复诘难，理屈词穷者为败方或由听众评判胜负。论辩者既注重逻辑推理的清晰严密性和哲理辨析的深刻性等内在要素，也十分注重发音清亮悦耳、抑扬顿挫的外在形式美，并喜欢挥动麈尾扇以助谈兴。清谈与玄学的形成几乎同步，并对玄学的发展起了不可估量的作用，以至有些学者将清谈看作玄学的同义词。其实，这种看法是不确切的，因为清谈并不是一种学术流派，而是一种学术交流形式，不同学术观点的人，都可以在这种知识界的辩论会上展开思想交锋，以理取胜。

学术界一般认为，魏晋清谈开始于正始时期，其中何晏堪称一代谈宗。这种看法由来已久，自西晋时即已形成。例如卫瓘少年时代曾是正始清谈的参加者，西晋时任尚书令，见到元康清谈家乐广时这样说："昔何平叔诸人没，常谓清言尽矣。今复闻之于君。"[①]这种认识并非卫瓘个人之见，事隔几十年后的西晋末，王敦和卫玠(卫瓘之孙)"言论弥日"后，对卫玠的清谈水平深为叹服，说："昔王辅嗣吐金声于中朝，此子复玉振于江表，微言之绪，绝而复续。不意永嘉之末，复闻正始之言，何平叔若在，当复绝倒。"[②]东晋和尚僧肇谈锋

① 《世说新语·赏誉第八》注引《晋阳秋》。

② 《晋书》卷三十六《卫玠传》。

机捷,被大隐士刘遗民誉为"不意方袍,复有平叔"[①]。在当时的魏晋士人心中,清谈之风产生于正始时期,何晏是首倡者,是没有疑义的。但是,确切点说,清谈是汉魏之际学术文化风尚长期演变的结果,它孕育于汉末清议,萌芽于建安游宴,诞生于曹魏太和"浮华交会",成熟于正始之音,而何晏则因居于学风巨变的中心位置而被看作开一代清谈新风者。

(一)从游宴到清谈

清谈是怎样兴起的呢?早在魏晋以前,辩论求理的风气就长期存在了。战国时代的百家争鸣,东汉戴凭的"夺席谈经"都是著名的辩论活动。汉魏之际则更为明显。徐干著于建安时期的《中论·核辩》一文,展现了当时知识分子中间所发生的"苟美其声气,繁其辞令,如激风之至,如暴风之集"的论战场面,说明了辩论风尚的产生早于曹魏。那么,清谈区别于中国古代其他时期一般辩论活动的特点是什么呢?从规模上看,魏晋清谈辩论活动的广度远远超过历史上任何一个时代,大行于整个知识界,成为一时风尚;从清谈活动的目的考查,其不同于其他时代辩论的特点就更为明显了:它并不是官方组织的为解决某个实际问题或理论问题而进行的辩论,而是士人自发组织的追求精神快乐的娱乐性辩论。当然,这不是说清谈完全不关心社会政治问题,相反,清谈在其早期完全是围绕时代重要政治和哲学课题展开的。只有如此,才能引起士人的关心,辩论中的解悟,才能产生理知性

① 慧皎:《高僧传》卷七《僧肇传》。

的认识愉快，大概类似“朝闻道，夕死可矣”的快乐。可见，清谈由两个要素组成，一是求理，一是快乐。两者缺一不可，少了其中之一，则不称其为清谈。“清”，清高快乐；“谈”，辩论求理；清谈，即通过谈理得到快乐。正因为清谈的这种双重性格，所以它可以发挥探求哲理的积极作用，也可能流为空谈。清谈的思想解放作用在于发挥了前者，清谈的空谈流弊源于后者。既然称为清谈，两因素必然共存，只是各自多少不同。所以考查清谈是怎样形成的，则要从研究这两个要素结合的历史过程入手。

对于清谈形成中“谈”的由来，即辩论风气炽烈的原因，学术界前辈大师多有真知灼见。汤用彤先生和唐长孺先生都指出了魏晋清谈渊源于汉末清议，因为清议兴起了士人交游谈论人物的风气，并且由具体人物品评向人材抽象标准变化。抽象人材标准将涉及许多理论课题，所以最终导致了以辩论玄理为内容的清谈诞生。① 笔者在拙作《中国文化的清流》一书中，曾据刘邵《人物志·材理篇》比较详细地展开了先贤的上述观点。

《人物志》是刘邵于魏明帝时期撰写的一部人材学专著，也是汉魏之际人物品评论著的集大成者。该书的《材理篇》名为“材理”，而内容却全是关于清谈论辩产生的原因和应注意的技术性问题。这个怪现象，说明了清谈与人材理论探讨之间的不解之缘，也是证明汤用彤、唐长孺等先生关于清谈渊于人物品评说的不可多得的证据。

---

① 《汤用彤学术论文集·读人物志》。中华书局 1983 年版。又唐长孺：《魏晋南北朝史论丛·清议与清谈》。三联书店 1955 年版。

刘邵在《人物志·材理篇》重点探讨了“辩论”产生的原因。他指出,从根本上看,是由于世界上存在不同的道理和不同类型的人所致。世界上客观地并存着四种各自独立的“理”,“若夫天地气化,盈虚损益,道之理也。法制正事,事之理也。礼教宜适,义之理也。人情枢机,情之理也”。道之理,指自然规律。事之理,指政治法律规律。义之理,指道德伦理规律。情之理,指心理活动规律。刘邵进而指出,由于人的素质不同,天然存在通晓这四种“理”的哲学家、政治家、伦理学家和心理学家。由于存在四种不同的“理”和四种相应的专家,人物批评标准就已经难以统一了。同时,又存在九种性格偏颇的人,各自按自己的好恶参加人材问题的讨论,使材理(人材标准)更难统一。比如性格刚强直率的人,缺乏曲线理解问题的能力,因而能够正确理解那些直来直去的道理,而对权变之事则无法接受;性格烦琐细致的人,则情况与之相反。总之,刘邵认为,由于客观规律与人类主体素质、性格的多元,在理论问题(人材标准)上难以达成共识,导致了论辩的发生。

《人物志·材理篇》充分说明了人材哲理探讨对辩论风气形成的巨大刺激作用,但是却没有展示辨析哲理与娱乐目的相结合的历史线索,而这恰恰是清谈区别于一般辩论的关键所在,也是学术界以往研究的弱点。

辩论与娱乐相结合的魏晋清谈,萌芽于汉末建安时代曹操及魏初名士们经常举办的游宴活动。前面已经介绍过曹魏游宴活动的缘起。从汉末空前残忍的战乱中死里逃生的魏初名士,面对物质和精神的废墟,需要借助酒和艺术去忘却烦恼忧愁,超越现实的痛苦。所以他们经常举行酒会,在酒酣耳热中和丝竹歌舞中短时麻醉自己，达到忘我之境。流行于魏初的“公宴诗”无不淋漓尽致地描述了游宴的快感：“朝日乐相乐，酣饮不知醉。悲弦激新声，长笛吐清气。弦歌感人肠，四坐皆欢悦。”①“清夜延贵客，明烛发高光。丰膳漫星陈，旨酒盈玉觞。弦歌奏新曲，游响拂丹梁。余音赴迅节，慷慨时激扬。献酬纷交错，雅舞何锵锵。”②由于这些政治军事精英并非土豪或农民义军领袖，而是当时最有文化的士族，所以对理想政治和人生真谛的探讨，即悟“道”的精神需要同样也是不可缺少的。因此在酒会上除助兴的歌舞之外，辩论哲理也是获得精神快乐的重要途径。这种风尚早在曹操统一北方之前就已经风行于袁绍帐下。大儒郑玄所参加的一次酒会十分典型。

> 时大将军袁绍总兵冀州，遣使要玄，大会宾客。玄最后至，乃延升上坐。身高八尺，饮酒一斛，秀眉明目，容仪温伟。绍客多豪俊，并有才说，见玄儒者，未以通人许之，竞设异端，百家互起，玄依方辨对，咸出问表，皆得所未闻，莫不嗟服。③

曹操在军事活动频繁饥荒严重的时期是曾下令禁酒的，但局势一旦稳定，经济状况好转，也就开禁了，因为在我们的历

① 曹丕：《善哉行》，《先秦汉魏晋南北朝诗》。中华书局 1983 年版，第 393 页。

② 曹丕：《于谯作诗》，同上。第 397 页。

③ 《后汉书》卷三十五《郑玄传》。

史视野中，美酒佳肴、丝竹歌舞、诗赋文章和清谈论辩组成的"公宴"活动，充满了慷慨悲凉的建安时代。宴会中清谈论辩的娱乐功能不亚于丝竹歌舞。曹操十分喜欢这种气氛自由、无拘无束的娱乐，他经常身着便装参加，酒席间"每与人谈论，戏弄言诵，尽无所隐，及欢悦大笑，至以头没杯案中，肴膳皆沾污巾帻"①。魏文帝曹丕比其父更热衷于游宴清谈活动。比如他的《与吴质书》，全篇都是回忆当年与名士朋友们一起游宴的盛况。在"觞酌流行，丝竹并奏"之间，清谈也是相当重要的娱乐形式。"既妙思六经，逍遥百氏……高谈娱心。"②这些历史真迹集中表现在曹植和建安七子关于游宴盛况的艺术描写中，也为我们研究清谈的起因，留下了宝贵的资料。以下节选二首诗赋，以供参考。

巍巍主人德，佳会被四方。
开馆延群士，置酒于斯堂。
辩论释郁结，援笔兴文章。
穆穆众君子，好合同欢康。
促坐褰重帷，传满腾羽觞。③

感夏日之炎景兮，游曲观之清凉。
遂行宾而高会兮，丹帷晔以四张。

---

① 《三国志·魏书》卷一《武帝纪》注引《曹瞒传》。

② 《三国志·魏书》卷二《文帝纪》注引《魏略》。

③ 应玚：《公宴诗》，《先秦汉魏晋南北朝诗》。中华书局 1983 年版，第 382 页。

辨中厨之丰膳兮,作齐郑之妍倡。
文人骋其妙说兮,飞轻翰而成章。
谈在昔之清风兮,总贤圣之纪纲。
欣公子之高义兮,得芬芳其若兰。
扬仁恩于白屋兮,逾周公之弃餐。
听仁风而忘忧兮,美酒清而肴乾。①

游宴中辩论的内容以宾客共同关心的问题而定。汉魏之际人物品评固然是思想界关注的热点,但像人类的命运、生命的意义这样一些永恒的哲学课题,同样困扰着当时的思想界,是不可能被冷落的。仲长统的文章透露了酒宴清谈题材的这类内容,他在描绘理想中的酒会时写道:"良朋萃止,则陈酒肴以娱之","与达者数子,论道讲书,俯仰二仪,错综人物"。② 仲长统所涉及的清谈课题可归纳为二:"错综人物"是指人材学的规律,属现实政治方面的难题;"论道讲书,俯仰二仪"是指宇宙变化的规律,属人类命运方面的难题,可见对天道阴阳的讨论,也是酒宴清谈的热点话题之一。在这个方面,曹魏大相术家管辂(公元 208 年—256 年)的早期清谈活动给我们提供了宝贵的资料。

据《管辂别传》载,管辂 15 岁时(黄初四年,即公元 223 年),正在琅琊郡的"黉"(官学)中读书。太守单子春听说管辂是本郡学校四百生徒中的出类拔萃者,便在一次有百余名宾客参加,其中不乏"能言之士"的大酒宴上专门邀请了

① 曹植:《娱宾赋》,《初学纪》卷十引,又卷十四引。
② 《后汉书》卷四十九《仲长统传》。

管辂。入席后，管辂自称因年龄小，“胆未坚刚”，向单子春要求先独饮清酒三升以壮胆力，然后才能清谈。喝完酒，清谈立即开始了。首先与管辂论战者便是太守本人，尔后辩士纷纷参战，风起云涌，十分激烈。管辂这次辩论是以阴阳五行鬼神之道为题展开的，但从论战前关于论题选择的对话看，清谈的题材是相当广泛的。儒家典籍、秦汉历史、宇宙奥妙等，都可以作为辩论话题，随谈客的兴趣转移。

游宴是一种娱乐活动，所以其中的辩论也就充满了轻松自然的气氛，人们之间的等级差异也随之消失了。例如曹丕某次于酒宴上与奋威将军邓展论剑、比剑的故事就是明证。邓展是位天下闻名的大剑师，“能空手入白刃”，而曹丕亦是一位潜在的剑术高手。酒席间，“酒酣耳热”之际，两人清谈剑法，互不相下，决定用正食用的甘蔗代剑，以比高低。第一回合，邓展被曹丕三次击中手臂；第二回合，被曹丕击中面部。整个比剑过程，充满了机智幽默的玩笑，太子与将军的政治角色消失了，而这种平等相处的关系在等级森严的官场是不可思议的，只能在互相以朋友身份聚会时才有可能。

说到这里，我们很容易理解后来清谈中士人为什么能平等地自由辩论了。因为它最初起源于朋友聚会时酒席上的娱乐性辩论，这种酒席间的辩论不同于官府中幕僚与官长的决策讨论，也不同于在皇帝御临裁决下的经学辨析，它是私人举办的酒宴上的谈话，不论参加者的官方身份如何，此刻都是朋友，而朋友从来都是平等的。现代许多政治交易或商业合同往往与酒宴有着不解之缘，其原因在于人们在酒桌前的潜意识中倾向于以朋友相待，容易亲近。同时，在酒的麻醉作用下，容易摘掉面具以自然本色真诚相待，彼此间会获得在理智清醒的常态下难以得到的真诚和理解，而这种真诚与理解是超越等级身份的人类共同的心理需要。因此，以人格平等为特征的清谈在游宴活动中萌发，也就不足为怪了。

正像所有物质享受都需要最终转化为精神快感才有意义那样，酒、丝竹歌舞和清谈本身并不是目的，而是获得精神快乐的工具。对那些没有受过系统文化教育，生命境界较低的人来说，也许在美酒佳肴、轻歌曼舞中就可能达到精神快乐的极限，但对那些自幼饱读经史，喜欢“穷理尽性以至于命”的士族知识精英来说，“朝闻道，夕死可矣”的体道快乐，却是无法替代的。魏晋时期的士人与历史上其他时代为稻粱谋而奔波的读书人不同，他们是社会上最有权势和财富的士族，吃饭是不成问题的，因而精神的享乐更为重要。当他们发现酒宴中的快感并非来自酒菜而是来自清谈辩论的思想交流时，清谈从游宴中脱离出来成为一种独立的娱乐形式也就势在必行了。当然，还需要其他因素的刺激，如人材标准探讨所引发的对高深哲理的辨析等。这个问题，先贤已有高论，不再复述。

清谈从游宴中分离出来，成为一种兼学术探索与精神娱乐于一体的活动，是从何晏、夏侯玄、荀粲等人太和时期的“浮华交会”开始的。考查此时史籍中关于这个时期清谈的几条记载，已不见了游宴的踪影，完全是以语言为媒介的“精神会餐”了。比如太和初年“尚玄远”的荀粲到京师与“善名理”的傅嘏之间展开的著名清谈，何晏用《周易·系辞》的名言去品评夏侯玄和司马师材质的清谈，都是明显的例证。值得注意的是，反映辩论艺术精湛和人材标准探讨深化的刘邵《人物志》一书，著于曹魏太和—青龙之际，与何晏等人的清谈活动几乎同时，并不是偶然的，可以佐证清谈在人材理论的刺激下已基本形成。就像清谈家何晏同时也是人物品评权威那样，人材理论家刘邵本人，就是一个著名的清谈家。夏侯玄的从父夏侯惠在推荐刘邵的上奏中，就有“臣数听其清谈，览其笃论”的赞美词。刘邵虽然是建安时期入仕的魏初名士，但与正始名士的青年士人亦有往来。他曾与曹爽长史应璩一起“听广陵之清散”[①]（不知是否为嵇康善弹的那个“广陵散”名曲）。《文心雕龙·时序篇》则将刘邵与何晏并列为魏明帝时齐名的文赋作家。“至明帝纂戎，制诗度曲；征篇章之士，置崇文之观；何（晏）、刘（邵）群才，迭相照耀。”据《三国志·魏书》卷二十一《刘邵传》记载，刘邵的确像何晏一样，多次奉命为曹叡新建的宫殿作赋，有些佚文现收录于《全三国文》中，但是太和时期的刘邵是否与何晏同游于“崇文观”，则无法详考了。

何晏、夏侯玄等正始名士的清谈习惯，并不是无源之水，而是直接来自父辈魏初名士游宴中的清谈。他们在少年时代大概都参加过这类活动，后来青出于蓝而胜于蓝，摒弃了酒饭，高扬了清谈。例如何晏是深受曹操宠爱的养子，曹操经常带他游玩。“每挟将游观，命与诸子长幼相次。”[②]参加游宴活动自然不会少，因为那位不如何晏受宠的养子秦朗，也常随曹操会见宾客，“太祖甚爱之，每坐席，谓宾曰：‘世人有爱假子如孤者乎？’”[③]夏侯玄的家族也有参加游宴清谈的习惯，

① 《文选》卷十八，嵇康《琴赋》注引应璩《与刘孔才书》。
② 《太平御览》三百九十三引《何晏别传》。
③ 《三国志·魏书》卷三《明帝纪》注引《魏氏春秋》。

比如夏侯玄的从父夏侯称(上文夏侯惠的哥哥),"与文帝为布衣之交,每燕会,气陵一坐,辩士不能屈"①。夏侯玄的父亲夏侯尚,"文帝与之亲友"②,大概少不了参加曹丕举办的宴会,长子夏侯玄随从参加,是情理之中的事。至于荀粲的父亲荀彧和傅嘏的伯父傅巽,分别是曹操、曹丕集团的核心人物,参加游宴清谈自不在话下,对荀粲、傅嘏的影响也是自然而然的。而父辈的辩论,往往能引起儿辈的极大兴趣。

从清谈的规模、水平和质量看,正始之音无疑标志着清谈的成熟,而何晏则是一代谈宗。"晏能清言,而当时权势,天下谈士,多宗尚之。"③"曹爽常大集名德,长幼莫不预会,及欲论道,曹羲乃叹曰:'妙哉!平叔之论道,尽其理矣。'既而清谈雅论,辩难纷纭,不觉诸生在坐。"④在这种反复论难、奇峰突起、新见迭出的论战中,宾主都感到了悟道的莫大精神享受。

在何晏等正始名士的带动下,正始时期,清谈风尚不胫而走,从京师洛阳兴起,迅速向周围州郡扩散,已经明显地影响了地方知识分子的酒宴活动。尽管酒仍要喝,但已居次要地位。四座吃客变为四座谈客和听客,酒宴也一变为清谈了。据《三国志·魏书·管辂传》注引《辂别传》记载,管辂等人在正始时期为朋友诸葛原升迁新兴太守举办了一次祖道饯行酒会,而这次名为酒宴的欢送会,却是一场地地道道

---

① 《三国志·魏书》卷九《夏侯渊传》注引《世语》。
② 《三国志·魏书》卷九《夏侯尚传》。
③ 《世说新语·文学》注引《文章叙录》。
④ 《北堂书钞》卷九十八引《何晏别传》。

的清谈，史家对其激烈论战的描写，酷似一场争夺城池的攻坚战。地方名士们已用唇枪舌剑为好友送行了，其文化意义是不言而喻的。

清谈完全替代酒宴待客的典型事例发生在正始清谈之后的晋朝。王衍为庆贺女儿结婚，于婚后第三天举办清谈会款待亲友，一时名流云集，发言如“悬河泻水”，十分尽兴。[①] 又如羊孚陪弟弟到其弟未来的岳父家去相亲，会见时大家竟然以清谈作为见面礼，以《庄子·齐物论》为题展开激烈辩论，“乃至四番后一通”[②]。当然，即使在后来最纯粹的清谈中，有时也需吃饭，但只是起解饥作用，名流们为了清谈已达废寝忘食的程度。“孙安国往殷中军许共论，往反精苦，客主无间，左右进食，冷而复暖者数四，彼我奋掷麈尾，悉脱落，满餐饭中，宾主遂至莫忘食。”[③]从《世说新语》等书籍中可以清楚看到正始之后的两晋时期，清谈的规模、水平都大大超过了正始，但是玉柄麈尾之流都异口同声地将正始之音作为清谈的开端，将何晏作为清谈的发明者而“祖述”。

（二）才性与三玄

清谈是一个历史过程，在同一清谈形式下，各个时期所谈内容差异甚大，所以正始清谈也有不同于其他时代的突出特点。从总体上看，它既不同于建安时代依附于游宴的席间

---

① 《世说新语·文学第四》。
② 《世说新语·文学第四》。
③ 《世说新语·文学第四》。

论辩，更不同于西晋之后的谈空说无，而是在这种娱乐形式下研讨严肃的政治哲学问题。何晏等正始名士作为朝中当权派，在官方的公开场合不能随意发表“怪论”，于是清谈这种非官方的士人自由参加的思想辩论会，成了他们开展思想革命的重要途径。

正始之音的清谈活动久负盛名，但可供研究的第一手清谈资料却寥寥无几，遍查这个时期的文献，论辩文章不算太少，但有些是政府官员关于某个具体政策的讨论记录，有些是文人的论文，有些则可能是清谈的文字整理。要区分哪是“廷议”，哪是文章，哪是清谈，并非易事。从目前可见的资料中，可以确定为正始清谈的例证看，当时讨论辨析的题目还是十分丰富的，上至宇宙哲学，下至礼乐刑政。如夏侯玄与阮籍之间关于音乐是否有社会功能的辩论，嵇康与秦客关于音乐审美之谜的辩论，其理论焦点，都集中在自然与名教之间关系这一问题上，并力图调合儒道思想家在这一问题上的不同观点。又如夏侯玄与李胜关于恢复肉刑的辩论，围绕肉刑是否顺应自然之理展开。当然，儒道融合的时代课题，在正始时期仍然集中表现在人材学（圣人人格）及“三玄”（《老》、《易》、《庄》）的论战中。下面分别讨论之。

1. 人材学论辩

在正始清谈的人材论题中，圣人人格和才性关系的辩论占突出位置。其原因在于，它们都与儒道关系这一理论课题及政治实践关系密切。

其一，关于圣人人格的辩论。

由于治国的总政策被认为是君主人格的外化，所以理想君主（圣人）应当具备何种人格心理素质，一直是汉魏之际思想界关注的重要课题。在正始清谈中，何晏予以它玄学新解，使之成为正始论坛上最引人瞩目的论题之一。他为了论证君主无为的合理性，企图提高老子的地位，认为老子与儒家的圣人是同一层次的人材。“自儒者论以老子非圣人，绝礼弃学。晏说与圣人同，著论行于世也。”①“圣人”的人格特点是“体无”，即没有任何情感的空漠，这样，圣人实施无为政策就有了内在根据。天才少年王弼不同意何晏的说法。“何晏以为圣人无喜怒哀乐，其论甚精，钟会等述之。弼与不同，以为圣人茂于人者神明也，同于人者五情也。神明茂故能体冲和以通无，五情同故不能无哀乐以应物。然则圣人之情，应物而无累于物者也。今以其无累，便谓不复应物，失之多矣。”这是一个极其重要的辩论，以后章节中，还要多次从不同角度讨论。

其二，是关于才性关系的讨论。才性之辨源于当时选官中极难解决的课题——性行与才能的关系。由于它直接影响对官员人材质量的评价，所以汉魏思想界一直予以特殊关注，尤其是曹魏九品中正制建立后，对官员的品状评定与之直接有关，因而成为研究焦点。正始思想界经过长时间反复论战，最后形成了四种对立的学说，即著名的才性四本论。尽管何晏没有卷入这一论战，但是分析才性四本论，对认识正始清谈有着重要意义，因为它不仅反映了正始清谈的理论思辨水平，而且可以窥见儒道异同(自然与名教之辨)这一时代课题在才性问题上的展开，不可不详辨，遗憾的是，这一重要论战的具体内容已经全部失传，直接材料仅如下一条：

① 《世说新语·文学第四》注引《文章叙录》。

> (钟)会论才性同异传于世。四本者,言才性同,才性异、才性合、才性离也。尚书傅嘏论"同",中书令李丰论"异",侍郎钟会论"合",屯骑校尉王广论"离"。文多不载。[①]

正始元年,钟会只有15岁,参加才性四本讨论的可能性不大。王广于嘉平三年因其父王凌发动兵变而被株连处死。因此,四本论产生的时间,只能在正始中期—嘉平三年之间。高平陵政变后的嘉平时期,政治局面十分险恶,学术气氛很不正常,辩论的可能性不大,由此可见,这场争论最可能发生在正始中后期。

据其他史料佐证,当时曾围绕才性关系问题,在傅嘏、钟会、王广、李丰四人之间发生过辩论,事后由钟会将争论的内容整理成书。"(王广)与傅嘏等论才性同异,行于世。"[②]"嘏常论才性异同,钟会集而论之。"[③]《世说新语·文学第四》载"钟会撰《四本论》,始毕,其欲使嵇公一见"。

由于资料的缺乏,四本论的内容成了千古之谜。许多学者对其作了猜测,他们认为,才是指政治才干,性是指人的本性。四本论与曹氏、司马氏斗争有关系。因为司马氏有明显的政治才干,"唯几也,故能成天下之务,司马子元是也"。傅嘏、钟会是司马氏死党,他们论证才性一致,是证明司马

① 《世说新语·文学第四》注引《魏志》。

② 《世说新语·贤媛第十九》。

③ 《三国志·魏书》卷二十一《傅嘏传》。

氏天性与政治才干一样尊贵。曹爽集团成员大都没有政绩，缺乏才干，但又自视具有高贵的内在精神力量，如“唯深也，故能通天下之志，夏侯太初是也……唯神也，不疾而速，不行而至(指何晏本人)”[①]。学者们的猜测有一定道理，但是，显然存在以下两点不足：第一，傅嘏政治上比较守旧，正始时期已投靠司马氏，这没有什么疑问，但钟会在正始时期与曹爽集团的关系十分密切。[②] 其投靠司马氏是正始之后的事情。因此，如果以政治集团划分，那么只有傅嘏一人属司马氏集团，钟会的才性合不易解释。第二，如果单纯从政治倾向方面划分，无法解释才性关系中出现的合、同、离、异四种不同理论之间的差异，有的学者对此进行了探索，但都很难自圆其说。

以往对才性四本研究中存在的最大缺陷在于忽视了其心理和逻辑方面的内容，尤其是忽视了四本论中的四位理论家对“人性”这个概念可能持不同的定义，尤其是忽视了四本论作者们对“人性”的认识可能超出政治伦理的范畴。

从逻辑学上看，人性的外延最大，它包含了人的政治属性、性格、气质、本质等内容。魏晋人在表述人性时，不自觉地运用了个别就是一般的判断方式，例如，孝是性，人的本质是性，谨慎是性，刚烈是性等等。但是古人的思维没有达到今人的逻辑水平，个别和一般的关系问题使他们大伤脑筋，有的干脆否认个别和一般的联系。而才性四本论的思辨家们则可能将个别直接等同于一般，即将人的某种属性与人

① 《三国志·魏书》卷九《曹爽传》注引《魏氏春秋》。

② 详见拙作《钟会与早期玄学》，《中国哲学史研究》1987 年第 2 期。

性等同起来，陷入了片面性和形式逻辑的迷魂阵。从心理学上看，正始前后的理论界对“才”的看法出入不大，而对“性”的认识则至少存在四种观点：一、指人的本质；二、指人的道德伦理方面的属性；三、指人的自然气质；四、指人的性格。我们知道，人的上述四种属性与政治才能的关系，也是很不容易说清楚的，在理论思维不发达的古代，更是难以表达。所以钟会和傅嘏在才性问题上都强调“言不尽意”，这正说明了其中的难处。四本论的作者们可能对人性持上述不同的四种观点，所以在才性关系问题上导致了逻辑上的合、同、离、异，出现了才性理论的平行四边形阵脚。下面，笔者根据有限的资料，对才性四本试解如下：

（1）才性同。傅嘏持此论。“同”就是完全一致，除将才性关系看作是表里或质用关系外，设想不出第二种模式。傅嘏笔下的“才”，是指人的品行和才干的外在表现的总和，他说，先王之择才，必本行于州闾，讲道于庠序，行具而谓之贤，修道而谓之能。可见傅嘏所讲的“才”，包含了“贤”和“能”，是人材特点的总和。显然，与这种无所不包的“才”相同的“性”，只能是指人的本质。持这种观点的思想家不乏其人，袁准就是一个。他说：

> 得曲直者木之性也。曲者中钩，直者中绳，轮角之材也。贤与不肖人之性也。贤者为师，不肖者为资，师资之材也。然则性言其质，才名其用，明矣。①

---

① 《艺文类聚》卷二十一引袁准《才性论》。

傅嘏的观点可能与袁准相同，将才与性的关系理解为质与用的关系。才与性两个概念以表里形式完全重合。

(2) 才性异。李丰持此论。他认为，才指政治才干，性指道德品行，下面一段资料可窥见其才性观。

卢毓于人及选举，先举性行，而后言才，黄门李丰尝以问毓。毓对曰："才所以为善也，故大才成大善，小才成小善。今称之有才而不能为善，是才不中器也。"丰等服其言。[①]

从上文看，李丰同意卢毓将"性"解释为"性行"的观点。所谓"性行"说，是东汉以来的传统观点。这种观点认为，道德操行是人性的唯一表现，因此将"性"、"行"二字连用，表示人性。例如王充说："操行清浊性也。"[②]杜恕也说："考实性行，莫过于乡闾；校才选能，莫善于对策。"[③]

汉魏时期，恪守封建道德教条的"忠厚敦朴之士"，往往政治才能比较差。东汉韦彪说："夫人才性行少能相兼。"[④]曹操也看到了这一点，他指出："夫有行之士未必能进取，进取之士未必能有行也。"[⑤]显然，如果把"性"定义为性行，即德行，将"才"定义为才能，并且抓住性行好的人往往才能

① 《三国志·魏书》卷二十二《卢毓传》。

② 《论衡·骨相第十一》。

③ 《全三国文》卷四十二引杜恕《笃论》。

④ 《后汉书》卷二十六《韦彪传》。

⑤ 《三国志·魏书》卷一《武帝纪》。

差这一现象，那么才与性的关系只能是“异”。所谓“异”，就是不相同，它与“离”的区别在于，才性离认为才与性之间没有关系，才性异则认为才与性之间有关系，是对立或相反的关系。四本论人物傅嘏在使用“异”字时，就是在这个意义上用的，他攻击邓玄茂是“贵同恶异”，可见“异”是指相反，而不是指没有联系。

(3) 才性合。钟会持此论。钟氏所讲的才，指政治才干。他说：“昔孔子戮少正卯，以其负才乱群惑众也。”①他笔下的“性”，似乎是指性格。如他称其母亲为“夫人性矜严”。② 所谓“矜严”，是指庄重严肃，其中既有先天气质方面的因素，也有后天道德伦理方面的特点。谢承《后汉书》说：“(魏)朗性矜严，闭门整法，长吏希见，动有礼序，室家相待如宾。”③显而易见，这种“矜严”的个性与政治才干既有区别，也有某种联系，在逻辑上是交叉关系。

(4) 才性离。王广持此论。由于王广的思想资料荡然无存，因而只能对该论进行推测。“离”是指两事物之间没有关系，先秦名家“离坚白”的命题就是指“坚”和“白”互无联系。钟会《刍荛论》佚文可以证明我们对“合”“离”二词的理解不误。钟会说：“胶之与漆，合而不离；烟之与水，离而不和。”④我们估计，王广所讲的“才”可能和他人无异，指政治才干，而他讲的“性”，可能指气质。因为人的自然气质

---

① 《世说新语·雅量第六》。

② 《三国志·魏书》卷二十八《钟会传》注引钟会《张夫人传》。

③ 《初学记》卷十一引。

④ 《意林》卷六引。

与政治才干没有直接关系，王广可能强调了这一点，创立了才性离之说。

从以上关于才性四本论的分析中，我们不仅可以看到，正始清谈在哲学上和逻辑上达到了相当的深度，而且同样可以看到这一讨论与儒道关系这一时代课题的内在联系。这主要表现在，不少思想家已用道家的“自然”哲学去定义人性，以气质、性格之类带有明显生理自然属性的概念去理解人性，并探讨了人类自然属性与政治才干的关系，这实际上涉及到了自然与名教的关系问题，尽管是间接的。

2.“三玄”微言

除人材学外，在正始清谈中，对《老》、《庄》、《周易》“三玄”哲学思想的探讨，也是辩论的重要内容，而何晏则以谈“三玄”的大师著于史籍。刘邠自称“数与何平叔论《易》及《老》、《庄》之道，至于精神遐流，与化周旋，清若金水，郁若山林”。[①] 裴徽也说：“吾数与平叔说《老》、《庄》及《易》，常觉其辞妙于理，不能折之。”[②]遍查史书，不见何晏谈《庄子》之事例。谈《老子》之事，也记载得十分模糊，《世说新语·文学第四》：“何晏注《老子》未毕，见王弼说《老子》旨。”既然何晏已注释过《老子》，那么在清谈中一定会涉及，况且又听王弼说自己注《老子》的主旨，所以何晏谈《老子》也是可信的。史籍中何晏以“三玄”为题清谈而又流传至今的记载，是他与管辂关于《周易》时义的辩论。

管辂是位具有名士风度的大术士。他不但善占卜，而且

---

① 《三国志·魏书》卷二十九《管辂传》注引《辂别传》。

② 《三国志·魏书》卷二十九《管辂传》注引《辂别传》。

会清谈义理，这在一般低文化阶层的术士中是不多见的。正始前后，管辂以此为资本在上层知识官僚阶层从事《易》学投机，俘虏了不少大名士。据管辂的弟弟管辰所著《辂别传》讲，管辂虽然绝技在身，并一直在各地游说占卜，但一直不得发迹。在他三十六岁那年[①]，约正始五年，还处于"北黉文学"这一卑职，由朋友孔曜推荐给冀州刺史裴徽，从此才青云直上。当时裴徽由吏部郎外放为冀州刺史，官职虽高升，但远离思想文化中心洛阳，尤其是离开清谈中心，使这位"才理清明，能释玄虚，每论及老、庄之道，未尝不注精于严、翟之徒"的大清谈家十分"郁闷"。[②] 所以当孔曜介绍有位深通易经的怪才管辂时，裴徽大发感慨地说，来到冀州这样堂堂的大州后，却没有见到可以一起清谈"释人郁闷者"，因此一直"思还京师"，与何晏等正始名士"得共论道"，没想到"草间自有清妙之才"，于是下令，辟召管辂为文学从事。"一相见，清论终日，不觉罢倦。天时大热，移床在庭前树下，乃至鸡向晨，然后出。再相见，便转为钜鹿从事。三见，转治中。四见，转为别驾。至十月，举为秀才。"管辂时来运转了，每与裴徽清谈一次，官升一级，最后被推荐为"秀才"。"秀才"是州一级向中央贡举的杰出人材，地位高于郡级推荐的"孝廉"。

"秀才"按当时选举惯例要去首都洛阳接受中央政府的考查任命。裴徽荐举管辂为"秀才"的真实动机，是介绍他进

① 据《三国志·魏书》卷二十九《管辂传》此时应为正始九年，管辂 40 岁。

② 《三国志·魏书》卷二十九《管辂传》注引《辂别传》。以下有关管辂引文未注出处者，均出自该书。

京会见何晏，参加最高层次的《易》学清谈，也算裴徽给何晏等老朋友的最好礼物。临行前，裴徽专门向管辂介绍了何晏的《易》学特点，希望管辂事先有所准备。裴徽说："何、邓二尚书，有经国才略，于物理无不精也。何尚书神明精微，言皆巧妙，巧妙之志，殆破秋毫，君当慎之！自言不解《易》九事，必当以问，比至洛，宜善精其理也。"

关于何晏对《周易》中九个感到难以解释的问题，已无法详考。据《南齐书·张绪传》讲，张绪这位南朝的易学大家，"常云何平叔所不解《易》中七事，诸卦中所有时义，是其一也"。尽管张绪将何晏不解的《易》中九事，说成《易》中七事，与《辂别传》不同，但毕竟为我们提供了其中之一的题目——"诸卦中所有时义"，所谓"时义"是指每卦所总体表达的"时势"或"时运"。明确以"时义"解释"卦象"者，首先是从玄学义理派创始人王弼开始的。但是对六十四卦时义是怎样产生的，它们的共同本质是什么，它们与宇宙本体的关系是什么等，王弼并没有进一步明确解释。[①] 何晏接见管辂的时间是正始九年十二月，王弼《周易注》此时早已问世，何晏大概仍对上述问题不得其解，于是产生了对六十四卦"所有时义"的困惑。

《易》学研究有象数派与义理派的区别，汉代官方经学属于象数派而魏晋玄学则是义理派。象数派理论上力图将宇宙万有统统纳入易经卦爻象符号和数字组成的庞大模式中，实践中则以占卜方式探求未来的命运，大术士管辂就是象数派的实践家。玄学义理派在理论上将《易经》看作哲理著作而注

---

① 详见本书《王弼评传》第三章关于王弼"易道"的分析。

重探求卦爻象中所蕴含的哲学道理，实践中重视如何运用这些道理指导自己行动，而不重占卜。作为玄学创始人之一的何晏，也应属于义理派。所以，管辂一开始就把何晏归于义理派，他在临行前回答裴徽告诫时，对自己能否与何晏在易学讨论中有共同语言表示忧虑："何(晏)若巧妙，以攻难之才，游形之表，未入于神。夫入神者，当步天元，推阴阳，探玄虚，极幽明，然后览道无穷，未暇细言。若欲差次老、庄而参爻象，爱微辩而兴浮藻，可谓射侯之巧，非能破秋毫之妙也。若九事皆至义者，不足劳思也。若阴阳者，精之以久。"管辂以上所言大意为：义理易学是低层次的表面学问，远不如象数易学那样高深。所以他不赞赏义理派逻辑辨析《易经》哲理的方法。如果何晏所不解的《易经》九事都是哲理方面的问题，他不感兴趣；如果是阴阳五行之类象数问题，那正是他的专长。管辂的担心似乎是多余的。据《辂别传》记载，何晏和管辂的清谈十分投机。

> 辂为何晏所请，果共论《易》九事，九事皆明。晏曰："君论阴阳，此世无双。"时邓飏与晏共坐，飏言："君见谓善《易》，而语初不及《易》中词义，何故也？"辂寻声答之曰："夫善《易》者不论《易》也。"晏含笑而赞之："可谓要言不烦。"

粗略一看，何晏与管辂进行的是一场以阴阳五行学说为理论基础的象数易学清谈，而且何晏很欣赏管辂"论阴阳"，还是邓飏对管辂开始时不涉及《易经》辞义提出疑问。何晏曾感到困惑的九个易学难题是否真地被管辂的"阴阳"说全部澄清，尚不可全信管辂弟弟管辰的说法，但由此可知，何晏的义理易学并非完全排斥象数。此外，据《辂别传》和《三国志·管辂传》记载，谈完“《易》中九事”之后，何晏甚至要求管辂给他算卦并占梦，以预测其政治命运。当时，正处于高平陵政变前夜，何晏已成惊弓之鸟。像大多数在理性和神秘主义中间左右摇摆的中国古代士人那样，此刻的何晏应当更容易向后者倾斜。其实，何晏学术思想比较芜杂，其中神秘主义成分并不少见，关于这方面问题，我们在第一章中已作了垫铺，下面一节介绍其哲学思想时还要进一步展开讨论。但是，又必须看到，这一切并不能改变何晏义理派易学家形象，这是他的思想主流。即使在上述何晏与管辂的易学清谈中，恐怕也是阐发《易经》之义理。大约在高平陵政变何晏被杀后，管辂从京师回到冀州，裴徽问起管辂对何晏的印象：“何平叔一代才名，其实如何？”管辂贬抑之：“其才若盆盎之水，所见者清，所不见者浊。神在广博，志不务学，弗能成才。欲以盆盎之水，求一山之形，形不可得，则智由此惑。故说《老》、《庄》则巧而多华，说《易》生义则美而多伪；华则道浮，伪则神虚；得上才则浅而流绝，得中才则游精而独出，辂以为少功之才也。”由此可见，何晏与管辂的清谈中仍以《老子》、《庄子》和《周易》三玄中微言大义为主旋，象数仅是插曲而已。管辂只是“初不及《易》中辞义”，后来大概就要以义理为主了，即使以阴阳卦气立论，也不妨由象数而阐发其中哲理。从《三国志·管辂传》和管辰著《管辂别传》所载的大量事例看，管辂是一个很乖巧的清谈名士型的术士，十分善于迎合各种人物胃口，所以完全可以与玄学家们周旋。下面一段史料可说明这种看法是实在的，并非猜测：

晏谓辂曰："闻君著爻神妙，试为作一卦，知位当至三公不？"又问："连梦见青蝇数十头，来在鼻上，驱之不肯去，有何意故？"

辂曰："夫飞鸮，天下贱鸟，及其在林食椹，则怀我好音，况辂心非草木，敢不尽忠？昔元、凯之弼重华，宣惠慈和；周公之翼成王，坐而待旦，故能流光六合，万国咸宁。此乃履道休应，非卜筮之所明也。今君侯位重山岳，势若雷电，而怀德者鲜，畏威者众，殆非小心翼翼多福之仁。又鼻者艮，此天中之山，高而不危，所以长守贵也。今青蝇臭恶，而集之焉。位峻者颠，轻豪者亡，不可不思害盈之数，盛衰之期。是故山在地中曰谦，雷在天上曰壮；谦则裒多益寡，壮则非礼不履。未有损己而不光大，行非而不伤败。愿君侯上追文王六爻之旨，下思尼父彖象之义，然后三公可决，青蝇可驱也。"

飏曰："此老生之常谭。"

辂答曰："夫老生者见不生，常谭者见不谭。"

晏曰："过岁更当相见。"①

一切似乎都颠倒过来了，义理派代表人物何晏迷信神秘的象数，要求管辂为己占卜吉凶；象数派大术士管辂却一反常态拒绝占卜，反而用《易经》的哲理"开导"之。所谓"山在

① 《三国志·魏书》卷二十九《管辂传》。

地中曰谦”和“谦则裒多益寡”语出《谦卦》的《象》辞：“地中有山，谦。君子以裒多益寡。”指艮下坤上的《谦卦》卦象，表达了减有余补不足的时义。所谓“雷在天上曰壮”和“壮则非礼不履”，语出《大壮卦》的《象》辞：“雷在天上，大壮。君子以非礼弗履。”指乾下震上的《大壮卦》卦象，表达了强盛而固守正道的时义。很明显，管辂在此是用上述两卦的时义所表达的哲理告诫何晏要谦虚谨慎，居安思危。这完全是义理易学家研究《易经》的路数，可证明管辂极不愿在玄学上层清谈中以无思辨水平的神秘术士形象出现。这种现象深刻反映了何晏所主持的玄学清谈，是在理性思辨的文化氛围中进行的。

人格平等、尊重理性和思想自由，在何晏所主持的清谈中十分明显。他的谈客，既有达官贵人，也有未入仕的少年，还有术士。但在清谈中，大家都是思想平等的辩论人。例如，尚书邓飏认为管辂是“老生常谈”，秀才管辂可据理反驳。又如何晏年近四十，身为主管全国高级官员任免的吏部尚书，权倾朝野，已经注释了《老子》，但在清谈中发现年仅十几岁的王弼解释《老子》的水平胜过自己，就放弃了自己的注释，而对王弼大力推举，使王弼迅速成名。

汉代经学有严格的师承关系和森严的家法、师法，表现出较强的以人格不平等为特点的学术隶属关系和因循守成的学风。清谈的诞生，打破了这种沉闷的学术气氛。在清谈场上，学者们享受了中世纪所能得到的最大思想自由。平等辩论，逻辑证明，以理取胜，是清谈的最重要特点。在这种中国古代的学术沙龙中，大官与小官、官员与平民、长者与幼者之间的等级差异消失了，人们都成了人格平等的辩论人。清谈中,没有来自官方的政治干涉或武断裁决,也没有学阀作风或论资排辈的习惯。在这里,理论是多样的,而检验理论的标准只有一个,即听众的理性。这种平等竞争的学术环境对新思想的产生和发展至关重要。何晏等正始名士正是在这种既轻松又激烈,寓探索于娱乐的形式下,发起了对汉儒魏法的玄学思想革命。

二、玄学创始人

何晏在正始时期创立的贵无论玄学,理论标志是其在《无名论》中融合儒道,提出了圣人无名的观点,并作了宇宙本体论的哲学论证。然而,何晏的玄学本体论思想是相当芜杂的,尽管他立论的主要依据仍是中国传统的儒道宇宙本根论,但也受到了佛教的某些启迪。何晏影响了王弼,后来又受到王弼哲学的反作用。这些因素都是使何晏思想变化的轨迹变得曲折、复杂,以至模糊,不可不辨微。

(一)《无名论》

历代史家习惯于将何晏、王弼同视为玄学贵“无”论的创始人,认为他们的理论完全一致。其实,这种看法是不准确的,它妨碍了我们进一步认识贵“无”论形成的过程,以及何、王哲学各自的地位和意义。玄学贵“无”论哲学,像一切新学说的创立一样,经历了一个由粗糙、不成熟到精致、成熟、完善的过程。在这个过程中,何晏是玄学贵“无”论的首创者,王弼则是理论的完成者。

何晏年长王弼二十岁左右，属于正始名士中的老派思想领袖，自正始元年任散骑侍郎时起，就在清谈场上“论道”，创立了贵“无”论哲学。尽管这种哲学比较粗糙，带有不少旧思想的陈迹，但是却唤醒、影响了王弼、钟会等玄学新秀的崛起，导致了王弼哲学体系的出现。以正始中后期（据刘汝霖考证，大约在正始五年左右）王弼《老子注》出现为标志，玄学贵“无”论进入了一个新的成熟期。何晏并没有固步自封，而是积极地接受了王弼的思想，重新审定改造了自己的旧学说，使之更加完善。这样，在历史上就存在着何晏前期和后期两种贵“无”论。前期的贵“无”论表现了何晏本人的创造，而后期的贵“无”论，则表现了王弼哲学的思想内容。为了清楚地说明这一历史真相，必须具体考查何晏贵“无”论著作的形成时间以及思想倾向的异同。

何晏一生著述十分丰富，据各种史籍记载，约有九种之多（详见附录二）。除《论语集解》外，均已佚。《论语集解》是由何晏、孙邕、郑冲、曹羲、荀𫖮共同完成的。其中孙、郑、荀都不是玄学家。这部出自多人之手的官书，似乎没有受贵“无”论思想过多的影响，至少难以表现何晏的玄学思想。该书的意义，我们将在《王弼评传》中结合汉晋之际《论语》的玄学化历史进行分析，在此不予讨论。

除《论语集解》外，何晏现存的思想资料，只有收录于《全三国文》中的佚文，其中《无名论》、《道论》和《无为论》三篇佚文最为重要。能表现何晏早期玄学本体论思想的作品只有《无名论》一篇，《道论》和《无为论》则属于何晏后期的著作，与王弼哲学的影响有密切关系。这样说，是有充分根据的，因为这后两篇论文都与王弼有关联。

其一,《道论》是何晏看了王弼《老子》注后受启发而创作的。《世说新语·文学》有以下两条记载:“何平叔注《老子》始成,诣王辅嗣,见王注精奇,乃神伏曰:‘若斯人可与论天人之际矣!’因以所注为《道》、《德》二论。”“何晏注《老子》未毕,见王弼自说注老子旨,何意多短,不复得作声,但应诺诺,遂不复注,因作《道》、《德》论。”何晏的《道》、《德》二论,可能就是《七录》所著录的“《老子道德论》二卷”和《文心雕龙·论说篇》所提到的“平叔之二论”。《德论》已全佚,《道论》也仅存一小段文字于张湛《列子注》中:“有之为有,恃无以生;事而为事,由无以成。夫道之而无语,名之而无名,视之而无形,听之而无声,则道之全焉。故能昭音声而出气物,包形神而章光影。玄以之黑,素以之白,矩以之方,规以之圆。圆方得形,而此无形;白黑得名,而此无名也。”①

其二,《无为论》表达了何晏王弼共同的观点。《晋书》卷四十三《王衍传》说:“魏正始中,何晏王弼等祖述老庄立论以为:‘天地万物皆以无为本。无也者,开物成务,无往而不存者也,阴阳恃以化生,万物恃以成形,贤者恃以成德,不肖恃以免身。故无之为用,无爵而贵矣。’”这段文字本身并没有自题是《无为论》,题目是严可均将该文收入《全三国文》后加上的,它究竟是何晏王弼共同写作的文章的佚文呢,还是《晋书》作者对何、王学术观点的归纳呢,已无法确知。但是《晋书》作者既然声称是“何晏王弼等祖述老庄立论”,这就说明它形成的时间也只能是王弼哲学形成之后。

① 《列子·天瑞》张湛注引《道论》。

从《道论》和《无为论》的思想内容看，它们无疑是受王弼哲学洗礼后的作品。首先，它们都认为“无”是存在于事物内部，是事物赖以生存发展的内在根据，属于比较成熟的本体论范畴。与王弼“以无为本”的本体论哲学相同，而与何晏本人《无名论》中的宇宙本体“无所有”不同，因为那个存在于事物内部的“无所有”（无），必须与天地之外的大“无所有”相感应才得以存在和发挥作用。（关于何晏的这种早期本体论特点，我们在后面还要专门论及。）再者，它们都从形名角度将无形无名的宇宙本体抽象为“无”，并且用形名方法展开论证，行文酷似王弼。例如何晏《道论》说：“名之而无名，视之而无形，听之而无声，则道之全焉。”王弼《老子指略》则大同小异：“听之不可得而闻，视之不可得而彰。体之不可得而知，味之不可得而尝。”

由于何晏上述两文中的思想与王弼哲学基本一致，因此没有专门深入研究的必要。我们在这里之所以将它们加以分析，其目的仅仅是为了明确划分出反映何晏早期贵“无”论思想的作品，而着重研究这类作品，才是最有价值的，因为它能帮助我们了解贵“无”论最初形成时的真实形态。这种作品就是《无名论》。该论史籍没有记载，大概是作为论文收录于《何晏集》中。该论甚为重要而难点较多，易生歧义。为便于理解何晏原义，现将全文分段标点，简注并意译如下：

［**原文**］为民所誉，则有名者也；无誉，无名者也。若夫圣人，名无名[①]，誉无誉；谓无名为道，无誉为大[②]。则夫无名者，可以言[③]有名矣；无誉者，可以言有誉矣。然与夫可誉可名者岂同用[④]哉？

［**注释**］①名：起名；名无名：给无法命名之物起名。下句句型相同。②指《老子·二十五章》："吾不知其名，字之曰道，强为之名曰大。"③言：被……言说。④用：功用。

［**译文**］被人们所赞誉的事物，有相应的名号；无法赞誉的事物，也就无名号。圣人却命名无法命名的事物，赞誉无法赞誉的事物；将无法命名的事物称之为"规律"，将无法赞誉的事物称之为"伟大"。（这样一来）无法命名的事物也就有了名号，无法赞誉的事物也就有了赞誉。然而无法命名无法赞誉的事物与其所获名号、赞誉，难道意义相同吗？

［**原文**］此比于无所有①，故皆有所有②矣。而于有所有之中，当与无所有相从③，而与夫有所有者不同。同类无远而相应，异类无近而不相违。譬如阴中之阳，阳中之阴，各以物类自相求从。夏日为阳，而夕夜远与冬日共为阴；冬日为阴，而朝昼远与夏日同为阳④。皆异于近而同于远也。详此异同，而后无名之论可知矣。

［**注释**］①此：指无法命名、无法赞誉的事物。比：近似。无所有：空。②有所有：有形事物。③从：追随、响应。④汉魏时期思想界早认为四季和昼夜的交替，来源于阴阳二气的消长变化。

［**译文**］无法命名、无法赞誉的事物，近似于"空"。（因为空是看不见的，）所以"空"也就随所在事物而得名，（如器皿的中空部分随器皿不同而叫不

同名字。)但是,存在于有形事物中的"空",与其他"空"为同类而互相感应联系,却与它所寄寓的有形事物不同类不感应。(众所周知,)同类事物没有因为相隔距离遥远而不互相感应的,而异类事物没有因为相隔距离近而不互相排斥的。譬如阴气中的阳气,阳气中的阴气,各自与同类型气体相感相求。夏季为阳气占主导地位,但夏季的夜晚与冬季却同属阴气;冬季为阴气占主导地位,但冬季的白天则与夏季同属阳气。它们都与邻近的异气不相感不相求,而与远方的同类气相感相求。明白这一同类相感相求和异类不相感不相求原理,才能明白关于无法命名无法赞誉的事物的理论。

[**原文**]凡所以至于此①者何载?夫道者,惟无所有也。自天地已来皆有所有矣。然犹谓之道者,以其能复用②无所有也。故虽处有名之域,而没其无名之象;由以在阳之远体③,而忘其自有阴之远类。

[**注释**]①此:指无法命名、无法赞誉的事物获得名号、赞誉。②复用:重复使用或遵循。③体:部分;远体:远离主体的部分,指远离阴气主体而寓寄于阳气中的弱小阴气。

[**译文**]是什么原因导致无法命名、无法赞誉的事物获得了名号和赞誉呢?(具体指无名无誉的事物被命名为"道"。)所谓道,就是"空"。然而,自从天地生成以来,只能见到有形有名事物的存在和发展,人们所说的道,是指有形有名事物运用"空"而

成功。所以这个表现为“空”的道虽然存在于有形有名的事物中发挥作用，却看不到任何存在的迹象，就像寓居于阳气领域而远离主体的弱小阴气，容易忘记它们在远方还有强大的同类互相感应。（以此比喻人们忽略了“空”之间感应所产生的决定作用，而仅仅看到了有形事物有规律的自生自化，并称这种规律为“道”。因此，也就用有形事物的名号和美誉去言说了无法命名无法言说的本体。）

［**原文**］夏侯玄曰：“天地以自然运，圣人以自然用。”自然者，道也。道本无名，故老氏曰：“强为之名。”仲尼称尧荡荡无能名焉[①]，下云巍巍成功[②]，则强为之名，取世所知而称耳，岂有名而更当云“无能名焉”者邪？夫唯无名，故可得遍以天下之名名之。然岂其名也哉？惟是喻而终莫悟，是观泰山崇崛而谓元气不浩芒者也。[③]

［**注释**］①②语出《论语·泰伯》：“大哉尧之为君……荡荡乎，民无能名焉。巍巍乎其有成功也。”③此句为比喻，无形的元气属于“有所有”，是事物的质料而不是本体。

［**译文**］夏侯玄说：“天地以自身的规律运转，圣人按自身的规律治国。”所谓自身的规律，实质上就是无形本体的作用。本体无法命名，所以老子说勉强给他起名(叫做伟大的道)。孔子称赞尧的恩德博大而无法用具体美名概括，接着却予以美名“伟大功绩”，这属于勉强起名，（不是真名，）是采用世人

所能理解的语言去表述。难道它本来有名号却反而硬说它无名吗？(不!)恰恰因为它是无法命名的，(随所在有形事物而得名，)所以也就可以用各种名号去称呼它。然而，这些名号难道真是它的名号吗？(不是的。)听了以上比喻仍不能悟解，则类似承认泰山雄伟高大却否认元气浩然无际那样浅陋无知。

从以上译注中，我们不难看出何晏玄学本体论仍带有宇宙生成论色彩，其论证方法，也是汉儒传统的同类感应说。对这些特点，我们将在下一节中展开讨论。虽然何晏《无名论》的本体论思想比较粗糙，但在当时却有划时代的意义，这表现在何晏将两汉时期一直存在于天地之外的宇宙本根移到了事物之中，并且摈弃了汉代儒道“元气”或“道气”说。在他笔下，无名的“无所有”，已不再是某种具体物质，而是一种无法用语言表述的存在。汉儒的思维方式是形象的经验比附，他们对宇宙本根的描述往往归于可以感知的具体物质，通常是无形的元气，玄学则认为本体是一种超言绝象的东西，只可意会，不可言喻，给它任何一种名称都失之于偏，只能用“无名”去称呼。可以说，何晏的《无名论》达到了这个层次的哲学高度。至于他在该文的最后所言“是观泰山崇崛而谓元气不浩茫者也”。仅仅是比喻而已，并不是说，泰山是“有所有”而“元气”是“无所有”，正如前面他以阴阳为例，并非真正认定本体就是阴阳一样。当时的各种思想家一般都把元气看作构成万物的质料，比如王弼也是如此，他说：“虽有万形，冲气一焉。”何晏大概也是在这个意义上看待元气的，质料不等于本体(本质)。

是什么力量使何晏宇宙本根论进入有形物之内并超越了气论向超言绝象的“无所有”发展呢？从社会政治层面看，显然是为了论证圣人无为人格的内在依据。比如，何晏《无名论》开篇即说：“若夫圣人，名无名，誉无誉。”并以此引出了宇宙本体的性质及时空位置和作用的讨论，以此证明圣人的本质也与宇宙本体一样无名无誉，“以其能复用无所有”而成为圣人。但是这只能解释本根的内在化原因，而不能解释何晏为什么不再用道气解释宇宙本根和圣人的体质。例如何晏笔下圣人情性，是“无所有”的“空”。“何晏以为圣人无喜怒哀乐，其论甚精……弼与不同，以为圣人茂于人者神明也，同于人者五情也。神明茂，故能体冲和以通无；五情同，故不能无哀乐以应物。”[①]很明显，王弼对圣人无名的解释是以中国儒道都认可的“中和”说来立论的，认为圣人无名的体质是全面、丰富而平衡的实体，而何晏早期却将圣人无名的体质解释为虚空，结合何晏笔下那个被称为“无所有”(空)的宇宙本体，其思想一脉相承。何晏的这一思想是否受到佛教“我空”及“法空”的影响呢？东汉安世高所译小乘典籍《安般守意经》宣扬人生之最高境界，就是摒弃了情感、欲望及一切心理活动的“我空”，而支娄迦谶所译大乘经典《道行经》则进而弘扬“法空”。这些思想是否影响了何晏本体论思想的变化呢？不能不说是一个十分有价值的研究课题。

---

① 《三国志·魏书》卷二十八《钟会传》注引何劭《王弼传》。

（二）道根与佛法

早在何晏玄学诞生前的汉代，大小乘佛教都已传入中国。尽管汉魏时期民间信仰中的佛教被视为神仙方术的一种，但这一时期来自西域的僧人在佛经翻译中却未受中国传统文化的影响，比较准确地译出了佛教缘起性空的本体论思想。那么以贵“无”论形态出现的早期玄学本体论在其形成中是否受到佛教缘起性空思想的影响呢？在这个问题上，学术界一般持否定态度，尽管也有不同意见，但因拿不出有力证据而难以立论。的确，正始玄学诞生的曹魏初期，恰恰位于汉晋佛教发展史上汉末与西普两次高潮之间的低落之时，所以在史籍中几乎找不到这时的玄学家与僧人交往的资料。另外，现存正始玄学的思想资料以王弼为主，而王弼贵无论与佛教的缘起性空论差异相当明显。但是，如果我们将研究焦点转向何晏，视象则为之一变。

何晏是曹操的养子，后来又与金乡公主结婚，所以一直生活在魏宫中。曹氏不属于以儒术起家的士大夫家族，而属于思想状况芜杂，往往有道术信仰传统的土豪阶层，所以家族中盛行神仙方术。曹氏父子为了防止方士利用宗教作乱，对方术采取了限制措施，但实际上禁他人而不禁自己。这个问题我们曾在第一章作了介绍，此处不赘述。总之，佛教同时也作为神仙方术的一种，自然而然地流行于曹氏家族中。南齐陆澄在《法论目录序》中开列的历代弘扬佛法的人物里，竟有曹操的名字:“魏祖答孔,是知英人开遵道之情。”[1]《魏书·释老志》载,魏明帝曹叡曾打算“坏宫西佛图”后来被外国沙门的道术所震惊,从而相信佛教,“遂徙于道东,为作周阁百间,佛图故处,凿为濛汜池,种芙蓉于中”。至于那位笃信神仙术的曹植,同时也是著名佛教徒,《高僧传·诵经篇》称其在弘扬佛法中贡献杰出:“传声则三千有余,在契则四十有二。”据《法苑珠林·呗赞篇》说,他用音乐配唱汉译经文,“制转赞七声,故世之讽诵,咸宪章焉”。后来又在游鱼山时记录了来自空中的“梵天之响……乃摹其声节写为梵呗,撰文制音,传为后世”,是中国佛教音乐的创始人。不仅王室成员,甚至与曹氏家族接近的奶妈和侍女也卷入了佛教信仰中。《三国志·魏书·司马芝传》载:“特进曹洪乳母当于临汾公主共事无涧神。”据陈寅恪先生考证,“无涧神”应作“无间神”,即佛教中的地狱神。[2] 曹氏家族内佛教信仰的存在是无疑的,这个家族中的人,既可见到来自西域的僧人,又可读到佛经,恐怕还有佛事活动,这便是何晏自幼生活的圈子。

何晏是曹操极宠爱的养子,待遇与曹操的亲儿子相同,所受教育也应无异。据曹丕回忆,曹氏子弟读书范围十分广泛,“诸子百家之言,靡不毕览”[3]。其中含有包括佛经在内的道术类书籍,是完全可能的。按当时公布的法令,道术类书籍是禁止流通,并不准阅读,但帝国公开宣布的禁书,是不禁王

① 《全齐文》卷十五引。

② 陈寅恪:《金明馆丛稿二编·魏志司马芝传跋》。

③ 《三国志·魏书》卷二《文帝纪》注引曹丕《典论·自叙》。

室成员的。比如当时法律明确规定禁兵书，而曹操却与年仅七八岁的少年何晏共同讨论兵书的难点，“晏分散所疑，无不冰释”[①]。按一般常规，皇家图书馆往往收藏了各种各样的书籍。既然曹植能“读佛经”、“通般若”，那么生活在同一环境和文化氛围的何晏能读到佛教经典，是毫不奇怪的。

在《无名论》中，何晏用了一系列道家的哲学术语去表述那个据说无法命名的本体，如“道”、“大”、“无名”、“无誉”、自然等等，而其中使用次数最多，并以此展开论证的核心概念，则是“无所有”一词。“无所有”是一个在中国传统哲学术语的词汇中找不到的概念，以至笔者一度误以为是何晏的创造。其实，将“无所有”作为哲学概念运用，首先见于东汉时期的汉译佛经，用来表示佛教宗教哲学中心概念“空”。这种翻译方法，无论是在安世高所译的小乘佛教经典还是在支娄迦谶所译的大乘佛教经典中，都是完全相同的。可以说，所有的汉代译经都是如此。下面，分别以东汉小乘和大乘佛教译经的代表作《安般守意经》和《道行经》为例，将所见的部分含有“无所有”概念的文句，列举如下：

第一，东汉安世高译《佛说大安般守意经·卷下》[②]：

> 道无所有。已分别无所有，便无所为。故言思惟无为道。
>
> 道以无有为对，亦无所有，亦无有本，亦无有

① 《太平御览》三百八十五引《何晏别传》。
② 《大正藏》第十五卷《经籍部二》，笔者重作断句标点。

正，为无所有也。

念灭时何等为知无所有？意定便知空。知空便知无所有。何以故？息不报便死，知身但气所作，气灭为空，觉空堕道也。

观有二辈：一者观外，二者观内。观身有三十六物，一切有对皆属外观。无所有为道，是为内观也……观有二事：一者观外诸所有色；二者观内谓无所有。观空已得四禅，观空无所有，有意无意无所有，是为空，亦谓四弃得四禅也。

第二，东汉支娄迦谶译《道行经》：

如是说菩萨，都不可得见，亦不可知处处，了无所有，当从何所法中说般若波罗蜜？

幻人泥洹赐如空无所有……法中无所有、无所闻、无所得。①

知般若波罗蜜，空无所有，无近无远，是故为菩萨摩诃萨般若波罗蜜……般若波罗蜜无所有，若人于中有所求，谓有所有，是即为大非。②

般若波罗蜜亦无有持法者，亦无有守法者，如空无所取、无所持、无所见……故诸法如空无所转，亦无法有还者，乃至诸法亦为无所有。③

① 《难问品第二》。
② 《泥犁品第五》。
③ 《叹品第七》。

守般若波罗蜜为守无所有。①

无所有当何从得阿耨多罗三耶三菩提？诸法皆空，索之了不可得，当作阿惟三佛。②

佛言：如是须菩提，无所有相得般若波罗蜜，是所相得诸法。……诸法各各异，诸法各各虚空。③

空亦无有远，亦无有近，亦无所有……如佛所说，人无有本，晓知人本无所有，是为度人。④

泥洹虚空无所有。⑤

般若波罗蜜现无所有如是。前于爱欲中相娱乐，计之无所有，般若波罗蜜计之亦无所有如是。人名及声无所有，怛萨阿竭亦无所有，于前见者念所作因见，般若波罗蜜念所作本无所有如是。譬如幻师化作象本无所有，般若波罗蜜亦本无所有……般若波罗蜜亦无所不至，亦无所不入，亦无所至，亦无所入。何以故？般若波罗蜜空无所有故，譬如虚空，无不至，无所不入；亦无所至，亦无所入。何以故？空本无色，般若波罗蜜亦如是……亦入于有，亦入于无所有。⑥

以上近乎烦琐的引文实在出于不得已而为之，因为对这样一

① 《分别品第十三》。
② 《本无品第十四》。
③ 《善知识品第十九》。
④ 《强弱品第二十四》。
⑤ 《随品第二十七》。
⑥ 《昙无竭菩萨品第二十九》。

个牵扯到中国本体论哲学形成中是否受外来佛教影响的重要学术难点,不得不引用较多的资料来证明这个时期佛教经典中"无所有"概念的存在。通过比较上述引文中这一概念的含义,可以从中得出以下两点结论:

其一,"无所有"是指"什么都没有"、"非存在",也就是"空"。汉魏时期语言学上的"无所某"是个否定句型,指"没有某",比表示否定的单音词"无"否定意义更强,例如无所听,指没有听到;无所爱,指没有爱。"无所某"句型大量使用于佛经中,以用来否定万法的真实性,这对读过佛经的人来说是不言而喻的,上面引文即可见一斑。其中的"无所有"的意思是彻底否定有任何东西存在,表示彻底的空无。所以,佛经翻译中经常将"空"与"无所有"连用,称为"空无所有"。

其二,"无所有"比较准确地表达了佛教的本体思想,即缘起性空的思想。这个"无所有"的"空",不同于中国传统哲学思想中无形而全有的宇宙本根"无"。它不是宇宙万有的生成者和决定者,而是宇宙万有的真相。尽管这时的汉译佛经有大小乘之分,对"空"的理解也不同,《安般守意经》侧重讲"我空",《道行经》则大谈"法空",但却不离缘起法,持缘起性空,所以都保持了印度佛教的思想特质。这恐怕与译者为外籍僧人有关,他们虽用中文译经,并借用道家术语,但哲学思维习惯并未中国化。

何晏《无名论》中"无所有"与东汉佛经中的"无所有"是否有承袭关系呢?回答应当是肯定的,因为在现存史料中,何晏是继佛经之后第一个明确运用"无所有"表示宇宙本体的中国哲学家,所以在没有发现其他相反材料的情况下，可以断定何晏笔下这个概念来自佛经。

何晏是否理解了佛教缘起性空的思想呢？回答是否定的。很明显，何晏仍是按中国传统的宇宙观去消化佛教的“空”观。他笔下无名的宇宙本体“无所有—空”，不是指宇宙万有的“真相”，而是宇宙万有自我完善的内在决定力量，可见何晏的本体论哲学并未脱离中国传统宇宙本体论的认识范围，仍属中国道论的一种新形态，而与佛教缘起性空说相距甚远。为了证明“空”对“有”的决定作用，何晏甚至运用了汉代象数思维范畴的同类感应理论去附会说明“空”决定“有”的原因。毫无疑问，何晏不可能理解佛经中关于“无所有”（空）与“有所有”（有）之间关系的理论，尤其佛教关于空有不二、体用一如的思想，更是何晏在汉魏之际的历史局限中所无法理解的。“一切皆本无，亦复无本无。”①

但是应当看到，何晏的《无名论》与中国传统哲学的宇宙本根论相比已发生了明显的变化。传统的宇宙本根“道”有两个特点，一是完美的无形实体，二是万有的生母。何晏笔下的“无所有”，从实在和生母的意义上看，都是模糊的。

首先，何晏并未像先贤那样将“无名”的本根看作一个无形而全有的混成之物，而是用了“无所有”去形容它。该词在汉魏之际的一般理解是指“一切都不存在”的空，与“无”、“无形”、“无名”之类用来表述宇宙本体的概念不同。然而，何晏对这个概念并没有进一步解释，没有讲它是否为真空。从《无名论》行文中关于“惟无所有”和“自天地以来皆有所有”的说法看，“无所有”类似通常意义上的“真

① 《道行经·本无品第十四》。

空”。但是这个“无所有”却有互相感应的神秘功能，并有使事物自我完善的作用，又与“真空”不同。

再者，何晏没有确定“无所有”是否为万物的生母，只是讨论天地生成以来“有所有”与“无所有”的关系，并赞同夏侯玄天地以自身规律发展变化的观点，没有像前人那样首先描述一个先验的于天地产生前就存在的无形的混沌母体，而只是讨论天地万物生成后“空”与“有”的关系。但何晏这一思想同样是不彻底的，他认为有形事物中的“无所有”(空)因同其他“无所有”感应而发挥作用，这种使“无所有”获得神秘力量的同类感应活动，既可能是散在于各个有形物中的“无所有”共同形成了感应大类，也可能是指各个有形物中的“无所有”分别与遥在天地之外的“无所有”本根遥相感应。如果细玩文义，后者可能性似乎更大。何晏虽然没有明确指出这一点，但可以从其阴阳二气感应的比附中得到启示。那么，这个“无所有”本根是否是万有的生母呢？何晏同样没有阐明。

何晏上述本体论思想的模糊性不是偶然的，可以看到东汉佛经影响的痕迹。尽管何晏还不可能理解佛家缘起性空的理论精髓，但佛经中关于“无所有”超越终始、生灭而永恒存在的大量说教无疑产生了某种启迪作用。佛教又反复强调“本无所生”[①]，否定造物主的存在，这些观点可能也随“无所有”概念同为何晏所吸取，促使其哲学理论从宇宙生成论向本体论转化。

何晏早期的宇宙哲学在佛教的影响下出现了既不同于传

① 《道行经·守行品第二十三》。

统也不同于佛教的本体论变形。但是这种从事物自身思考其存在与完善之内在依据的新思路，却启发了王弼本体论哲学的形成。王弼出身于著名的山阳王氏家族，传统思想的影响根深蒂固。他吸收了何晏的本体论思维形式，却将何晏笔下的无形本体“无所有”赋予了全有而中和的内涵。同时他既承认这个无形的本体曾生成了天地万物（万有），但理论重心和目的却在于讨论有形事物与内在的无形本体的关系，提出了“以无为本”和“以无为用”的命题，这既合乎传统的思想方式，又完成了中国哲学的本体论变革。“故取天地之外，以明形骸之内，明侯王孤寡之义。”[①]王弼的思想，又反过来影响了何晏，使他放弃了自己的《老子注》，改写《道论》与王弼一致。

总之，来自印度的佛教哲学曾在汉魏之际影响了玄学本体论的形成。这是历史上中国文化与相当水平的外来文化第一次在哲学深层的思想碰撞。碰撞中产生的思想火花，点燃了魏晋玄学的思想火焰，从而照亮了一个新的文化时代——从滞重到空灵的时代。

三、悲剧改革家

何晏的玄学思想并非仅仅局限于宇宙本体论的探讨，相反，其宇宙本体论哲学不过是为其社会政治思想寻找形而上的哲学依据而已。他论证无形无名的宇宙本体“无所有”的作用，是为了达到“圣人以自然用”的理论目的，也就是说，

---

① 王弼：《老子指略》。

是以建立一个自然无为、简约纯朴的理想社会为目的。尽管何晏也知道不可能立刻返回"太素"的理想社会中，但随着正始名士集团控制了曹魏政权，企图在现实政治中部分地实施其政治理想，也是顺理成章的。事实也是如此，在曹魏正始年间出现了一次政治革新活动，史称"正始改制"。

(一) 正始改制

正始名士在政治舞台上活动的时间很短暂，很快就于正始十年惨死在司马氏的屠刀下。西晋史家对这段历史的记载一是歪曲，二是简略不提，再加上一千多年岁月的流逝，现存的有限资料，已使我们难以再现当时改制的全貌。但是根据残存于史籍字里行间的信息，我们可以判定，正始时期的确发生过重要改革活动。司马懿发动政变时，列举曹爽的罪状之一就是："背弃顾命，败乱国典。"①据不完全统计，存在《三国志》和《晋书》中的类似记载约有七条之多。试举其中几条："是时，曹爽专政，丁谧、邓飏等轻改法度。会有日蚀之变，诏群臣问其得失，济上疏曰：'……夫为国法度，惟命世大才，乃能张其纲维以垂于后，岂中下之吏所宜改易哉？'"②"大将军爽专事，多变易旧章。"③"曹爽用何晏、邓飏、丁谧之谋……屡改制度。"④有些改革，甚至已经贯彻到了基

① 《三国志·魏书》卷九《曹爽传》。
② 《三国志·魏书》卷十四《蒋济传》。
③ 《三国志·魏书》卷十四《刘放传》注引《孙资别传》。
④ 《晋书》卷一《宣帝纪》。

层，如正始名士集团的骨干分子李胜在担任河南尹一职期间，“毁常法以收一时之声”①。

令人遗憾的是，所有史籍都没有提供有关正始改革的具体内容，我们只能根据某些资料间接推知。《三国志·夏侯玄传》保留了《夏侯玄答司马宣王时事议》一段长文，为我们研究正始改制提供了重要线索。据《本传》记载，夏侯玄发表议论不久，就和曹爽发动了骆谷战役。骆谷战役发生于正始五年，可见夏侯玄的《时事议》应当也发生在这个时期之前。当时，夏侯玄正担任主管武官选举的中护军一职。这段文字是身为太傅的司马懿向夏侯玄询问时政时，夏侯玄所作的回答。夏侯玄是正始名士集团的领袖人物，他的政见，可以反映改革的基本指导思想。文章涉及了改革的三个要点。下面，我们依次分别讨论之。

第一，改革九品中正制。汉魏时期，人材的考查以及选官问题，被认为是治国的中心环节。夏侯玄的改革方案首先涉及到了这个问题。他认为，选官过程中出现弊端的主要原因是政府与中正之间的职责范围不清楚，中正的人材品评工作侵犯了政府的职权引起的。因此，他要求理顺中央吏部、各级行政长官与中正的关系。按夏侯玄的设想，“中正”只负责考查人材的道德品行并加以分类，但不能编排等级；“官长”则根据下属的工作能力大小，确定能力方面的等级；中正所作的人物品行档案和官长所作的才能档案都汇总到“台阁”（中央吏部）。“台阁”根据两份材料，综合平衡，最后确定人材高低的次序，并根据这个次序任用官员。

① 《三国志·魏书》卷二十一《傅嘏传》注引《傅子》。

第二，改革行政机构，将州、郡、县三级政府，合并为州、县二级，减去郡一级编制。夏侯玄的机构改革方案以“事简业修”和“便民省费”为目的。他认为，商周时期的五等分封制优于郡县制。但是，由于积重难返，不可能立刻复古，只能暂时实行变通方法，进行机构改革，去掉郡级建制，既可节约开支，又可提高行政效率。

第三，使服饰按等级各有礼度，禁止逾制的奢侈服饰，使社会风俗变得淳朴。

上述改革内容，最重要的是选官制度的改革。曹魏时期的选官制度相当混乱，一直存在权出三门（台阁、官长、中正）的局面。第一，从选官形式上看，仍沿袭了两汉的察举征辟制度，使各级行政长官在选官问题上具有较大的权力。第二，由于实行了九品中正制，各级中正对人材的品评，又是不可忽视的。在曹魏时期，中正的品评对象主要是在职的各级官吏。这样势必与各级行政长官的荐举权发生冲突。第三，县级以上主要行政官员的任免权力集中在吏部，所以说，台阁又是重要的选官机构。再者，吏部又有直接选拔贵族子弟入仕的权力。“其选才之职，专任吏部。”[①]夏侯玄力图解决“三权分立”的局面，使之协调一致，是有积极意义的。

夏侯玄的建议看起来比较公允，使上述三方各尽其职，但是其主要用意，是抑制中正的权限，发挥吏部的作用。这是由两大政治集团的权力分配局面所决定的。当时，正始名士控制了尚书台，何晏任吏部尚书，扩大吏部的选举权对这个集团比较有利。司马氏集团有较强的地方势力，因此他们则

① 《三国志·魏书》卷二十一《傅嘏传》。

力图加强中正的权力，抑制吏部权力，以达到控制选举的目的。《通典》卷三二《中正》注引干宝云："晋宣帝除九品，置大中正。"《太平御览》卷二六五引晋宣帝《除九品置大中正》云："案九品之状，诸中正未能料简人才，以为可除九制，州置大中正。"据唐长孺先生考证，魏初中正一职的设置，仅限于郡国一级，而州一级没有设立，是司马懿把这一制度扩大到州级，设立了州大中正，时间约在正始元年至嘉平二年之间。[①] 我认为，司马懿立州大中正的时间不能晚于正始五年，也就是夏侯玄的《时事议》之前。因为夏侯玄在这篇文章中批评中正控制选举的流弊时，已多处涉及到了州一级中正。可以断定，夏侯玄关于抑制中正权力的建议，是为了保护自身集团的利益，针对司马懿所设大中正一事而发。因为，州级大中正的存在，对吏部选举权的威胁要大于郡级中正。正始名士曹羲（曹爽之弟）可能也是出于这个动机而反对设置州中正：

> 伏见明论欲除九品，而置中正以检虔实。一州阔远，略不相识，访不得知，会复转访本郡先达者，此为访中正而实决于郡人。[②]

曹羲所说的"明论"，大概就是司马懿的奏议。与曹羲论点相似的还有应璩。应璩在正始时期一直任曹爽的长史，属于正始名士集团一分子，他亦著论反对州立中正："百郡立中正，

---

① 唐长孺：《魏晋南北朝史论丛》。三联书店1955年版，第102页。
② 《太平御览》卷三百六十五引《曹羲集》。

九州置都士，州间与郡县希疏，如马齿不相识面，何缘别义理。”[1]

一般观点认为，九品中正制代表了士族利益。那么正始名士要求抑制中正权力的主张，看起来似乎难以理解，其实不然。首先，曹魏创建九品中正制的本意是抑制士族的选官权力，将人物批评舆论归政府控制。这个制度完全蜕变成士族世袭的工具，是西晋以后的事。再者，察举征辟，吏部选举和中正品材，三者本质上并不矛盾，都属于荐举制范畴，它们与科举制的不同在于没有考试一类客观标准。荐举制的各种形式，都可以转化为变相世袭制。在魏晋南北朝的选官世袭化过程中，中央吏部所起的作用，并不小于中正。据陈琳国《两晋九品中正制与选官制度》一文统计，两晋高级士族子弟入仕者，不通过察举征辟而直接吏部推选的，占总数的50%。[2] 由此可见，夏侯玄改革建议一方面是为了维护自身集团的眼前利益，另一方面也与选官制度的世袭化过程不矛盾。

司马懿对夏侯玄的改革建议作了回复，他指出，这些设想虽好，但不合时宜，难以实施：“审官择人，除重官，改服制，皆大善……恐此三事，当待贤能然后了耳。”[3]针对司马懿的推诿态度，夏侯玄再次回信反驳了司马懿的观点，坚持改革之必要。他说，只要司马懿发挥自己的政治影响支持改革，一定会取得成功，“今公侯命世作宰，追踪上古，将隆至治，抑末正本。若制定于上，则化行于众矣。夫当宜改之时，

---

① 《太平御览》卷三百六十五引应璩《新论》。

② 《历史研究》1987年第3期。

③ 《三国志·魏书》卷九《夏侯玄传》。

留殷勤之心，令发之日，下之应也犹响寻声耳。犹垂谦谦，曰'待贤能'，此伊、周不正殷、姬之典也，窃未喻焉。"①通过双方委婉的外交辞令，可以看出双方在改制问题上的尖锐冲突以及改革派的进取决心。

夏侯玄发表改革建议不久，就从中护军一职升迁为征西将军，"假节都雍、凉州诸军事"②，代表曹爽何晏集团去控制西北地区的军队，负责对蜀国的战争。从此夏侯玄就离开了首都洛阳，也离开了正始改制的政治漩涡的中心，尔后不再处入矛盾的中心地位，从而使他在高平陵政变时暂且避开了杀身之祸。这样一来，主持正始改制的最重要人物则是主管官吏选拔工作的吏部尚书何晏无疑了。曹爽属平庸之辈，无经国才略，仅是这个政治集团名义的领袖。除曹爽外，正始名士中地位最高，权力最大并且最为政敌攻击的人物，就是何晏。

（二）高平陵政变

正始改制是正始玄学思潮影响下的产物。早期玄学认为，人类历史是一个不断退步的过程，社会的完善，有赖于返朴归真。因此在政治上要实行无为政策，不要建立庞大的官僚机构，也不要采用政治权术；在生活上要提倡简朴，反对奢侈。如何晏说："除无用之官，省生事之故，绝流遁之繁

① 《三国志·魏书》卷九《夏侯玄传》。
② 《三国志·魏书》卷九《夏侯玄传》。

礼,反民情于太素。”[①]王弼反复强调,善于治理国家的君主,应用以简御繁、执一统众的“无为”政策,“居无为之政,行不言之教”[②],“竭圣智以治巧伪,未若见质素以静民欲”[③]。夏侯玄所提出的三项改革内容,都表现了玄学思想家们宣扬的简约朴素的复古倾向。比如,选官制度的改革是以远古时代“礼乡里本行,朝廷考事”的传说为根据;精简机构是本着“欲一而专”的古代官制原则进行,只因五等分封制难以推行,才采用了取消郡级机构的变通办法;服饰制度的改革目的,是使“朴素之教兴于本朝”。由此可见。夏侯玄的建议不是孤立的、偶然的,它反映了正始名士的改革意图。

正始改制的实践是否与夏侯玄的一揽子计划相同呢?史籍中没有留下关于选官和服饰改革的具体资料,但在机构改革方面,正始时期发生过合并郡县、裁减官吏的事情。《晋书·荀勖传》说:“魏太和中,遣王人四出,减天下吏员,正始中亦合郡县,此省吏也。”《三国志·齐王曹芳纪》嘉平五年条下记载:“自帝即位至于是岁,郡国县道多所置省,俄或还复,不可胜纪。”尽管上面两条史料所反映的内容,都属于郡县合并,与夏侯玄关于撤消郡级机构和建议不一致,但目的却是相同的,即减省官吏。由此可以印证,正始改制可能基本上按夏侯玄设想的路子进行。

从夏侯玄的改革方案看,带有不少理想主义成分,恐怕很难通行。例如合并郡县一项,据夏侯玄粗略推算,可裁减

---

① 何晏:《景福殿赋》,萧统《文选》卷十一。
② 《老子·第十七章》王弼注。
③ 楼宇烈:《王弼集校释》。中华书局1980年版,第198页。

一万名官吏，这就必然与封建官僚政治所固有的官僚膨胀规律相矛盾。其结果只能是，不仅被裁减者将拼命反对改制，而且会引起整个官僚阶层的不稳定感和抵触情绪。事实正是如此。随着改制的进行，在正始中期之后，一大批受到改制派打击而心怀不满的老资格官员聚集在司马懿周围，形成了强有力的政治反对派，骨干分子为卢毓、王肃、孙礼、王观、高柔、蒋济、钟毓、刘放、孙资、傅嘏等。其中，除傅嘏年龄较轻，资历较浅外，大都是曹操建安时期入仕的重臣元老。众所周知，正始名士大都是年轻的贵族子弟，属于曹魏官僚系列中的第二、第三代，所以当他们掌握中央权力后，任用资历较浅的年轻人，是他们政令通达的组织保证，因而人事上的大换班将不可避免，老官僚无疑成了这场权力再分配过程的牺牲品。后来司马懿列举曹爽罪状时说："历世旧人皆复斥出，欲置新人，以树私计。"[①]曹爽集团执政期间，确实采用了贬官、外放、明升暗降和提前退休等措施对付老一代反对派。例如把蒋济由领军将军迁为太尉虚职，把持不同政见的散骑常侍钟毓外放为魏郡太守。又如孙资任中书令掌管机密多年，曾推举曹爽与司马懿共同辅政，正始后期因不满曹爽"多变易旧章"而"遂固称疾"，以退休相威胁。曹爽等却在不"违夺群志"的漂亮辞令下，顺水推舟，批准了孙资退休。（此人在高平陵政变后再次出任中书令。）

司马氏集团的骨干分子，就由上述一类人物组成，与曹爽、何晏集团相比，实力上更具潜在优势。表面上看，曹爽何晏集团占据了中央政府的要害部门，但是他们都是没有政

① 《三国志·魏书》卷九《曹爽传》。

治根基的年轻贵族子弟，与国家机器没有根深蒂固的联系。相反，司马氏集团的成员基本上是曹魏政权的创建者。几十年的南征北战，使他们在军队和官僚机构中拥有雄厚的势力，门生故吏遍天下。这在封建人身依附关系严重的中古时期，是一笔相当可观的政治财富，因为根据封建道德，门生故吏在任何情况下背叛其恩师，都是天理难容。因此，当这些老官僚各自为政时，窃居要职的贵族年少可以依势发号施令，而当这些老官僚老军人团结起来，并且拥有了强有力的领袖人物时，青年改制派的失败只是时间问题了。当时，反改制势力有了自己的铁腕领袖，那便是足智多谋，刚毅果断，“有大志而甚得民心”的司马懿。

司马懿与曹爽作为顾命大臣共同辅佐幼主曹芳，曹爽作为皇室代表，地位略高于司马懿，司马懿则是功绩卓著的重臣元老，实际影响远大于曹爽。但是早在执政初期，两人还是互相谦让，并无尖锐矛盾。后来，曹爽采纳了丁谧之谋，将司马懿架空为太傅，大权归己，双方矛盾开始产生。随着正始名士的纷纷进用，权力中心明显移向曹爽集团，尤其是正始五年之后，正始改制活动推开，矛盾日益尖锐，从正始八年开始，司马懿“称疾不与政事”，双方斗争达到了白热化。而这时的官僚阶层已明显地站到了司马懿一边，许多曾是曹爽何晏集团追随者的官员，这时或转变了立场，或持观望态度。谤书、谣言纷纷出现：

故于时谤书谓：“台中有三狗，二狗崖柴不可当，一狗凭默作疽囊。”三狗，谓何、邓、丁也。默者，爽小字也。其意言三狗皆欲啮人，而谧尤甚也。[①]

飏为人好货，前在内职，许臧艾授以显官，艾以父妾与飏、故京师为之语："以官易妇邓玄茂。"[②]

及司马宣王久病……曹爽专政，丰依违二公间，无有适莫，故于时有谤书曰："曹爽之势热如汤，太傅父子冷如浆，李丰兄弟如游光。"[③]

（正始八年）五月，帝称疾不与政事，时人为之谣曰："何、邓、丁，乱京城。"[④]

谤书、谣言，是中国古代重要的舆论形式，它的内容一般标志着社会舆论的好恶，因为人们总是喜欢流传他们赞同的谣言或"小道消息"。谤书与谣言的大量出现，标志着正始改制已出现人心相背的局面。这种现象的发生，一方面与改制本身可能触及了官僚阶层和利益，打破了社会因循守旧的习惯有关。如王广当时所总结："加变易朝典，政令数改，所存虽高而事不下接，民习于旧，众莫从之。"[⑤]另一方面，正始名士集团上台后的作为，也没有实行自己提出的"素朴"学说，侈奢腐败现象有过之而无不及，如何晏强占公田，窃取公物，"共分割洛阳、野王典农部桑田数百顷，及坏汤沐地以为产业，承势窃取官物，因缘求欲州郡。有司望风，莫敢

① 《三国志·曹爽传》注引《魏略》。
② 《三国志·曹爽传》注引《魏略》。
③ 《三国志·夏侯玄传》注引《魏略》。
④ 《晋书·宣帝纪》。
⑤ 《三国志·魏书》卷二十八《王凌传》注引《汉晋春秋》。

忤旨”[1]。曹爽则更肆无忌惮,“饮食车服,拟于乘舆;尚方诊玩,充牣其家;妻妾盈后庭,又私取先帝才人七八人”[2]。还修筑了豪华的地下室与何晏等人举行酒会,“作窟室,绮疏四周,数与晏等会其中,饮酒作乐”[3]。这些作为,使正始名士的威信一落千丈,人心向背,形势十分严峻。

在这种情况下,反对派加紧政变准备活动。司马懿被尊为太傅后,并没有完全被架空。诏书明确规定:“其以太尉为太傅,持节统兵督诸军如故。”[4]可见,司马懿的军权并未被剥夺。例如他于正始二年“督诸军南征”,正始四年“督诸军击诸葛恪”。[5] 同年,又批准邓艾在淮河南北军事屯田。此外,司马懿的行政权力也没有完全丧失。例如他对夏侯玄《时事议》的回复,基本上是以执政者的身份出现。夏侯玄在回信中亦对司马懿的权威性深信不疑:“令发之时,下之应也犹响寻声。”正因为司马懿实际上仍然掌握着军权和部分政权,所以他才能在斗争激化的时候,表面上装病不理政务,暗中筹划政变。他任命司马师为中护军。该职十分重要,“总统诸将,任主武官选举”[6]。司马师则建立了一支私人敢死队,“阴养死士三千,散在人间”,作为政变的突击力量。在政变准备工作就绪的情况下,老谋深算的司马懿并没有掉以轻心,而是采取了“欲擒故纵”的策略,装出病入膏肓之状麻痹曹爽集团,

---

① 《三国志·魏书》卷九《曹爽传》。
② 《三国志·魏书》卷九《曹爽传》。
③ 《三国志·魏书》卷九《曹爽传》。
④ 《三国志·魏书》卷四《三少帝纪》。
⑤ 《晋书》卷一《宣帝纪》。
⑥ 《三国志·魏书》卷九《夏侯玄传》注引《魏略》。

使政变过程更具戏剧性。据《魏末传》记载，正始九年，李胜出任荆州刺史，被曹爽派遣去看望司马懿，以告别为名，侦察其动向。“宣王令两婢侍边，持衣，衣落；复上指口，言渴求饮，婢进粥，宣王持杯饮粥，粥皆流出沾胸。胜愍然，为之涕泣。”司马懿又装作耳聋，将李胜即将出任的荆州误听为并州。“错乱其辞，状如荒语”，一副气息奄奄，行将就木的样子。司马懿的成功表演竟然使政敌李胜动了恻隐之心，他向曹爽汇报时，流着泪说：“太傅患不可复济，令人怆然。”①

正始十年正月初六，司马懿趁曹爽等人陪同皇帝曹芳离开洛阳去祭扫魏明帝墓——高平陵之机，以迅雷不及掩耳之势发动了政变。派其长子司马师屯兵司马门，列阵阙下，他本人和太尉蒋济率军占领洛水浮桥，切断了洛阳和高平陵的交通。一批心怀不满的老官僚也积极参加了政变，被司马懿派去接管了曹爽集团控制的军队。例如王观被任命为中领军，“据爽弟营”②。七十六岁高龄的司徒高柔被委派，“假节行大将军军事，据爽营。太傅谓柔曰：‘君为周勃矣！’”③在控制了洛阳局面的同时，司马懿又迫使太后郭氏（曹叡妻）下令免除曹爽兄弟职务；派人送奏章给皇帝曹芳，揭露曹爽兄弟的罪状，要求曹芳黜免曹爽兄弟。曹爽开始扣压了司马懿的奏章，不知如何行动。这时桓范动员曹爽携皇帝到许昌另立中央，而曹爽却轻信了司马懿说客“唯免官而已，以洛水为

---

① 《三国志·魏书》卷九《曹爽传》注引《魏末传》。
② 《三国志·魏书》卷二十四《王观传》。
③ 《三国志·魏书》卷二十四《高柔传》。

誓”的谎言，天真地认为，“司马公正欲夺吾权耳，吾得以侯还第，不失为富家翁”①。向司马懿投降了。当他们回到洛阳后，便被软禁起来，四天之后（正月初十），司马懿以“阴谋反逆”为罪名，将曹爽、曹羲、曹训兄弟及何晏、邓飏、丁谧、毕轨、李胜等同日斩首，诛及三族。正始名士集团在政变中土崩瓦解，曹魏军政大权全部落入司马氏集团手中。

从表面上看，高平陵政变动用了武力，并以突然袭击的形式出现，但它本质上却不是少数人的宫廷阴谋，而是一次获得了广大官僚阶层支持的权力交接。在政变之前，两大权力集团已经形成，许多有识之士已经觉察到政变的必然发生。“是时曹爽辅政，识者虑有危机。”②例如山涛，“为河内从事，与石鉴共传宿，涛夜起蹋鉴曰：‘今何等时而眠也，知太傅卧何意？’鉴曰：‘宰相三日不朝，与尺一令归弟，君何虑焉？’涛曰：‘咄！石生，无事马蹄间也。’投传而去，果有曹爽事。”③又如傅玄认定“晏等骄侈，必当自败，司马太傅兽睡耳”④。连钟会的母亲张夫人也看出了曹爽等人“乐则乐矣，然难久也”⑤。其实，曹爽集团的领袖人物何晏，早预感到了自己的悲剧命运。正始九年十二月二十八日，也就是高平陵政变前十几天，管辂以占卜方式告诫何晏失败之必然，何晏内心恐惧，写了一首五言诗表达了自己的思想感受：“鸿鹄比翼游，群飞戏太清。常畏大网罗，忧祸一旦并。岂若集五湖，从流

① 《晋书》卷一《宣帝纪》。
② 《世说新语·规箴第十》注引《名士传》。
③ 《世说新语·政事第一》注引虞预《晋书》。
④ 《晋书》卷九十六《列女传》。
⑤ 《三国志·魏书》卷二十八《钟会传》注引钟会《张夫人传》。

喽浮萍,承宁旷中怀,何为怵惕惊。”[①]何晏是个有头脑的政治家,他已清醒地意识到政变的“大罗网”即将撒下,他的诗充满了惶恐、悲凉、孤立无援的情绪。事实亦是如此。当政变发生时,失去社会支持的改制集团束手无策,无法进行任何有效的反政变行动。甚至一些亲近曹爽何晏集团的人物亦采取了观望态度。例如,政变发生时,司马懿曾率部队在曹爽门前走过,曹爽帐下的亲信严世上楼“引弩”准备射杀司马懿,却被另一亲信孙谦阻止。孙谦认为,胜负未明不可盲动,严世连续三次瞄准,三次均被劝住,“皆引其肘不得发”[②]。又如,桓范冒死冲出洛阳,向曹爽建议到许昌另立中央,与司马懿抗衡。曹爽等人之所以没有采纳桓范的建议,是因为他们知道,官僚阶层不可能听从他们指挥。具有讽刺意味的是,大司农桓范本人都没能说服司农府的官吏支持曹爽集团,“范欲去而司农丞吏皆止范”[③],他只得拿着大司农的官印只身逃出洛阳。整个社会都支持政变,结果只能是“同日斩戮,名士减半,而百姓安之,莫或之哀,失民故也”[④]。然而,除客观条件之外,曹爽集团的领袖缺乏政治斗争的才干和经验也是不可忽视的原因之一。尤其是曹爽兄弟,属于政治庸人,在你死我活的政治斗争中抱有侥幸幻想。既然回洛阳必被杀,至少应积极反抗,听从桓范的建议,因为当时尽管司马懿分子遍布军队中,但各大战区的首脑都是曹爽集团

① 《世说新语·规箴第十》注引《名士传》。
② 《晋书》卷一《宣帝纪》。
③ 《三国志·魏书》卷九《夏侯玄传》。
④ 《三国志·魏书》卷二十八《王凌传》注引《汉晋春秋》。

分子或支持者，比如曹魏军队主力所在的西北和淮南即分别控制在夏侯玄和王凌手中，桓范说得好："且匹夫持质一人，尚欲望活，今卿与天子相随，令于天下，许敢不应者？"[①]尽管桓范的估计可能乐观一些，但如果曹爽集团的决策正确，至少不会如此迅速地土崩瓦解。

关于高平陵政变的性质，历来众说纷纭。有的学者认为，是司马氏代表的东汉以来传统士大夫阶层与曹氏代表的阉宦阶层之间的斗争。有的学者认为是司马氏代表的士族地主与曹氏代表的庶族地主之间的斗争。我认为，这些观点值得商榷。汉魏时期，士族阶级正在形成过程中，远没有达到门阀森严的状态。即使在西晋，士族也没有完全贵族化。士族的地位，基本上取决于当世的官位，而不是家族渊源。这个问题，唐长孺在《士族的形成和升降》一文中作了详尽考辨。应当看到，经过汉末长期战乱，东汉旧士族受到了重创；曹魏初期，开始形成新的士族阶层，东汉以来的名门之后与战乱中起家的寒门土豪，都要以他们对曹魏政权的贡献来重新确定官职及社会地位。这两种人经过几十年的融合，已经形成了曹魏新贵族（或称之为魏初名士），这些新贵族才是开魏晋南朝士族制的先河者。[②] 大家知道，正始十年距汉末已有五六十年之久，在曹魏新贵之中再划分东汉士大夫与阉竖之别或士庶之别，无疑是不符合历史实际的。高平陵政变的性质，既不是士阉之争，也不是统治阶级内部毫无道理的派系倾轧，而是曹魏新、旧两代之间的冲突，即魏初名士与正始名士之

① 《三国志·魏书》卷九《曹爽传》。

② 唐长孺：《魏晋南北朝史论拾遗》。中华书局1983年版，第53—54页。

间的冲突。从意识形态方面看，则是魏初名实派与玄学流派的斗争。

司马氏集团多为建安时期入仕的老资格的曹魏第一代官僚，其中许多人属于魏初名士中的重要思想家，如蒋济、卢毓等，其指导思想，属于盛行于汉魏之际的名实论哲学，政治上要求礼、法、术并用。曹爽集团的大多数则为曹魏第二、三代官僚，属于魏初名士的后代——正始名士。正始名士作为一代新人，思想上的旧传统比魏初名士少得多，创立了崇尚道家“自然”的玄学哲学。他们属于魏晋士族自由化运动的更年轻更激进的新一代，他们的思想、人格和主张往往引起魏初名士的不满。比如太和“浮华案”的发生，就与魏初名士的态度有关，董昭的上书、卢毓对“浮华少年”的批评，都表现了两代人的差异和矛盾。当然，魏初名士的人格特征和思想风貌与东汉名教下的儒士并不相同，他们的人格同时具有两重性，司马懿集团的人物大都属于这种情况。司马懿本人便是一个具有道家思想的人物，“恒戒子弟曰：‘盛满者道家之所忌，四时犹有推移，吾何德以堪之，损之又损之，庶可以免乎！’”[①]他对礼教也不甚遵守，据《晋书·宣穆张皇后传》记载：“帝尝卧疾，后往省病，帝曰：‘老物可憎，何烦出也！’”这与东汉“糟糠之妻不下堂”的封建义气是大相径庭的。又如蒋济，与胡质属同一类人物，他嗜酒如命，被时苗称为“酒徒蒋济”[②]。“阮籍旷达不羁，不拘礼俗……太尉蒋

① 《晋书》卷一《宣帝纪》。

② 《三国志·魏书》卷二十三《常林传》注引《魏略》。

济闻而辟之。”[1]魏初名士与正始名士之间并没有一道不可逾越的鸿沟，但是又存在着差异和矛盾，处理得不好，即会发生冲突，事实上则发生了激烈冲突。

（三）盖棺论难定

从各种史书的记载看，何晏没有随曹芳曹爽一起去高平陵，所以政变发生时，他可能正在首都洛阳。政变之日，为了稳住远在高平陵的曹爽等人，司马懿并未逮捕何晏等人，而在一切准备就绪后才几乎像猫玩老鼠一样地戏弄了对手一番，然后举起屠刀。据《魏氏春秋》，司马懿竟然先让何晏参与处理曹爽等人案件，何晏则拼命加重同党的罪行，以希图保住自己，然而这一切都是徒劳的。“初，宣王使晏与治爽等狱。晏穷治党与，冀以获宥。宣王曰：‘凡有八族。’晏疏丁、邓等七姓。宣王曰：‘未也。’晏穷急，乃曰：‘岂谓晏乎？’宣王曰：‘是也。’乃收晏。”[2]此外，《魏末传》则这样描述：“宣王欲诛曹爽，呼何晏作奏。曰：‘宜上君名。’晏失笔于地。”[3]上述两种史籍有明显的政治倾向性，其记载未必是实录，但何晏面对死亡表现得软弱，恐怕是事实，因为正始名士中不怕死的硬汉亦史册留名。比如那位桓范，当司马懿后来派员逮捕他时，“时人持之甚急”，范谓部官道：“徐之，

① 《三国志·魏书》卷二十一《王粲传》注引《魏氏春秋》。

② 《三国志·魏书》卷九《曹爽传》注引《魏氏春秋》。

③ 《太平御览》卷六百五引《魏末传》。

我亦义士耳。”[1]中国士大夫十分珍重生命的价值，所以特别崇拜置生死于度外的人。即使对自己的政敌，也会肃然起敬。后来同样死于司马氏刀下的夏侯玄和嵇康之所以深为士大夫所叹服，其根本原因，就是在砍头的刹那间也举止自若，表现了超越生死的崇高精神境界。由此观之，如果何晏临终前没有表现出内心的怯弱，史家一般不会在此用曲笔。

纵观何晏一生，可以称之为悲剧人物，而悲剧命运的谜底存在于他的历史中。这位弱不经风、性格怯弱又孤傲的才子，本应是一位文学家或思想家，压根就不是一个冷峻的官僚式政治家，但是历史却将他推到了政治舞台的前沿，力不从心地扮演了一个政治家的角色，而这个角色是其政治素质、才能和经验所不能胜任的，这一切在高平陵政变前后的历史转折关头表现得淋漓尽致。先是束手无策，坐以待毙，后是乞怜求生。总之，在严峻的政治旋涡中老是充满幻想、希图偶然，这样只能沉入旋涡的黑洞中。

•

高平陵政变使何晏及同党的肉体生命划了一个句号，他们所倡导的玄学思潮也随之一度低落，然而，魏晋士族社会及其意识形态——玄学思潮的历史发展趋势却是不可逆转的。从社会基础上看，正始名士是魏初名士的后代，是整整一代新的士族青年知识分子，所以司马懿所打击的，只能是政治上的反对派领袖，他不可能也没有打算把追随曹爽集团的年轻一代士族子弟斩尽杀绝，相反，这些人是他们的后代和接班人，只能依靠他们来统治未来的国家。因此，新、旧

① 《三国志·魏书》卷九《曹爽传》注引《魏略》。

两代必须妥协，开始新的融合。高平陵政变后，一大批曾靠拢曹爽集团、深受早期玄学思想熏陶的贵族少年纷纷转向，为司马氏服务，后来个个身居要职，如裴秀、钟会、卫瓘等人。许多曾被曹爽辟用，政变后一度免职的人物，如王沈、荀勖、卢钦、鲁芝、王浑等，又再次成为司马氏的党羽。这种现象在司马懿于嘉平三年（政变后三年）病故，司马师、司马昭兄弟相继上台后更为明显。司马氏兄弟无论年龄和思想都属于士族新派人物，与夏侯玄之流没有多少区别，早在魏太和年间，司马氏兄弟也曾加入过“浮华少年”的行列，“夏侯玄、何晏等名盛于时，司马景王亦预焉”[1]，“少流美誉，与夏侯玄、何晏齐名”[2]。当玄学家王弼死后，司马师十分惋惜，“弼之卒也，晋景王闻之，嗟叹者累日，其为高识所惜如此”[3]。司马氏兄弟执政时，许多一度不与政府合作的玄学人物也纷纷入仕，如山涛、王戎、向秀等。

在司马氏兄弟执政时期，魏初名士及传统的礼法思想仍有强大的势力，如何曾之流；同时，又有在思想上激进的玄学人物，如阮籍之类。司马氏政府及后来的晋初政府，都力图调合这种矛盾。他们一方面“以孝治天下”，形成了“礼教尚峻”的社会风气；另一方面，也向激进的玄学人物让步，如阮籍“居丧无礼”，何曾要求绳之以法，被司马昭断然拒绝。司马昭认为阮籍的行为体现了发自内心的“自然”的孝。这也说明，司马昭也以人性自然去解释礼教了。当然，在司马

① 《三国志·魏书》卷九《曹爽传》注引《魏氏春秋》。
② 《晋书》卷二《景帝纪》。
③ 《三国志·魏书》卷二十八《钟会传》注引何劭《王弼传》。

氏兄弟执政期间，对于亲曹政治力量是决不手软的。他们用钢拳铁腕平息了王凌、毋丘俭、诸葛诞的兵变，甚至杀了嵇康、吕安。但这时的争斗已不是新旧士族之间的冲突，而是新生的司马氏皇权与旧的曹氏残余势力的权力之争，广大的新一代士族都站在司马氏一边。正始名士集团虽被高平陵政变所摧垮，但因其思想符合了士族社会发展要求，故被西晋士族阶层视为思想领袖，他们所掀起的玄学思潮也风靡了西晋上层知识界。何晏则作为玄风的首倡者，于几十年后再次被玄学青年们所崇尚，以正始之音的代表人物载入史册。

正篇

王弼评传

第一章　家世生平

曹魏正始中期的清谈场上，忽然冒出了一位语惊四座的少年才子王弼，使一代谈宗何晏为之绝倒。他以不可思议的超人智慧，刷新了儒道学说，给影响中国历史进程的《周易》、《论语》、《老子》三本名著注入了新的生机和活力，完成了由汉代经学向魏晋玄学的划时代转折。因此，他那二十三岁就停止了的思想，也就成了中国哲学史上无法回避的学术重镇。这不能不说是一个奇迹。尽管我们还不可能解释这位少年思想家才能禀赋的生理原因，但是那些使其天才火花熊熊燃烧的历史机会还是显而易见的：他有幸降生于山阳王氏家族之中，这个家族学术思想的演变，堪称经学体系崩溃之后，以儒学起家的中国传统士大夫创建儒道融合之新文化的历史缩影。

一、山阳王氏

汉魏之际的山阳(今山东金乡县至邹县一带)王氏是一个典型的新兴士族。从汉末到曹魏,该家族名人辈出,他们是汉末名士、魏初名士和正始名士的领袖人物或中坚分子,可以说,一直处于这一时期中国政治及文化变革的风口浪尖上。

尽管《后汉书》卷五十六《王龚传》声称早在王龚之前,山阳王氏就已"世为豪族"了,但著于正史的显要人物,是从王龚这位后来官至太尉,并以打击宦官而深受士人爱戴的汉末名士的先驱人物开始的。早在东汉安帝延光元年(公元122年),王龚由司隶校尉一职调任汝南(今河南省)太守之时,在汝南名士袁奉高的荐举下,起用了当地两位有影响的中青年名士——陈蕃和黄宪。这两人后来都成为举世瞩目的人物,分别为汉末名士在朝和在野两种类型士人的代表。汉末名士政治活动的高潮在桓、灵之时,而其群体关系的形成及共同思想基础的奠定,却成型于安、顺之际。其中,又以地理上毗连的汝南、颍川二郡最为明显,因此统称汝颍名士,构成了汉末名士的骨干力量,汉末清议领袖亦多出于这两个郡。王龚到汝南选拔陈蕃入仕,不但预示着汉末清议运动的序幕即将拉开,也使山阳王氏与汝颍名士结下了不解之缘,从而使这一家族与士族社会的发展主流融为一体。

若干年后,王龚的儿子王畅,在汉末清议中与陈蕃互相支持,共为领袖人物。某次,王畅被恶势力迫害免官,由身为太尉的陈蕃力荐而出任尚书,后来亦步入三公高位。他们都以刚直公正、不妥协地与宦官斗争而深受士人爱戴。陈蕃是“三君”之一，王畅是“八俊”之一。太学生的清议歌谣曰：“天下楷模李元礼（李膺），不畏强御陈仲举（陈蕃），天下俊秀王叔茂（王畅）。”值得注意的是，王氏家族所在的山阳郡在汉末清议中成为引人注目的地区——第二次党锢事件的导火索就是该郡以张俭、刘表等人为代表的郡级“八俊”、“八顾”、“八及”等二十四位名士的结社活动，而这些人物都与王畅有着千丝万缕的联系。

王畅的儿子王谦，史籍无过多的记载，只知他曾被何晏的祖父大将军何进辟为长史。而王谦的儿子王粲，则是著名的建安七子之一。

初平元年（公元 190 年），董卓胁持汉献帝西迁时，王粲亦随被迫迁都的人群流落在长安。两年后，长安发生内乱，王粲与族兄王凯（王弼的祖父）结伴投奔了割据荆州的刘表。刘表也是山阳高平人，曾经在王畅门下求学，党锢事件时，在全国名士中，属“八及”之一，在山阳郡名士中属“八顾”，与王畅同遭迫害。因与王畅的特殊关系，刘表原打算将女儿嫁给王粲，后来嫌其容貌丑陋且不拘小节，而改变了主意，将女儿嫁给了王凯，生了儿子王业，字长绪。建安十三年，曹操平定荆州后，客居荆州的山阳王氏随曹操一起回到北方，成为曹魏建安名士重要成员。尤其是王粲，与曹氏父子关系密切，地位十分重要。

王粲逝世后，他的两个儿子于建安二十四年追随魏讽发动暴乱而被平叛的曹丕诛杀。曹丕尽管很重视与王粲的友谊，但自家利益更重要。据说，事件发生时，远在汉中前线的曹操闻讯叹息说:"孤若在,不使仲宣(王粲)无后。"[①]也许是念于旧情,曹丕后来命王粲族兄的儿子王业过继到王粲家为养子,"文帝即诛粲二子,以业嗣粲"[②]。这样一来,王业也就正式成了王粲爵位法定继承人。王业的长子是王宏,次子则是本书的主人公王弼。王宏字正宗,王弼字辅嗣,都有继承王粲宗业的暗示。

以上粗略追溯了自王龚到王弼的山阳王氏族谱,其目的则是为了梳理该家族的思想特点。由于王弼生父及祖父的资料几乎没有,所以只得从该家族的文化名人去窥见山阳王氏的文化风貌。因为在汉魏之际的特定历史时期,同一家族往往有共同的文化倾向。所谓"士族"一词,就包含着这层意义。毫无疑问,山阳王氏像汉魏之际的多数士族那样是以儒术起家的,但是面对名教的虚伪,他们开始追求道家的自然思想,呈现出儒道兼综的新气象,尽管王龚、王畅的思想资料不多,但在他们身上已见端绪。在《何晏评传》中介绍汉末名士的思想性格时,以汝南名士为例重点论述了在丧礼问题上追求人性自然的心态。其实王龚也是这样一位率性而动的新派人物,与薛勤、戴良的行为殊途同归。《三国志·魏书》卷二十一《王粲传》注引张璠《汉纪》说:"龚字伯宗,有高名于天下。顺帝时为太尉。初,山阳太守薛勤丧妻不哭,将殡,临之曰:'幸不为夭,复何恨哉?'及龚丧妻,龚与诸子并杖行服,时人或两讥焉。"由此可见王龚与薛勤从两下相反的方向背离了丧礼的习俗,薛勤在妻子死后不悲不哭,王龚则过度

① 《三国志·魏书》卷二十一《王粲传》注引《文章志》。
② 《三国志·魏书》卷二十八《钟会传》注引《魏氏春秋》。

悲哀以致执亲子礼，因此两人皆遭到了俗儒的非议，这表明了他们直道而行的自然精神。王畅也表现出同样的思想性格，他在任南阳太守时，为打击恶势力，违背儒者“五教在宽”的精神，对贪官污吏“发屋伐树，堙井夷灶”；为纠正奢靡之风，自身穿带十分简陋，“车马羸败，以矫其敝”。[①]

王粲是山阳王氏在汉魏之际最重要的文化名人，“（建安）七子之冠冕”[②]。他对儒家经典有着独到的研究，著论向郑玄的《尚书注》挑战，在《荆州文学记官志》中鼓吹儒学“设教导化”的作用，同时，又著《安身论》，宣扬道家清心寡欲的学说，甚至仰慕神仙境界，“接王乔于汤谷，驾赤松于扶桑”[③]。王粲虽然兼综儒道，但在他的思想中，儒家的名教与道家的自然并未融为一体，而是处于对峙的矛盾状态，表现为庙堂之士与山林之士的对峙，纲常与人欲的对峙。例如，在《神女赋》中，尽管他对神女惊人的美貌如醉如痴，“彼佳人之难遇，真一遇而长别”，但是怯于传统道德的压力，最终仍违心离去，“心交战而贞胜，乃回意而自绝”。又如，在《吊夷齐文》中对隐士伯夷叔齐的矛盾评价，以及他在《七释》中虚构的“潜虚丈人”与“文籍大夫”两位道、儒化身，都深刻表现了这种矛盾。王弼后来创建的正始玄学，本质上则是融合这一矛盾，使名教自然不二，出世入世为一。

王粲死于建安二十二年（公元217年），不可能对九年后才出生的王弼产生直接影响，但是他作为该家族的思想领袖，自

---

① 《后汉书》卷五十六《王畅传》。

② 《文心雕龙・才略》。

③ 《艺文类聚》卷九十引王粲《白鹤赋》。

然会影响与其关系密切的王凯，影响着山阳王氏的文化氛围，从而间接地影响着少年王弼的思想成长。值得一提的是王粲给王弼留下的思想财富，远远不止这些经推论假设的影响，而有非常可观的近万卷书籍。这些书卷的原主人是蔡邕。蔡邕是汉末著名大文豪，收藏了万卷书籍，他十分赏识王粲的才华，在迁都长安时，曾许诺这些书籍由王粲继承。他介绍王粲与宾客说："此王公孙也，有异才，吾不如也。吾家书籍文章，尽当与之。"①不久，蔡邕被杀，这些书籍也随之为王粲所有，王粲死后，自然由其嗣子王业继承，顺理成章地传至王弼。《三国志·魏书》卷二十八《钟会传》注引《博物记》证实了这一点。"蔡邕有书近万卷，末年载数车与粲。粲亡后，相国掾魏讽谋反，粲子与焉，既被诛，邕所与书悉入业，业字长绪，位至谒者仆射。子宏，字正宗，司隶校尉。宏，弼之兄也。"蔡邕思想活跃，喜欢搜集奇文异训，那本曾对汉魏之际思想解放起了巨大推动作用的《论衡》一书，便是经过蔡邕而在中原士大夫中得以流传的。据说，蔡邕某次到吴地发现了《论衡》这本奇书，带回中原细读后受益匪浅。时人发现蔡邕论辩时思想水平提高甚快，怀疑他得到了"异书"②，到其住处查找，"果得《论衡》"③。此外，王弼的藏书中有《列子》，大约亦来自蔡邕、王粲。至于反映荆州学术成果的文献汇编《荆州八帙》，理应会传至王弼手中。总之，这批反映汉魏之际思想解放运动精神的书籍，最终成为王弼家学的

---

① 《三国志·魏书》卷二十一《王粲传》。

② 《后汉书》卷四十九《王充传》注引《袁山松书》。

③ 《后汉书》卷四十九《王充传》注引《抱朴子》。

文化典籍。

陈寅恪先生认为，不了解家学渊源而研究魏晋人物思想，往往难以切入真际。陈氏所言极是。因为魏晋时期家族的文化传统对其后代影响极大，王弼的成功，首先是得益于这一家学传统，其中，荆州学风意义最为重要。

二、荆州学派

汤用彤先生在《王弼之周易论语新义》中指出，王弼玄学与汉代经学相比，属于新学，它真接渊源于荆州学派："新义之生，源于汉代经学之早生歧异。远有今古学之争，而近则有荆州章句后定。王弼之学与荆州盖有密切之关系。"[①]汤先生言之有据，成一家之言。我在拙作《中国文化的清流》中，曾按此观点作了初步发挥，但仍有一些问题未得解决，而这对梳理汉魏之际学术思想变化的线索，理解王弼家学的内涵，有着十分重要的意义。因此，需要进一步探讨这一学派的生成始末与思想特点，即从以下荆州官学史和荆州学风两个方面展开讨论。

（一）荆州官学史

荆州学术的主要载体是州立官学，作为一州的最高学府，它在引导荆州士人的学术风尚方面举足轻重，起着决定性作用。

---

① 《汤用彤学术论文集》。中华书局1983年5月版，第265页。

荆州官学的创始人是王弼的曾外祖父，割据该地区达十九年之久的荆州牧刘表。初平元年，天下大乱。当袁绍、曹操的关东联军与董卓对峙的时候，刘表于这年十一月带着汉献帝一纸空文的任命书，只身去已陷入全面动乱的荆州上任。他采纳了谋士蒯越的方针，以铁腕兼并了各路武装，很快控制了荆州全境，“地方数千里，带甲十万余”，成为一新的割据力量。然而，刘表没有参加北方的军阀混战，而是对外保持中立，集中精力整顿内政，重视儒家思想的教育作用，使荆州成为战乱中一片和平的绿洲。吸引了大批难民涌入该地区，其中来自北方的知识分子就有千人之多：“关西、兖、豫学士归者盖有千数，表安慰赈赡，皆得资全。”[①]刘表对这些读书人采取了优惠政策，经济上接济，政治上录用，使之成为他治理荆州的社会基础。同时，发挥他们的文化优势，恢复了州立官学，加强儒家思想的教化以稳定人心，“遂起立学校，博求儒术”[②]。这所新成立的荆州官学，便是荆州学派及荆州学风的策源地。

荆州官学创建于何时呢？《资治通鉴》将此事系于建安元年下，但该书非第一手资料，不足为据。《三国志》和《后汉书》刘表本传，都将此事置于刘表平定长沙、零陵、桂阳三郡叛乱之后。这次叛乱始发于建安三年，平息于建安五年。可见正式建州学，大概在这次境内的最后一次军事行动之后。《英雄记》云：“州界群寇既尽，表乃开立学官。”[③]说明了军

---

① 《后汉书》卷十四《刘表传》。

② 《后汉书》卷十四《刘表传》。

③ 《三国志·魏书》卷六《刘表传》注引。

事行动结束与转而办学的关系，可见州学立于建安五年。

谁是荆州官学最重要的学术领袖呢？尽管刘表是这所州学的创建者，并且时常前来讲经，但是作为一州行政长官，不可能实际负责这里的教学工作。按汉魏时期的惯例，州学的负责教官叫做“文学”，一般由学术水平较高的儒士担任。荆州官学的“文学”，是汉魏经学史上一个极其重要的人物——宋衷。

宋衷亦作宋忠，生平事迹资料少得可怜。《释文叙录》说：“宋衷字仲子，南阳章陵人，后汉荆州五等从事，衷与忠通。”“五等从事”，即《荆州文学记官志》中的“五业从事”。五业，指五经的学业；从事，是州牧的僚属，负责某郡或某部门的工作。顾名思义，“五业从事”，应是负责经学教育工作的官吏。宋衷出任“文学”之前，曾任刘表五业从事一职。

除刘表和宋衷外，曾在州学中讲学的经师中有名可查的，还有綦毋闿和司马徽。綦毋闿生平事迹已不可详考，根据王粲《荆州文学记官志》的说法，綦毋闿似乎在荆州官学兴办之后，才带着他的门生弟子赶来，属于“耆德故老”一类老年儒生。司马徽，字德操，颍川人，汉末战乱初期便前往荆州避难，成为该地区大名士之一。《三国志·蜀书》卷四十一《向朗传》载：“朗少师事司马德操，与徐元直、韩德高、庞士元皆亲善。”《三国志·蜀书》卷四十二《尹默传》和《李譔传》都记载了尹默和李仁两人“俱游荆州，从司马徽、宋衷等学”，可能是指州学的师承关系。

关于荆州官学的规模。王粲《荆州文学记官志》说：“三百有余人。”卢弼《三国志集解·魏书》卷二十一《王粲传》引文证明之：“姚振宗曰：《文学官志》备载文学祭酒从事及学官弟子姓名爵里。王粲称三百余人者，是也。刘勰称简约乎篇，亦即指是。《类聚》、《御览》所录，皆是志序文。”显然，姚振宗曾见过现已佚的《荆州文学记官志》全文，该州学有三百多人左右。《刘镇南碑》所说的“吏弟子受禄之徒盖以千计”，大概指历年生员的总数，也可能包括郡县学校的生徒。当时，许多避难于荆州的士人及本地士人的子弟，大都进州学学习文化知识，甚至远在吴越、巴蜀的学生也前往就读。这些当年的青少年学子，在后来三国鼎立时期，大都成为曹魏、蜀汉（孙吴亦有）的政治文化骨干。如曹魏的刘廙、傅巽、徐庶、王粲，蜀汉的诸葛亮、庞统、尹默、李仁、向朗，孙吴的潘濬等。那位举世闻名的诸葛亮，青少年时代即在荆州度过。“亮在荆州，以建安初与颍川石广元、徐元直、汝南孟公威等俱游学，三人务于精熟，而亮独观其大略。每晨夜从容，常抱膝长啸，而谓三人曰：‘卿三人仕进可至刺史郡守也……。’”①建安初年，诸葛亮十五岁，建安五年十九岁，正是求学的年龄，他与徐庶等人“俱游学”的地方，只能是荆州官学。细玩文意，似乎是他们在州学共同生活的描写，另外，诸葛亮之所以被司马徽赏识，誉为“卧龙”，大概也与这种游学活动有关。诸葛亮等人的学历对青少年时代于荆州度过的士人来说，有普遍意。

荆州官学在客观上起了联系朝野知识分子的文化纽带作用。当时的荆州地区，既存在着以刘表为核心的政治当权派集团，蒯越、蔡瑁、韩嵩、傅巽、王粲、刘先、宋衷等人是骨干分子；又存在着以庞德公为代表的地方在野名士集团，司

---

① 《三国志·蜀书》卷三十五《诸葛亮传》注引《魏略》。

马徽、庞统、诸葛亮、徐庶、石韬等青年名士是其成员。刘表曾亲自前往庞德公家请其出山，尽管庞德公最终亦未应召入仕，但刘表的举动获得了荆州在野名士的好感，庞德公的忘年交司马徽入官学与宋衷共同执教，庞德公所赏识的庞统、诸葛亮、徐庶等青年人入州学学习，就说明了这一点。

建安十三年，曹操占领了荆州，赤壁大战后又回到北方，荆州的名士除诸葛亮、庞统等随刘备留在荆州之外，绝大多数士人，如宋衷、司马德操、王粲、傅巽、刘先、蒯越、徐庶、韩嵩、蔡瑁等都随曹操回到了北方，逐渐与曹魏士人融合。建安二十年，发生了魏讽谋反案，有些荆州名士的子弟卷入该案，王粲、宋衷的儿子、刘廙的弟弟都死于此案，宋衷因此受到株连被杀，而刘廙却被曹操特免。这次案件，史家一般认为是自由派青年士人反曹操的活动，但史料甚少，已无法详考。自曹操攻占荆州起，荆州官学即灭亡；士人北上后，司马德操病故，王粲等人亦先后去世，到建安二十四年宋衷被杀，最后一个荆州学派的硕儒不复存在了，但是，它的影响却远远没有消失。

（二）荆州学风

所谓荆州学风，是指那个特定时期荆州士大夫共同的学术风尚，表现为反对烦琐虚伪，追求简约自然的思想风尚和儒道兼融的倾向。它既存在于荆州官学的文化倾向中，又活跃于名士们的人物批评中。由于资料的极度缺乏，已难再现其全貌，所以仅从经学的变化、黄老思想的复兴以及人物品评风气的绵延诸方面展开讨论。

第一，从经学的发展看，荆州经学堪称汉魏之际官方经学由今文经变为古文经的转折点，使古文经第一次合法立于官学，并使删繁就简、重视义理的学术风气进一步发展。

两汉时期，今文经学是官方学术，从洛阳太学到各郡县所设学校，都是讲授今文经。由于今文经学逐渐走向烦琐和妖妄，所以自东汉时期开始衰落，而“通训诂”、“举大义”的古文经学以它简单明了、思想犀利的特点发展起来，逐渐成为私学的主流。东汉一代古文经学大师辈出，如贾逵、许慎、马融等，表现出较强的活力，然而古文经一直没有取得官学地位，这种情况到荆州官学才发生了改变。

> 尹默字思潜，梓潼涪人也。益部多贵今文而不崇章句，默知其不博，乃远游荆州，从司马德操、宋仲子等受古学，皆通诸经史，又专精于左氏春秋，自刘歆条例，郑众、贾逵父子，陈元、服虔注说，咸略诵述，不复按本。先主定益州，领牧，以为劝学从事。及立太子，以默为仆，以《左氏传》授后主……卒。子传其业，为博士。①

> 李课字钦仲，梓潼涪人也。父仁，字德贤，与同县尹默俱游荆州，从司马徽、宋衷等学。课具传其业，又从默讲论义理、五经、诸子，无不该览……延熙元年，后主立太子，以课为庶子……著古文《易》、《尚书》、《毛诗》、《三礼》、《左传》、《太玄指归》，皆

① 《三国志 · 蜀志》卷四十二《尹默传》。

依准贾、马，异于郑玄。[①]

上述梓潼尹默、李仁二人因不满益州今文经学而远游荆州向宋衷、司马德操学习古文经的史实，说明了古文经在荆州官学的地位。宋衷等所传授的五经，应当为古文《易》、《尚书》、《毛诗》、《三礼》、《左氏春秋》，这些在两汉时期不入官学课堂的经典，随着汉政府的名存实亡而首先在割据的荆州取得了正宗地位。

荆州的儒生们不但确立了古文经的正宗地位，而且发扬了古文经简明求实、注重义理的学风，对各种经书注释进行了删繁就简的改造："深愍末学，远本离质，乃令诸儒，改定五经章句，删铲浮辞，芟除烦重。赞之者用力少，而探微知机者多。"[②]经改造后的《五经》注解，称之为《五经后定》。"使綦毋闿、宋忠等撰《五经章句》，谓之《后定》"[③]。

遗憾的是，荆州诸儒的经学革新成果《五经后定》已佚。《隋书·经籍志》有刘表《新定礼》一卷，《通典》亦引刘表《丧服后定》。马国翰认为，《丧服后定》与《新定礼》是一本书："新定即后定，题小异耳……此书浑以礼名，其实专明丧服也。"[④]这本书，大概是《五经后定》丛书的一种。从《玉函山房辑佚书》收录的六条佚文看，都是关于服丧的具体规定，表现出简约明了的特点。荆州经学著作中对魏晋学术产

① 《三国志·蜀志》卷四十二《李譔传》。
② 《全后汉文》卷九十一王粲《荆州文学记官志》。
③ 《三国志·魏书》卷六《刘表传》注引《英雄记》。
④ 马国翰：《玉函山房辑佚书》。上海古籍出版社 1990 年版，第 841 页。

生深远影响的作品，则是对《周易》的注解，宋衷《周易注》即是代表作。

当然，荆州儒士的理性与现代科学理性是不能同日而语的，尽管他们已经开始摆脱今文经学末流及谶纬的妖妄，但是对命运之谜的困惑，使他们仍然难以彻底跳出象数思维看待“天人之际”。在他们的著作中，仍有一些这方面的内容，例如《晋书》卷十二《天文中 · 杂星气》：“图纬旧说，及汉末刘表为荆州牧，命武陵太守刘叡集天文众占，名荆州占。”《隋书 · 经籍志》有《荆州占》二卷。又如宋衷注释过《易纬》、《乐纬》、《春秋纬》和《孝经纬》四种纬书。[①] 此外，另一位著名经师司马徽，也未摆脱象数思维，“司马徽与刘廙论运命历数事”[②]。从这些迹象看，荆州儒士的经学理性主义倾向仍有一定局限性。

第二，从黄老思想的复兴看，荆州学术仍是一个不可忽视的环节。例如刘表的别驾刘先，“尤好黄老言”[③]，而宋衷对《太玄经》的注释和传授则意义更为深远。西汉黄老派代表人物是严遵(字君平)。扬雄是严遵的学生，他的代表作《太玄经》问世后，即遭到了儒生的非难，除受桓谭、张衡极少数有异端思想的学者推崇外，并未产生太大影响，但在汉魏之际则大为流行，在知识分子中广为流传，被认为“与圣人同趣，虽周公繇《大易》，孔子修《春秋》，不能过也”[④]。可见

① 刘汝霖：《汉晋学术编年 · 建安二十四年 · 宋衷著述表》。
② 《三国志 · 吴书》卷四十八《孙权传》注引《江表传》。
③ 《三国志 · 魏书》卷六《刘表传》注引《零陵先贤传》。
④ 《全三国文》卷六十八引陆绩《述玄》。

其地位已达经典高度。在汉魏之际《太玄经》的传播过程中，宋衷是个关键性人物。从各种史书记载看，《太玄经》是由他才得以广泛流行的。例如他首先注释了这本书。《隋书·经籍志》所著录的《太玄》注本，以宋衷注本为早。这一时期的其他注者还有陆绩、虞翻、陆凯、王肃诸家，这些注疏都与宋衷注有着千丝万缕的联系，大都源于宋衷注。请看：

关于陆绩注本。据陆绩《述玄》讲，吴国原无《太玄》一书，刘表派使臣成奇去吴国访问，带去了《太玄》一书，陆绩将该书抄写下来，精心研究。几年后，成奇再次出使吴国时，带来了宋衷的《太玄注》作为送给张昭的礼物。陆绩读了宋衷注后，感到宋注只重义理而不涉及象数，认为注释不准确，故以宋衷注本为底本，增补了象数内容，写成了自己与宋衷共注的新注本。"就以仲子解为本，其合于道者，因仍其说；其失者，因释而正之。所以不复为一解。"[①]查《隋书·经籍志》著录的《太玄经》诸注本中，有宋衷注的九卷本，又有陆绩、宋衷同注的十卷本，可证明陆绩《述玄》所说不误。此外，陆凯是陆绩的从孙，其注本源于陆绩无疑。

关于虞翻注本。虞翻是著名的象数派易学家，他对宋衷的《太玄注》义理特点十分不满，为纠宋氏之偏，宏扬象数而注《太玄》。他认为："宋氏解《玄》颇有谬错，更为立法，并著《明杨》、《释宋》，以理其滞。"[②]所谓《明杨》，大概是阐明扬雄本义；所谓《释宋》，大概是反驳宋衷的观点。

关于王肃注本。众所周知，王肃是宋衷的学生，随宋衷

---

① 《全三国文》卷六十八引陆绩《述玄》。

② 《三国志·吴书》卷五十七《虞翻传》。

读《太玄》，其注本直接源于老师无疑。“肃字子雍，年十八，从宋衷读《太玄》，而更为之解。”[1]王肃生于公元195年，他十七岁时应为建安十七年，此时宋衷已在随荆州士人北上，在曹操政权下服务。宋衷公开讲授《太玄经》，恐怕早在荆州官学中就已经进行了。据《三国志·蜀书》卷四十二《李譔传》讲，蜀国李譔的学问继承其父李仁，而李仁则曾去荆州追随宋衷求学。后来李譔写了《太玄指归》，其基本思想与从未交往的王肃惊人地一致，“著古文《易》、《尚书》、《毛诗》、《三礼》、《左氏传》、《太玄指归》，皆依准贾、马，异于郑玄。与王氏殊隔，初不见其所述，而意归多同”。这个现象说明，蜀国李譔与魏国的王肃都继承了同一老师宋衷的思想。

第三，从人物品评实践活动看。汉末以来人物品评风尚在荆州士人中十分流行，并且在人材品评标准上，表现出追求内在自然气质的思想倾向。例如，当年汝南月旦评的领袖许氏兄弟之一许靖流落到四川，正在荆州的宋衷得知，便写信给蜀郡太守王商，品评许靖为：“文休倜傥瑰玮，有当世之具，足下当以为指南。”[2]那位在野的大隐士庞德公，便十分擅长此道。“诸葛孔明为卧龙，庞士元为凤雏，司马德操为水镜，皆庞德公语。”[3]的确，被誉为“水镜”的司马徽，正因能鉴识出人的自然本色而获此令名，他不但是著名经师，而且是著名的人材鉴识权威，甚有名士风度。下面是其三条人物品评史料。

① 《三国志·魏书》卷十三《王肃传》。
② 《三国志·蜀书》卷三十八《许靖传》。
③ 《三国志·蜀书》卷三十七《庞统传》注引《襄阳记》。

庞统字士元，襄阳人也，少时朴钝，未有识者。颍川司马徽清雅有知人鉴，统弱冠往见徽，徽采桑于树上，坐统于树下，共语自昼至夜。徽甚异之，称统当为南州士人之冠冕，由是渐显。①

刘备访世事于司马德操。德操曰："儒生俗士，岂识时务，识时务者在乎俊杰，此间自有伏龙、凤雏。"备问为谁，曰："诸葛孔明、庞士元也。"②

刘廙字恭嗣，南阳安众人也。年十岁，戏于讲堂上，颍川司马德操拊其头曰："孺子、孺子，'黄中通理'。"③

以上被司马徽所品评的三位青年士人刘廙、诸葛亮和庞统，少年时代在荆州成长，后来成了著名的政治家，并且都以"知人"而闻名于世。刘廙后在曹魏，其形名学著作《政论》中有许多关于知人善任的论述。据《三国志·魏书》卷二十一《刘廙传》注引《廙别传》讲，他很早就识别出魏讽必将作乱，劝诫其弟刘伟不要与魏讽交往。又如诸葛亮以知人善任而为一代名相，在人材鉴识理论上也很有建树，著《知人性》篇，提出七种鉴别人物心理品格的方法。至于那位"凤雏"庞统，更以知人闻名于荆州。周瑜死后，他作为刘备的代表赴江东吊丧，与陆绩、顾劭、全琮等名士结为好友，临行时对他们的

① 《三国志·蜀志》卷三十七《庞统传》。
② 《三国志·蜀书》卷三十五《诸葛亮传》注引《襄阳记》。
③ 《三国志·魏书》卷二十一《刘廙传》。

才性作出品题:“陆子可谓驽马有逸足之力,顾子可谓驽牛能负重致远也。”陆绩、顾劭高兴地表示:“天下太平,当与卿共料四海之士。”

人物品评与黄老形名学(名理学)的关系十分密切,所以汉末荆州地区的形名之学亦同样兴盛,并对后来曹魏和蜀汉政权的名法之治产生了深远影响。在曹魏政权方面,《文心雕龙·论说》云:“魏之初霸,术兼名法,傅嘏、王粲,校练名理。”其实,文中的傅嘏应是傅巽。傅嘏于魏明帝太和年间才刚刚入仕,不可能与建安二十二年已去逝的王粲一起校练名理。傅巽是傅嘏的伯父,汉末与王粲一起客居荆州投靠刘表。刘表死后,他俩又因为劝说刘琮投降曹操而被封为关内侯,并且在魏国建立后都当过“兴造制度”的侍中一职。《傅子》称傅巽“有知人鉴……在荆州,目庞统为半英雄,证裴潜终以清行显”。人物品评是名理学的主要内容,可见傅巽与王粲在魏初一起运用形名学去研究国家制度、法规方面的问题,是合情合理的。至于刘廙,“与丁仪共论刑礼”,大约也是讨论同一性质的问题。在蜀汉方面,那位“葛巾羽扇”却外道内法的诸葛亮,同样以推行名法之治而著称。

毫无疑问,在汉魏之际的思想发展史上,荆州学风堪称一较为重要的转折点。它的出现,决非偶然。当时,群雄逐鹿的中原地区已成了摧毁一切文明成果的大屠场,不准备介入战争的知识精英纷纷逃往荆州避难,中国文化的中心,也随之暂时南移荆州。可见荆州学风实质上是汉末思想变革运动的继续和发展——古文经学、黄老之学和人物品评之风都在荆州地区得到了新的发展,为未来的思想大变革作了人材上和文化上的准备。它直接影响着三国鼎立后中国的学术思想，并最终通过那时居于此地的山阳王氏家族的后代而开花结果。

三、天才少年[①]

黄初七年（公元226年），也就是曹丕在位的最后一年，奉这位皇帝之命而继承王粲爵位的王业家中，又添了一个小儿子。王业的长子取名王宏，宏，宏扬光大，意味着使一度中断的王粲家族兴旺发达；王宏的字为“正宗”，以肯定他嫡长子正统的继承人身份。所以当小儿子出世命名时，取名为“弼”，其意思是辅助，后字为“辅嗣”，以表示帮助兄长王宏共同振兴家族。于是，世界上一位姓王名弼、字辅嗣的男儿诞生了。

山阳王氏深厚的文化渊源，荆州学术的薪尽火传，尤其是王粲留下的来自蔡邕的近万卷书籍，共同构成了丰富的家学内容。这是王弼先天的财富，也是他后天成功的文化基础。关于王弼童年及少年时代所受教育的内容，已无法详考，但是从那位和他年龄相仿的另一位少年才子钟会所受的教育，可以间接推知王弼学习的基本内容。颍川钟氏家族与山阳王氏关系密切，钟氏家族以擅长刑名学和古文经闻名。主管钟会教育的其母张夫人则是一位兼综儒道思想的人物。钟会追忆自己文化启蒙教育的过程时这样写道：“年四岁授《孝经》，

① 在本书《附录一·王弼年谱》中，已引用了有关王弼生平的全部史料，并对其一生各时期活动的时间，作了考证，因此，在本节中，将不再重复考证，并一般不引史料，除传神名句例外。

七岁诵《论语》，八岁诵《诗》，十岁诵《尚书》，十一诵《易》，十二诵《春秋左氏传》、《国语》，十三诵《周礼》、《礼记》，十四诵成侯《易记》，十五使入太学问四方奇文异训……(其母)雅好书籍，涉历众书，特好《易》、《老》……”[①]颍川钟氏与山阳王氏的文化背景近似，所以王弼的文化启蒙读物，大概与钟会相差不多。这种严格的训练，使王弼具有良好的文化基础，为后来其新学的创立，奠定了坚实的基础。比如王弼后来注的《周易》，遍用众家之长，信手拈来，融会贯通，如果没有长期的良好的文化训练，显然是不可能的。

尽管家庭文化传统十分重要，而时代文化思潮的影响更为重要，尤其是当一个思想家在其世界观形成的青少年时代，他所生活的哲学氛围应当说是决定性的。正始时期，何晏等“浮华分子”上台后所掀起的贵无论玄学思潮风靡了思想界，而这时的王弼十五岁，正是最易接受“奇文异训”的世界观形成之际。何晏、夏侯玄新学最为时髦，对少年才子的诱惑不可低估。这一思想背景在《何晏评传》中已作介绍。正始玄风主要风行于首都洛阳的上层知识界或上层贵族官僚青年中，王弼恰恰生活在这个环境中。山阳王氏是当时的名门望族，与汝颍名士为世交。王业又是王粲的嗣子，正始时期在中央尚书台任尚书郎，全家定居在洛阳，生活在上层士族文化环境中是无疑的。

如果我们扩大一下视野，则不难看到，王弼的出现不是孤立的。正始早期在贵“无”玄风熏陶下，一批才华横溢的贵族青少年迅速成熟并在思想舞台上崭露头角。这些少年年

① 《三国志·魏书》卷二十八《钟会传》注引钟会《张夫人传》。

龄多在十五至二十岁之间，属于曹魏政权的第三代人。王弼、钟会、裴秀、卫瓘、嵇康等人就是典型代表。正始元年，王弼十五岁，钟会、裴秀十六岁，嵇康十七岁，卫瓘二十岁。可见，正始名士由两代人组成，即何晏、夏侯玄为代表的中年政治实力派和以王弼、钟会为代表的少年思想家。尽管这些少年思想家是受中年实力派的影响而启蒙、成熟，却青出于蓝而胜于蓝，他们的出现，为正始名士注入了新鲜血液，给方兴未艾的玄学，带来了新的生机和活力，其中王弼的作用更为突出。

对王弼的性格爱好，我们所知不多，只知道他像大多数京洛少年贵族子弟一样，喜欢参加游宴及投壶等活动，并酷爱音乐，但最热衷的娱乐莫过于清谈了。这位早熟的思想家才思敏捷，能言善辩，具有超人的抽象思维能力，然而对人情世故却所知甚少，缺乏必要的处世能力，尤其是恃才自傲，喜欢以自己的长处讥笑他人。这些特点决定了未来的王弼在哲学领域的理性思维巨人和社会政治实践中凡人的双重形象：在哲学创建中势如破竹，在宦海生涯中步履蹒跚。

在学术道路上，王弼一帆风顺，是天之骄子。

王弼在思想舞台上崭露头角的事件大约是正始四年拜访裴徽时，两人之间的一次哲学交谈。当时，王弼的父亲王业任尚书郎(不知何部)，玄学名士裴徽任吏部郎。河东裴氏与山阳王氏属世交，裴徽的哥哥裴潜汉末曾客居荆州，与王粲关系密切，私下品评刘表的才能。[①] 裴徽是否也曾随兄客居荆州，不可详知。由于这种世交及父辈的同僚加朋友的关系，所以少年王弼去裴徽处亦是顺理成章的。何劭《王弼传》和

① 见《三国志·魏书》卷二十三《裴潜传》。

《世说新语》都记载了这次重要谈话的内容,综合起来,可大致译为以下对答:

> 裴徽问:"宇宙本体'无'的确是万物赖以存在的依据。但是,为什么(儒家)圣人对此没有论及,老子却反复解释它呢?"
>
> 王弼回答:"圣人以'无'作为自己人格的内在本体,但是'无'又不可能用语言去解释,所以不多说它;老子没有达到圣人体'无'的高度,仍以'有'为自己人格的内在本体,所以总是议论自己不足的东西——'无'。"

从上述的对话中,我们可以看出,宇宙本体"无"是万物之本及圣人人格之本的观点,已被玄学思想界作为大前提普遍接受。但是,按传统的观点,儒家先王与孔子是圣人,道家始祖老子至多算个贤人,既然圣人以"无"为人格本体,为什么圣人在所著经典中不讨论"无",反而由不体无的贤人老子反反复复地大量论述"无"的理论呢?这个矛盾,实际上涉及到了儒道经典及儒道圣贤在玄学理论体系中的关系、地位等问题。众所周知,玄学的关键在于儒道思想的结合,所以,能否成功地调解这一矛盾,关系着玄学理论是否能将儒道经典融为一体,将儒道圣贤合理就位,换句话说,这是一个决定玄学理论是否最终立于不败之地的重大理论课题。当时的思想界,对此一直找不到合适的解释,裴徽的提问表达了玄学名士普遍茫然的心情。年仅十八岁的王弼,却轻松地回答了这个至关重要的问题,在符合传统观点和情感的基础上,将儒道融为一体，既维护了圣人的地位，又提高了道家经典，为玄学思想的理论大厦奠定了基础。

王弼与裴徽的谈话，使他开始扬名，但真正使其脱颖而出的机遇，却是正始五年参加何晏主持的一次清谈。那时，何晏身为吏部尚书，又是著名大学者，经常组织学术沙龙进行玄学清谈。在某一次"谈客盈坐"的清谈场上，大概一场论战刚刚决出胜负，王弼姗姗来迟。何晏已久闻这位少年的大名，就将刚才辩论中得胜的那个论点介绍给王弼，说："我认为这个理论已经是最好的了，你能难倒它吗？"王弼立刻发难进行反驳，当四坐听众已被王弼的论点折服时，这位天才少年又发惊人之语，将自己已取胜的观点驳倒，随后自己分别扮演辩论的甲乙两方，轮番反驳对方的论点，奇峰突起，语惊四坐，清谈的气氛达到了妙不可言的境地。中国思想界的一颗新星冉冉升起了。

在正始后期的清淡场上，王弼堪称一代辩论大师。他谈锋机捷，所向无敌。王弼的朋友钟会，是位精通名理学的大辩论家，却十分佩服王弼的高论，认为比自已棋高一着。还有位名叫刘陶的才子，爱发怪论，提出了孔子非圣人的说法，夏侯玄欲驳之而感到很棘手。然而，这位在清谈场上春风得意的刘陶，自遇到王弼后则开始倒运，每次辩论，都一再败北。史家称王弼为天才卓出，其思想锋芒所向，攻无不克。

王弼不仅热衷于清谈，而且热衷于著述，在短短的几年时间内，就注释了《老子》、《周易》和《论语》三本对中国文化影响最大的儒、道经典，并著《老子指略》和《周易略例》，表达了自己对《老子》、《周易》主旨的理解及注释的指导思想，这些著作基本奠定了魏晋玄学的理论基础。一位二十三岁的青年完成如此巨大的历史重任，不能不说是一个罕见的奇迹。

王弼是位有独立思考精神的大哲学家，从不盲从权威的观点。何晏是当时的思想界权威和正始名士领袖，曾著论认为圣人没有喜怒哀乐情感，本性空无，企图以此将老子的地位，提升到圣人高度。对何晏的新论点，许多玄学青年表示赞同，钟会、王黎等名士，都是追随者。钟会著论复述何晏的观点，王黎则将这一观点应用于论辩实践。[①] 与上述玄学青年不同，王弼以反潮流姿态鲜明地提出了与何晏相反的观点，大意为："圣人超越常人之处是其精神，与常人相同之处是其感情。由于圣人具有超常的精神，所以能平衡各种感情使之化为中和虚无的状态，与宇宙本体'无'相感通；由于圣人与常人有着共同的情感，所以不可能没有喜怒哀乐等情感与外物相感应。然而，圣人的感情尽管与外物相感应，但不会被外物所累。现在有人因为圣人不为外物所累而认为圣人没有感情，失误是相当明显的。"

关于圣人有情与无情的讨论，现在看几乎没有什么价值，但在当时却是一个比上文的"圣人体无"更重要的理论问题。从哲学方法论高度看，它实际上涉及到道家与儒家、"无"与"有"、"自然"与名教、无为与有为之间，是否为本末、体用关系这样一个至关重要的问题。以体用观点融合上述对立，是玄学的思想特质所在，也是王弼哲学的核心内容与新义所在，

① 《北堂书钞》五十八引《傅子》："王黎为黄门侍郎，轩轩然乃得志，煦煦然乃自乐。傅子难之曰：'子以为圣人无乐，子何乐之甚？'黎曰：'非我，乃圣人也。"

因而，这一基本观点存在于其哲学体系的各个环节和部分，贯穿于任何一个具体问题的论述中。何劭认识到了这个问题的重要性，所以他在《王弼传》中介绍了王弼圣人有情说之后，立刻又记载了王弼与荀融在周易《大衍义》问题上的争论，进一步展示了王弼这一通过有情与无情表现出的新观点。

王弼除注《周易》并著《周易略例》外，还写了《大衍义》一文。关于该文的《易》学革命内容及意义，将在本书第三章中专题介绍，此不赘述。由于王弼的《大衍义》否定了传统的象数理论，故难以被汉《易》的追随者所接受。荀融是颍川荀氏家族成员，受汉儒文化影响较深，对王弼新说不满，著《难王弼〈大衍义〉》一文，公开打上门来。

对荀融的挑战，王弼没有正面回击，这位心气甚高、喜欢讥笑人的少年才子，写了一封信给荀融，充分发挥了自己的讽刺才能，把对手狠狠奚落了一顿。王弼大概抓住了荀融某次"相思"的把柄，利用荀融并未达到忘情境界的事实，以其无情理论与有情实践的自身矛盾，说明"无"与"有"之间，即大衍之数的"一"与"四十九"之间是不可分割的本末体用关系。他在信中这样写道（大意）："即使聪明智慧达到了通晓宇宙奥秘的程度，也无法摆脱自身天然情感的制约。像孔子这样的圣人，遇到颜回这样的好学生，不能不快乐；颜回死了，不能不悲伤。过去我常因此而看不起孔子，因为生死聚散属不可抗拒的规律，孔子既然明白这些道理，为什么不能以此去掉情累呢？然而，后来看到像您这样聪明过人、气量宏大的伟人，也会长期陷入相思之情中，才知道自然之情感是无法革除的，由此可知，孔子在颜回身上表现出的情感变化，也不算什么错误了。"在王弼的冷嘲热讽中，荀融败下阵来,再也没有反击。

王弼在理论上的成功,一方面要归于他本人的才华,另一方面也要看到正始清谈所造成的学术自由空气十分有利于哲学家的诞生。例如,何晏对王弼首创精神就是大力扶植的。当时,何晏身为吏部尚书,又是著名大学者,已注释了《老子》,王弼只是个初出茅庐的小伙子,何晏发现王弼的《老子注》比自己高明后,就主动放弃了自己的注本,改写《道论》和《德论》两篇文章,宣传王弼的新说,并且对王弼极口赞扬,认为只有这位少年,才能真正揭示宇宙万有的哲学奥秘,评语为"若斯人,可与论天人之际矣"。正是在这种良好的学术环境中,王弼才能大踏步前进,超越了汉儒魏法,也超越了何晏等玄学前辈,独步于正始思想界。

与一帆风顺的学术生涯相比,王弼的仕途就显得有些坎坷了。黄门侍郎(五品)是当时高级贵族子弟入仕的最佳途径,不仅品位高,而且侍从皇帝,传达诏命,又不处理政务,被视为清流官,比直接处理政事的尚书郎(六品)高一个档次。正始中后期,黄门侍郎职位一再出现空额,王弼却一直未能入选。也许当时的舆论界普遍认为王弼材质不适合为官,也许是王弼因"不识物情"而树敌过多,总之,尽管身为吏部尚书主持选官的何晏十分欣赏王弼的哲学天才,在选用黄门侍郎时,却先后录用了贾充、裴秀和朱整。约正始九年,黄门侍郎再次出现缺员时,何晏准备选用王弼,但王弼运气不好,恰逢丁谧与何晏争权夺利,丁谧向曹爽推荐了王黎,曹爽任王黎为黄门侍郎,王弼只得为尚书郎。

王弼像大多数士族青年知识分子一样,并不满足于"立言",而是希望"立德"、"立功",在政治上大干一番。所以,王弼被任命为尚书郎,接受曹爽的礼仪性接见时,他请求与曹爽单独谈话。曹爽让左右侍从退下后,王弼发表了关于"道"的长时间的清谈,没有涉及任何具体政治措施,曹爽认为碰上了书呆子,当作笑料看,"以此嗤之",当然谈不上重用了。曹爽不仅是政治儒夫,而且是个无哲学头脑的庸人,对谈"道"无兴趣,况且正始九年,曹爽集团与司马懿集团的争斗已白热化,如何治服对方的计策才受欢迎,谈"道"论"无"恐怕有些不识时务了。所以王黎不久病逝,曹爽又选用了王沈补缺,仍不用王弼。据说,何晏深为王弼仕途不畅而惋惜,"为之叹恨"。

面对政治上的不得意,加上王弼的确不擅长处理尚书台的杂务,所以对仕途比较失望,"益不留意焉",同时,由于心胸狭隘,对那些政治竞争中成功的同辈青年,却耿耿于怀,尤其仇恨那些与自己竞争过黄门侍郎的人。除钟会外,少年时代的朋友大都不欢而散,"然弼为人,浅而不识物情,初与王黎、荀融善,黎夺其黄门郎,于是恨黎,与融亦不终"①。这位在论著中宏观宇宙变化、体悟自然无为真理的大哲学家,却无法"自然无为"地超越现实的卑微利益。

王弼与何晏关系十分密切,然而他像大多数正始名士的少年思想家们那样,并未真正成为何晏集团的党羽,所以正始十年元月高平陵政变发生后,曹爽、何晏集团成员被杀,并未真正涉及王弼、钟会等青年士人。按照行政惯例,被曹爽、何晏集团辟举的青年都被免了职,但只是走个过场,不久又都官复原职。(这个问题在何晏评传中已作介绍)何劭《王弼

① 《三国志·魏书》卷二十八《钟会传》注引何劭《王弼传》。

传》说:"曹爽废,以公事免。"王弼作为曹爽任用的尚书郎,大概也随惯例免职,未受太大冲击。这一年的秋天,王弼因患病而去世,"其秋,遇疠疾亡。"据说,王弼的死使司马师感到很悲痛,"闻之嗟叹者累日。其为高识所惜如此。"

像一切伟大的思想家、文学家、艺术家那样,他们获得尊敬的时空与其生活的具体时空往往相反。即离他们越远,他们越伟大。通过其作品去间接认识他们,远胜于和其相处于同一具体环境中。原因很简单,他们也是人,一定会有弱点,不仅也是现实与理想、私与公、光明与黑暗、善与恶、美与丑、地狱与天堂等等对立品格的混合物,而且必然从事凡人所必须从事的琐碎卑微的行为。所以伟人将自己凡人的品质和形象留给周围熟悉的人,而将其美好的形象和伟大思想留在了自己的作品中,它展现的不仅是作者本人精神世界高尚超越的层面,也表达人类追求真善美的共同理想。王弼的命运就是一个典型,在当时社会的眼里,他是一个少年狂生,是一个心胸狭隘的轻浮才子,尽管思想深刻,但缺陷太多,以至难以让人接受。在我们的视野中,看到的却是一个脱俗而纯真的少年哲人,全身心地为人类的命运和幸福而深思,诉说着人类永恒的希望。

王弼二十三岁的年轻生命已经划了句号,留给我们的是一个壮丽的玄学迷宫。下面,我们将沿着依稀可见的理路去了解它,去欣赏它。

第二章 学术新创

新学说的诞生，离不开新的学术眼光，即新的学术方法。它使人摆脱传统的局限，开辟了新的认识视角，于是世界的映像为之一变，发生了世界观的变革。这是古今中外大师成功之关键，也是王弼超越汉儒魏法，开创玄学新时代的奥秘所在。

什么是王弼的新方法呢？学术界有多种说法，有“辨名析理”说，有“得意忘言”说，有“本末体用”说。其实，上述方法并不矛盾。它们在王弼玄学体系的创建中发挥了不同的作用：“辨名析理”，是其逻辑思维方式；“得意忘言”，是其解释经典的工具；“本末体用”，是其解决本质与现象关系的哲学思路。这些思想方法的共同特点是崇尚理性，反对迷信盲从。它们的产生并非偶然。为了冲出汉代经学象数思维的误区，寻找新的出路，汉魏之际的中国思想界已经痛苦地思考了近百年，形成了“言意之辨”、“形名之辨”和“本末之辨”等新的思想方法，而王弼则完成了这一漫长学术量变过程的质变。因此，理解王弼学术变革的意义，必须从汉魏之际象数思维的衰落与本体论思维的萌芽谈起。

一、从象数到本体

象数思维方法是汉代经学的突出特点。象数有狭义与广义之别：狭义的象数，是指《易》学的一个流派；广义的象数，是指把物象符号化、数量化归类，以此理解宇宙万物之间相互关系及发展规律的思维方式或学术研究方法。广义的象数思维渊源于狭义的象数易学，严格说，渊源于《易传》中的象数思想，但又超越了《易》学范围，成为汉代学术思维的基本模式。

方法论离不开宇宙观。汉代象数方法直接根源于汉代宇宙结构论，而汉代宇宙结构论又直接根源于以元气学说为中心的汉代宇宙生成论。可见，欲了解象数思维的特质，必须从宇宙生成论说起，进而剖析宇宙结构论的内涵，才能最终揭示这一思想方法的奥秘。

关于宇宙的生成，汉儒大概参照生物胚胎从无形到有形的各个发育过程，创造性地改造了先秦思想家的各种宇宙本根论学说，虚构了以元气生化为基础的宇宙生成的复杂过程。其中，以《周易乾凿度》的描述最为典型，基本思路大致如下：在天地万物产生之前，宇宙曾是一片空寂状态，这是一无所有的“太易”时期。后来，元气萌生了，并不断发育壮大，可分为太初、太始、太素三个表示元气递进发育成熟的三个阶段，这三个阶段，都是元气孕育天地万物的无形的气化过程，统称之为“太极”时期。发育成熟的太极元气终于开始了生成天地万物的过程：太极元气分化为阴阳二气，凝固为天地；分化为四时之气，产生了春夏秋冬四季；分化为五行之气，构造了万物质料；分化为八卦之气，形成了天、地、雷、风、水、火、山、泽八种物象和东、西、南、北和东南、东北、西南、西北八个方位；分化为六十四卦之气，控制着十二个月二十四个节气和三百六十五天的变化交替。人类，则是元气及其诸形态中和的产物。

汉代宇宙生成论还认为，元气、阴阳、四时、五行、八卦之气在生成了天地万物之后，并未消失，它们仍保持着无形的气态，在宇宙中运行，与有形物质世界质料中的同类之气发生着感应，以此控制着自然与人类社会的变化发展。

显而易见，汉代的宇宙生成论已经为其宇宙结构论确立了基本框架。由于宇宙的生成过程本质上是气的不同形态（元气、阴阳、五行、八卦等）构造各种事物的过程，因此，可以根据各类“气”的特征（象）和结构（数）将大千世界和一切事物或属性纳入由元气（一）、阴阳（二）、四时（四）、五行（五）、八卦（八）组成的庞大的象数系统中分门别类。这个象数系统的学说因人而异，繁简不同，但上述一、二、五、八系统一般各家通用，试举几例：

数字“一”，指无形的宇宙本根。太易、太初、太始、太素、太极、混沌、道、元气都是对宇宙本根的不同称呼。它是宇宙之本。

数字“二”，施控系统为阴阳二气；受控系统为天地、君臣、父子、夫妇、刚柔、明暗、夏夷、仁贪、勇怯等对立统一的事物或属性。

数字“五”，施控系统为木火金水土五行之气，受控系统为春夏秋冬四季及东西南北中、仁义礼智信、宫商角徵羽等等一系列可用“五”归类的事物。

数字“八”，施控系统为乾、坤、震、巽、坎、离、艮、兑八卦之气，受控系统则几乎包括一切事物和现象。如马、牛、龙、鸡、豕、雉、狗、羊；首、腹、足、股、耳、目、手、口；父、母、长男、长女、中男、中女、少男、少女等等。《周易·说卦》对此作了详细的表述，以“坤”为例：“坤为地，为母，为布，为吝啬，为均，为子母牛，为大舆，为文，为众，为柄……”

显然，象数思维本身并不神秘，象和数只不过是各种气态的符号象征和结构数字。象数思维认为：元气（一）、阴阳（二）、五行（五）、八卦（八）作为施控系统，之所以能对受控系统的宇宙万物发生作用，是因为气的同类相感。这个理论是建立在物理谐振现象这一常识基础上的，即“同声相应，同气相求：水流湿，火就燥；云从龙，风从虎……各从其类”①。但是汉儒并没有在此止步，而是沿着象数思路继续前进，将这个原则推广到《易经》六十四卦，创造了卦气说。卦气说认为卦气的周期性运动产生了六十四卦卦爻象及数字的变化，并且将这些卦爻象及数字与当时的天文、历法、数学、物理、生理、医学等科学知识糅合在一起，构造了一个庞大的宇宙结构系统，将世界一切现象统统纳入这个系统中分门别类。在现代人看来，这个象数系统是建立在臆测的基础上，牵强附会地寻找事物的外在联系，而在汉人心中，象

① 《易·乾·文言》。

数系统真正揭示了事物的内在联系,掌握了它,也就认识了世界变化发展的规律,掌握了个人和国家社会的命运,可获得自由、幸福和太平。占卜活动就是通过数的运算,寻找所预测事物(占卜之事)与施控系统(卦爻象)之间同构之数,通过同构之数,就找到了特定的卦爻象,从中掌握未来的变化趋势。

象数思维本身无可非议,它是汉代科学文化的哲学表达。在象数系统的整理下,乱纷纷的大千世界才有了条理。通过它,人们不仅可以得到关于世界的知识(认知),而且可以掌握命运获得最大功利(价值),并且可以在这个合规律性、合目的性的过程中获得美感(审美)。它是汉代文化的奥秘所在,并且积淀在民族心理深层,对中国思想文化的发展产生了深远影响。

然而,汉代经师的象数思维不可能停留在我们所设想的合理范围内,而是按其自身的逻辑向极端方向发展。象数系统本身并不是建立在实验科学的基础上,阴阳、五行、八卦、天文、历法与社会人事本无必然联系,所以,用象数方法穷究事物现象之间的联系无异于钻入牛角尖,必然走向烦琐迷信以至妖妄的盲端。但是,仅仅理论上的荒谬并不可能扭转汉代思维方法的走向,使其发生改变的根本动力仍来自社会实践层面。东汉中后期,随着社会政治的全面腐败,象数方法所使用的占卜方法在天文、历法和卦象之间的数字游戏中,无法准确地预知社会和个人的命运。社会危机是由社会自身造成的,是人为而非天意,从外部象数联系去掌握社会政治人事内在本质和规律的荒谬性日益明显。因此,思想界开始从虚构的外部联系转向从事物的自身去考虑问题。“人事为本,天道为末”[①]堪称时代的呐喊。象数思维的没落与本体思维的兴起,已是不可逆转的了。

汉魏之际思想界在探讨社会兴衰的原因时,已将目光从宇宙象数系统转向社会政治人事,并以人材学研究,即人物品评为中心展开。理想君主的人格,则是焦点课题。因为社会政治问题,实质上是人的问题;君主的思想行为,决定着国家政策的根本倾向。当时,针对名教之治的有为之弊,自然无为的思想已成为时代潮流,集中表现为君主无为思想。而流行的形名思维习惯认为:实决定形,无为是理想君主的行为(形),理应由君主的材质(实)所决定。思想家们为了达到论证君主无为的目的,开始在皇帝的人格和材质上大作文章。比较详细地反映当时思想界在这个问题上研究水平并流传下来的著作仍是刘劭《人物志》而且集中保留在该书的《九征》篇中。

从形式上看,刘劭仍然沿用了元气、阴阳、五行系统解释了人材的形成。他指出,元气是构成人体的基本质料,阴阳二气决定了性格的内向和外向两种类型,五行之气构成了人体骨、筋、气、肌、血五种生理素质,并产生了礼、义、仁、智、信五种道德品质。在元气、阴阳、五行的综合作用下,最终形成了神、精、筋、骨、气、色、仪、容、言九种体征,也就是“九征”。刘劭进而指出,对元气、阴阳、五行、九征的禀受差异,是产生人材差异的根本原因。而实质上,刘劭的人材哲学已出现了重大变化,这主要表现在他关于全材即君主材质的论述中。

---

① 徐干:《中论·务本》。

刘劭将人材划分为偏材与全材两大类。偏材因对元气阴阳五行九征的禀受偏颇而成,属官员材质。全材则是对上述素质禀受全面而成,是理想君主或圣人的材质。“阴阳清和,则中睿外朗。圣人淳耀,能兼二美,知微知章……五常既备,包以淡味,五质内充,五精外章,是以目彩五晖之光……质素平淡,中睿外朗,筋劲植固,声清色怿,仪正容直,则九征皆至,则纯粹之德也。”①值得注意的是,刘劭笔下的全材虽然禀受了一切优秀的素质,但这些素质全面而均衡,化为一种无特色的中性材质,称之为中和之质;虽然拥有各种偏材的政治才能,但这些才能全面而均衡,亦化为一种无特色的中性才能,称之为中庸之德,表现为无为、平淡。由于这种材质及能力无任何特点,无可察形迹(长处),所以无法予以命名,即无法用语言对其本质定性。换句话说,就是圣人无名。“兼德而至,谓之中庸。”②“中庸之德,其质无名。”③注意,儒家的“中庸”与道家的“无名”,在圣人材质的讨论中,开始了具有历史意义的融合。

刘劭圣人材质“中和无名”观念的提出,具有重大的理论意义。它所引起的一系列深层的哲学反思,对玄学本体论的形成起了决定性作用。无论在历史上还是在逻辑上,都是正始玄学的思想起点。

从玄学的历史起点看,正始之音最重要的理论课题就是以圣人人格为中心展开的。例如王弼与何晏就圣人无情与有

① 《人物志·九征》。
② 《人物志·九征》。
③ 《人物志·体别》。

情问题的论战，王弼与裴徽之间关于圣人（儒）与老子（道）关系的谈话，都是围绕圣人材质与宇宙本体“无”的关系旋转。毫无疑问，当时的玄学家们著论讨论宇宙本体问题，阐述贵“无”论哲学时，无不以此为立论的主要依据。何晏说：“无誉，无名者，若夫圣人，名无名，誉无誉。”①夏侯玄说：“天地以自然运，圣人以自然用。”②以上均可以反映出圣人人格问题与贵无论宇宙本体论的内在联系。王弼也是如此，其宇宙哲学的出发点仍是圣人人格问题。从圣人材质理论看，王弼似乎与刘劭差异不大，两人都把君主的材质看作一个丰富、全面但又“无名”的实体。王弼说：“至和之调，五味不形；大成之乐，五声不分；中和备质，五材无名也。”③王弼比刘劭的高明之处在于，一方面将“无名”进一步抽象为“无”，另一方面则表现在其没有停留在人材哲学领域，而是上升到了整个宇宙观的高度，完成了本体论的哲学升华。

从玄学的逻辑起点看，圣人材质的讨论不仅是其整个宇宙本体论体系的基础，而且是促使这一体系形成的直接动因。圣人材质既“中和”又“无名”的新观点，已经超越了传统的儒、道两家，迫切需要思想界对这一人格作出宇宙哲学的圆满解释。众所周知，中国古代哲人往往根据人间理想君主（圣人）的形象，到虚幻的天国里塑造一致的神像，以求两者的和谐，至此，一个理想圆圈才算最终画圆。刘劭笔下全面中和却无为无名的圣人材质，为后来的玄学青年提供了新的

① 《列子》卷四《仲尼》张湛注引何晏《无名论》。

② 《列子》卷四《仲尼》张湛注引何晏《无名论》。

③ 楼宇烈：《王弼集校释》。中华书局1980年版，第625页。

思考模型和再创作的基础,去改造传统的宇宙本根,使两者性质相同。

虽然圣人材质中和无名的理论为玄学的诞生提供了创作原型——蕴含着玄学所需要解答的重大课题以及解释这些课题的思路,但是真正从宇宙哲学高度予以全面论证,将人材哲学提升到宇宙本体论高度,却是一件看起来简单而实际上十分复杂的理论创造,除需要全面批判继承前人的思想成果,合理运用各种哲学范畴之外,更重要的是以新的本体论观点为指导,创造性地综合运用一系列新的学术方法从不同侧面构架理论体系,将各种思想素材有机地整合到这一体系中,完成玄学本体论的升华。这一历史重任是由王弼完成的。他成功地以本末体用观点为中心,运用形名学的逻辑规则,对儒道经典进行了“得意忘言”的解释,创建了贵“无”论哲学体系。

二、形名之辨

形名学是中国古代的逻辑学,但又未脱离政治哲学而成为一个独立的学科。换句话说,既表现为语言逻辑,又表现为政治哲学观点,甚至直接成为治理国家的法律工具。所以,从不同角度看,形名学也随之表现出不同的属性:政治哲学、法律手段或逻辑方法、思想方法。关于汉魏之际形名学(名理学)之政治哲学内容的发展史,我已在《引论》部分作了比较详细的介绍,在此,将分析形名学的逻辑结构以及王弼的创造性运用。

众所周知,汉魏之际的形名学并没有以纯逻辑学形式出现，而是主要通过人物品评的研究方法存在，换句话说，作为人材学的逻辑思路而存在。《隋书·经籍志》所著录的“名家”类书籍中，魏晋时期共七种，全都为人材学著作。关于形名学与人材学有着不解之缘，是学界的共识，然而，形名学究竟是如何在人材学中运用并且发展的呢，却是长期以来一直十分模糊的问题。当时的各种人材学著作，除《人物志》外，全部佚失。可见，深入研究《人物志》的人材学思路，对填补这个学术空白，深入了解魏晋形名学的内在结构，具有重要价值。

人材学的研究，可以简单归纳为两个方面：人材的鉴别和使用。人材的鉴别需要研究如何透过人的外在表象切入其内在本质，即通过辨别形体与行为（形）确定其人材性质（名号）；人材的使用则需要研究各种人材素质与能力之间的关系，即通过比较各种人材名号的内涵与外延之间错综复杂的关系（辨名），分析出人材使用的规律（析理），使之发挥最大能力。这两个方面的研究，其实便是魏晋形名学的两个基本逻辑层次。下面，先从刘劭《人物志》个案考查。

第一，人材的鉴别——辨形。

刘劭认为，人材的名号（名），是对人材本质（实）的称谓，而人材的本质只能通过其外在表象（形）反映出来。所以人们只有考查其形，才能得知其实，再确定相应之名。在《人物志》中，人材之“形”有两层含义，一是生理形体，二是社会行为。

关于生理形体，刘劭用“九征”加以概括。所谓“九征”，就是神、精、筋、骨、气、色、仪、容、言九种身体表征，它们反映了人材素质的真实情况，是确定人材种类名号的依据。他根据人们"九征"的完善程度,将人材定为不同层次与不同类型。九征中有一征完美,是偏材;九征皆完美,是圣人。在《人物志·八观》介绍的八种观人方法中,有一种属九征观人法:"观其至质以知其名。是故骨直气清,则休名生焉。气清力劲,则烈名生焉……是故观其所至之多少,而异名之所生,可知也。"

关于社会行为。它在人材之"形"中占有更重要的位置,因为人的性格才能,更多地通过行为活动表现出来。在《人物志·八观》中,有七观是考查行为的方法,包括言谈、举止及社会活动等等,甚至包括了历史活动的调查和心理测试。总之,综合所有方法,全面考查人的各种行为。刘劭认为,这是获得人材真实性质、正确定名的必由之路。

第二,人材的使用——辨名。

人材的名号作为概念,有其特定的内涵和外延,反映了人材的性质和应用范围。因此,比较、分析人材名号之间的关系,实际上是研究各种人材性质的异同优劣长短,从中可以发现人材使用的规律。这个问题,刘劭《人物志》中有许多篇作了专门探讨,其中《英雄篇》表现得最典型。请看:

> 是故聪明秀出谓之英,胆力过人谓之雄,此其大体之别名也。若校其分数,则牙则须。各以二分,取彼一分,然后乃成。何以论其然?夫聪明者,英之分也,不得雄之胆,则说不行;胆力者,雄之分也,不得英之智,则事不立。是故英以其聪谋始,以其明见机,待雄之胆行之;雄以其力服众,以其勇排难,待英之智成之;然后乃能各济其所长也。

很明显，刘劭将“英雄”这一个名号看作是“英”与“雄”两个名号的结合，并且最终由聪、明、胆、力四种要素组成。“聪”和“明”属于“英”材的名分（外延之内），“胆”和“力”属于“雄”的名分。要成为“英”材，则除了需要“聪”、“明”本分外，还要再加上“雄”材中的“胆”；“雄”材亦然，除本分外，要加上“英”材中的智慧。因此，“英”和“雄”两个“名分”之间在逻辑外延上就出现了互相交叉关系。所谓“校其分数，则牙则须”，就是比较分析名分之间的逻辑关系。可以说，整个《英雄篇》就是通过各素质名号之间逻辑关系，根据英雄素质多寡，确定不同的名号，辨析其中规律，总结出了英与雄，即文武两个系统人材的递变规律。试举其对雄材系统的分析：“若力能过人，而勇不能行，可以为力人，未可以为先登。力能过人，勇能行之，而智不能断事，可以为先登，未可以为将帅。”

通过以上对《人物志》形名学方法的简单介绍，我们可以窥见曹魏前期学术界形名辨析的复杂程度以及所达到的逻辑深度，也就能够理解史书上为什么称这一方法的运用为“校练名理”或“精练名理”。所谓校练、精练都是指这种分析、比较、综合的逻辑过程而言，思维水平还是相当高的。

去掉形名学的人材学形式，抽出思维形式考查则不难看到，刘劭《人物志》关于人材鉴识的定名与人材使用的辨名，其实就是魏晋形名学的两个逻辑层次：“校实定名”方法和“辨名析理”方法。下面，结合其他资料予以分析：

（一）校实定名方法，简称名实法，或形名方法。这一方法最重要的三个范畴是“名”、“形”、“实”。名，是指事物的名称；形，是指事物的现象；实，是指事物的真实状况。魏晋人认为，三者的正确关系是：事物的“实”通过“形”表现出来，而“形”则直接决定了名的产生。徐干的理论很有代表性。他说：“名者，所以名实也，实立而名从之，非名立而实从之也。故长形立而名之曰长，短形立而名之曰短。非长短之名先立而长短之形从之也。”①不难看出，在徐干看来，名与实之间存在一个中介，就是“形”。中国古代思维的最大特点是形象。人们认为名号是对事物形状的直接描述。这种观念，决非徐干所独有，可以说在当时思想家的论述中屡见不鲜。魏晋人伪造的形名学专著《尹文子》一书也宣称：“名者，名形也；形者，应名者也。”由此可见，当时思想界认为，“形”是沟通名与实之间联系的唯一途径，或者说，辨形是定名求实的唯一手段。

（二）辨名析理方法，简称名理方法。所谓辨名析理，就是指通过比较概念的异同，研究概念之间的联系，以达到分析事物规律的目的。名理方法是在名实方法基础上的发展。从内容上看，名实方法侧重解决事物的概念和本质之间的关系问题，而名理方法则在此基础上进一步探求事物的规律及与它事物的关系问题。因为这一方法的特点，是反复地从不同角度比较概念内涵，并且研究概念外延之间的逻辑关系，所以史书常常称之为“校练名理”或“精练名理”。②嵇康所著的《明胆论》、《声无哀乐论》都是辨名析理的范文。在《明胆论》中，嵇康辨析了“明”（智慧）与“胆”（勇气）两种人

① 徐干：《中论·考伪》。
② 《三国志·魏书》卷二十八《钟会传》。

材素质的关系,通过比较两者实质的不同,得出了“明”与“胆”不能相生的论点。在《声无哀乐论》中,他比较了“声”与“心”的关系,指出了音乐与感情载体“心”之间无任何实质性联系,推导出了“声无哀乐”的命题。

以上是形名方法的两个层次,作为学术方法,两者是可以独立运用的。在魏前期,侧重于通过校实定名去建立法制,选拔人材;魏后期,即正始之后则侧重于运用辨名析理方法去构建哲学体系。然而作为逻辑思维的分析推理过程,两者则是不可分割的,任何一种具体的论证过程都不可避免地同时运用这两种方法。王弼说得好:“夫不能辨名,则不可与言理;不能定名,则不可与论实。”[①]《尹文子》的作者也领悟到了,他说:“有形者必有名,有名者必有形。形而不名,未必失其方圆黑白之实;名而无形,不可不寻名以检其差……形以定名,名以定事,事以检名,察其所以然,则形名之与事物,无所隐其理矣。”上文中,形、名、实、理四者的关系一目了然:事物的“实”产生了“形”,而“形”则决定了“名”,同时,也可以用“名”来检验“形”,以达到符“实”的目的。在这种反复的辨析中,事物的规律——“理”也就自然地被揭示出来。这正是魏晋名学的基本路数。

王弼贵“无”论玄学体系,就是运用形名学的上述方法,创造性地继承并改造了汉代宇宙生成论的积极成果,成功地完成了贵“无”人材哲学提出的历史课题。

汉代宇宙生成模式虽然非常烦琐,却可以从形名角度如此简化:太易、太始、太素、太极等,可视为“无形”;天地

① 王弼:《老子指略》。

万物,可视为“有形”;显然,可以得出“无形生成有形”这样一个简单结论。早在东汉末年,随着理性主义思潮的兴起和儒道融合的发展,汉代宇宙生成论开始向自我否定的方向转化,郑玄对易纬的注解集中反映了这一变化。尽管郑玄并没有突破宇宙生成论的藩篱,但是由于他指导思想上的理性主义因素和注重义理的学术方法,并用《老子》解《易》,使他的宇宙生成学说具有向玄学本体论方向发展的趋势,为玄学的形成准备了更直接的思想资料。例如他改造了易纬关于太易、太初、太始、太素的说法,从形名角度划归为“无”与“有”两个阶段:第一,太易阶段没有任何有形物质,“以其寂然无物,故名之为太易”[①]。由于它无形无状,故简称为“无”,“太易无也”[②]。第二,太初、太始、太素阶段是元气孕育天地万物的过程,统称为“太极”,是“淳和未分之气也”[③],虽然仍视之不见,但毕竟是有质料可形容的原始混沌,所以可简称为“有”,“太极有也”。因此,太易与太极(太初、太始、太素)的关系被抽象为“无”与“有”的关系。“太易无也,太极有也,太易从无入有。”[④]

毫无疑问,郑玄的学说仍属于宇宙生成论范畴,他笔下无形质的“太易”与有形质的“太极”(太初、太始、太素),都是指存在于天地万物产生之前的宇宙本根,与王弼学说不可同日而语。但是这种从无形与有形的形名角度观察分析宇

① 《周易乾凿度》郑玄注。
② 《周易乾凿度》郑玄注。
③ 《周易·系辞》郑玄注。
④ 《周易乾凿度》郑玄注。

宙生成过程,并最终以"无"与"有"简化表达的思路,对王弼创建本体论宇宙哲学,无疑具有启迪作用。

总之,汉代宇宙生成论从形名角度简化的思路与汉魏之际人物品评中形成的形名逻辑规则,在王弼的形名学中合流,成为他构建玄学体系的基本框架。

王弼十分明确地宣布他是严格按公认的形名方法构建其理论体系的。他说,"凡名生于形,未有形生于名者也"[①],是指"校实定名"方法;他又说,"夫不能辨名,则不可与言理;不能定名,则不可与论实也"[②],指"辨名析理"方法。的确,王弼不仅声明自己严格按形名学规则讨论问题,而且在其所有著作中,全部是运用严格的名辨规则进行的,下面我们通过几个例子看王弼是怎样运用这两个方法建立哲学体系的。

首先,他用形名学方法将《老子》中的"道"变为"无",将万物变为"有",他说:"无形无名者,万物之宗也。不温不凉,不宫不商,听之不可得而闻,视之不可得而彰,体之不可得而知,味之不可得而尝。故其为物也混成,为象也无形。"[③]王弼对"道",从听、视、体、味几个方面去辨知,得到的结果是无形,因为"名号出乎形状",而"道"是无形的,所以"道"也就无名了,无形无名的简称就是"无",因此"无"就成了宇宙本根"道"的不是名的名了。同时,万物表现为有形有名,因而可以简称为"有"。这样一来,道与万物的关系就从形名角度转变为"无"与"有"的关系。王

① 王弼:《老子指略》。
② 王弼:《老子指略》。
③ 王弼:《老子指略》。

弼这一手法对其哲学体系的建立十分重要，因为以此为基础，《老子》中的“道生万物”的思想，便被顺利地从形名角度转换为“无生有”，“无”既然生了“有”，当然是“有”的“本”了。至此，王弼推出了他的第一个宇宙哲学之理——“以无为本”①。同样，他将《老子》中关于万物使用“道”才能发挥自身效益的思想，从形名角度转换为“有以无为用”，推出第二个宇宙哲学之理“以无为用”，为其最后证明“君主无为”之理奠定了哲学基础。这些思想，在第三章中还要全面展开讨论。

再者，王弼用辨名析理方法对“圣”、“智”等概念进行了辨析，他指出，“圣”的内涵是能察觉细微的事物，“智”的内涵是能侦察出隐匿之事。他指出：“夫素朴之道不著，而好欲之美不隐，虽极圣明以察之，竭智虑以攻之，巧愈思精，伪愈多变；攻之弥甚，避之弥勤。则乃智愚相欺，六亲相疑，朴散真离，事有其奸。盖舍本而攻末，虽极圣智，愈致斯灾。”②这就是说，用圣智去察伪只能使伪行变得更巧妙，最终不能达到天下大治。“校实定名，以观绝圣，可无惑矣。”③

由上述分析，我们可以看出，王弼正是用了名学的方法建立了其从宇宙哲学到政治哲学的完整体系。

运用形名学原理研究宇宙万物的内在本质和规律，是王弼对魏晋形名学的重要理论贡献。尽管王弼没有对形名学逻辑规则作出进一步的理论归纳和发展，但是将这一方法从人

① 王弼：《老子·四十章注》。
② 王弼：《老子指略》。
③ 王弼：《老子指略》。

材学领域提升到形而上领域,在当时的历史条件下无疑具有革命意义。它实际上是用理性主义的思维方式重新认识世界的内在本质和规律,为驱除汉代象数学的非理性思维方式扫清了障碍。

从认识论的高度观察,形名方法的鲜明特征是理性主义。形名方法要求从客观事物的现象出发,运用形式逻辑,通过现象归纳事物的属性、本质和规律。它十分重视感性经验,对超越经验的形而上领域,不像汉代象数思想家或宗教领袖那样用想象加以弥补或进行烦琐描述,而是归之为简单的"无形"。"无形"超越了感性经验,不可能确知,但是也并不神秘。将人类对彼岸世界的想象固定在现实世界所能感知的"无形"层面而不作神秘主义发挥,是王弼宇宙哲学的突出特点。例如,他将《老子》一书中的"玄"解释为"冥默无有也",将"谷神"解释为"谷中央无者也",将"神器"解释为无形无方之器等等。这种理性主义思想方法,为魏晋玄学以理性主义形象立于中国思想舞台奠定了基础。

自王弼之后,魏晋玄学家在探求宇宙万有的规律时,都表现出理性主义态度,运用名辨工具去分析各种现象。例如,向秀、郭象的《庄子注》都表现出这样的思想倾向。即使是相信神仙,持元气论的嵇康、阮籍,也同样运用理性的形名之辨证明自己的观点。所以,魏晋时期的玄学家,经常被誉为"善名理"。他们从经验出发,以理性主义的态度去反省前人学说,探求宇宙人生的真相。这种与清谈为表里的名学思辨,造成了注重理性思考和逻辑辨析的学术风气,对当时的文化发展产生了深刻影响,以理性思辨见长的大乘空宗之所以在这一时期迅速发展,就与玄学的思辨学风有关。至于佛家如何进行名相分析，如何从哲学理性的逻辑论辩达到宗教信仰的终极目的，则是另一个值得深入研究的课题了。

三、言意之辨

与形名之辨相比，言意之辨在王弼哲学中的地位更重要，因为这个课题的理论创新必将触动学术变革最敏感的神经——注经方法的变革。在中国古代思想发展史上，新学说的诞生往往需要新的注释经典的方法。由于儒家《六经》被视为文化之源、价值之源和智慧之源，具有不可动摇的权威地位，所以，自西汉开始，历代思想家创作符合本时代需要的理论时，往往通过注释经典的途径表达自己的新意。早期玄学创始人王弼面临的仍是同一性质的任务，即寻找一种可以充分输入自己见解的注经工具，这种工具终于被找到了，它就是“言意之辨”。

“言”指语言，“意”指用语言表达的思想。研究语言与所蕴含思想之间的关系，就是“言意之辨”。《周易·系辞》这样解释易经中的卦爻辞(言)、卦爻象(象)和卦爻象蕴含的意思(意)三者之间的关系：“子曰：书不尽言，言不尽意。然则圣人之意，其不可见乎？子曰：圣人立象以尽意，设卦以尽情伪；系辞焉，以尽其言。”《易·系辞》中的这段话大意为：“言”尽管不能尽“意”，但是“象”却是可以“尽意”的。这段文字是局限于《易》中言、象、意三者的关系而发，在其产生后的几百年岁月中，并没有引起充分重视，更没有被上升到一般方法论的高度去理解。在汉魏之际，这段话却被重新“发现”，并被赋予了新的时代内容和一般方法论的意义，成为早期玄学的重要理论武器。

据欧阳建《言尽意论》透露，“言意之辨”作为一种治学方法，似乎首先产生于汉魏之际的人物批评活动，并且以“言不尽意”的形式出现：“世之论者，以为言不尽意，由来尚矣，至乎通才达识，咸以为然。若夫蒋公之论眸子，钟傅之言才性，莫不引此以为谈证。”[①]从这段引文看，“言不尽意”在蒋济、钟会、傅嘏活动的曹魏中期，已在社会上广为流行，“由来尚矣”，并作为论证的大前提存在，“引此以为谈证”。这说明，该论被重新运用要早于曹魏中期，很可能产生于汉魏之际的人物批评过程中。当时，人物品评的考查重点开始由外在行为规范转为内在精神，而对内在精神的描述，则是一般语言所难以胜任的，即使今天，我们在表述一个人的内在气质或精神特征时，语言也不可能完全表达自己的感受，当时的批评家可能由此而运用“言不尽意”论去弥补人材评论中思想与评语之间的差异。欧阳建《言尽意论》所提到的蒋济、钟会、傅嘏三人的人物品评实践活动，大概都是遇到了这一性质的难题。

蒋济是当时著名的人物批评专家，据说，他对人的眼神很有研究，“中护军蒋济著论，谓‘观其眸子，足以知人’”[②]。蒋济所著的“论”不知为何名目，但观其《万机论》的佚文，可见其的确对人物鉴识下过一番工夫。如他评论樊子昭和许文休的材质优劣时说：“子昭诚自幼至长，容貌完洁，然观其

① 《艺文类聚》十九引欧阳建《言尽意论》。

② 《三国志·魏书》卷二十八《钟会传》。

锸齿牙，树颊胲，吐唇吻，自非文休之敌也。”[①]他对人物眼睛的功能很有研究，“士有定形，二人察之，有得失，非苟相反，眼睛异耳。”[②]这段引文虽是对观察者眼力的评价，但也说明蒋氏对眼睛的重视。注重人物的眼神，是汉魏之际人物品评的重要特点之一。刘劭在《人物志·九征篇》中对这种鉴识方法的重要性和困难性发表了看法：“征神见貌，情发于目，故仁，目之精，悫然以端；勇，胆之精，晔然以强……五质内充，五精外章，是以目彩五晖之光也。”刘劭虽然强行描述了几种眼神，却很难完全用语言表达出自己的意思。蒋济论“眸子”可能也遇到了类似难题，只得借助“言不尽意”来自圆其说。其实对人物眼神的描述的确是一种建立在经验基础上的直观把握，是非逻辑、非理性的，很难用准确的语言表述。

钟会、傅嘏都是人物品评大师，属于才性四本论中的人物，由于他们的才性理论，涉及到气质与才能的关系这个非常复杂的问题，所以他们二人也以“言不尽意”作为对难言之域的遁辞。

值得注意的是，傅嘏对“言不尽意”的运用，并不仅限于才性这一论战。景初二年，刘劭《考课法》出笼后，魏明帝诏公卿评论之，傅嘏反对该法，其理论根据是：“盖闻帝制宏深，圣道奥远，苟非其才，则道不虚行，神而明之，存乎其人。暨乎王略亏颓而旷载罔缀，微言既没，六籍泯玷

① 《三国志·蜀书》卷三十七《庞统传》注引蒋济《万机论》。
② 《太平御览》三百六十六引蒋济《万机论》。

……”[1]就这段话来看,他似乎认为先王治国的根本道理没有用语言表达出来,“微言既没,六籍泯玷。”也就是说,六经没有完全表达出圣人的意思。傅嘏的这层意思尽管表述得比较含糊,但仍可以看出是“言不尽意”论的发展,这种发展似乎开始越出了人物批评的范围。

荀粲是第一个将“言不尽意”论重新引向经学领域的人物。荀氏家族的学术思想比较保守,是象数学的旧路子,荀粲是从这个传统儒学家族中杀出的一个思想叛徒。当时,随着人材理论的深入研究,思想界已经开始全面反省东汉以来的哲学理论,对儒家六经的重新解释已提到议事日程。而人物批评中被重新发现的“言不尽意”论,又为这种解释提供了现成的武器。这个任务,历史地落到了荀粲身上。鲁迅先生说,从旧营垒中走出的人,更能看出其中的弱点,容易给予致命的一击。荀粲深受旧经学的熏陶,对它的弊端和致命点当然了如指掌。对人性与天道研究薄弱是六经的一大缺陷,荀粲的进攻首先从此开始。他通过对《周易》言、象、意三者关系的分析,证明了“六经是圣人糠秕”,并且进而得出了《周易》中的言象不能表达圣人微言大义的革命性结论。

> 粲字奉倩。粲诸兄并以儒术论议,而粲独好言道,常以为子贡称夫子之言性与天道,不可得闻,然则六籍虽存,固圣人之糠秕。粲兄俣难曰:“《易》亦云圣人立象以尽意,系辞焉以尽言,则微言胡为不可得而闻见哉?”粲答曰:“盖理之微者,非物象

① 《三国志·魏书》卷二十一《傅嘏传》。

之所举也，今称立象以尽意，此非通于意外者也；系辞焉以尽言，此非言乎系表者也；斯则象外之意，系表之言，固蕴而不出矣。”及当时能言者不能屈也。①

从上文看，荀粲并不是认为，《易》中的言、象根本不能反映圣人的思想“意”，而是能够表达圣人之“意”的。但是这种能够表达的意，是在《周易》的言象中所明确限定和固有的。至于圣人没有准备在《周易》中阐述的“意”，则是通过《周易》的言象所不可能窥知的，“今称立象以尽意，此非通过意外者也；系辞焉以尽言，此非言乎系表者也，斯则象外之意，系表之言，因蕴而不出矣。”这种卦爻象之外的意，系辞之外的言，就是“理之微者”，即性与天道。对这种意，圣人根本就没有在六经中表述。六经也因为没有反映圣人关于性与天道的“微言”而被称为糠秕。很明显，荀粲的“言不尽意”是指圣人未发之言，对经典中的言意关系，荀粲仍持“言尽意”论。

人性论与天道观是当时哲学的中心问题，荀粲的“言不尽意”论，实际上否定了六经的哲学价值。汉儒认为圣人的典籍完全表述了圣人的思想，根本不存在言不尽意的问题。在这种思想指导下，汉儒对六经章句竭尽附会之能事。割裂文义，强行解释经文，而且越来越烦琐，引起了思想界的反感。荀粲指出六经没有表达圣人的深奥哲理，在当时，确有振聋发聩的作用。但是，荀粲的观点看起来激烈而彻底，实际上

① 《三国志·魏书》卷十《荀彧传》注引何劭《荀粲别传》。

对新学说的建立是无益的。当时的中国思想界不可能绕开六经前进，只能通过六经前进。否认六经的学术意义，是很难被社会所接受的。当然，荀粲的历史使命并不在于创立新方法，而是在于破坏旧方法。建设性的任务，则是由天才少年王弼完成的。

无论从理论形态的完整性，还是从在当时的影响看，王弼的言意观点比荀粲大大迈进了一步，标志着玄学注经方法的质的飞跃。王弼的言意理论主要表现在他的《周易略例·明象篇》中。他成功地融儒家"言不尽意"、"立象以尽意"和道家的"得意忘言"于一炉，把几个看起来似乎矛盾的命题有机地结合在一起，构成了他崭新的儒道融合的玄学言意观。尽管王弼这篇文章是针对《易经》中卦辞、爻辞与卦象、爻象以及圣人立卦之意三者的关系这一具体问题而作，但仍有一般方法论的意义。下面，为了更清晰地了解这一理论的内容，我们按其内在的四个逻辑层次(也是王弼行文中的顺序)分解阐述，所引资料不注明出处者均出自王弼《周易略例·明象》。

第一个层次："夫象者，出意者也。言者，明象者也。尽意莫若象，尽象莫若言。言生于象，故可寻言以观象。象生于意，故可寻象以观意。意以象尽，象以言著。"就是说，周易的三要素：言(卦爻辞)、象(卦爻象)、意(圣人作卦的意思)三者之间存在一种递进的生成关系，因而也就有一种递进的表达关系。即"言"能表达"象"，"象"能表达"意"。所以，可以通过"言"、"象"去认识"意"。王弼在这一层次中主要表达的思想是强调言象产生于"意"，所以能表达"意"。

第二个层次:“故言者,所以明象,得象而忘言;象者,所以存意,得意而忘象。犹蹄者(捕兔之具),所以在兔,得兔而忘蹄;筌者(捕鱼之具),所以在鱼,得鱼而忘筌也。然则,言者,象之蹄也。象者,意之筌也。”王弼是说,言辞(卦爻辞),是为了说明象(卦爻象)的,借助言辞明白了象就不要再执著于言辞;象是为了表达圣人之意的,借助象懂得了圣人之意,就不要再执著于象,“忘”即不要执著。王弼引用了《庄子·外物》中的蹄筌之喻,指出设置蹄筌之目的在于获得兔鱼,因此不可执著于蹄筌而忽视目的。他又强调,就像蹄筌是得到兔鱼的必由工具一样,言象是获得圣人之意的唯一途径。王弼在这一层次中所讲的重心,是强调言象是得“意”的工具。

第三个层次:“是故存言者,非得象也;存象者,非得意者。象生于意而存象焉,则所存者乃非其象也;言生于象而存言焉,则所存者乃非其言也。”王弼进而指出,不但执著卦(爻)辞就不能理解卦(爻)象,执著于卦(爻)象就不能得到圣人之意,而且你所执著的“言”、“象”也完全失去了它们存在的意义,也就不再是“言”、“象”了。王弼的这层意思可以用一个不太确切的比喻说明之:比如某种工具之所以成为其工具(存在价值),就在于能完成某项工作,如用筷子去吃饭,用刀子割物体等等。假若人们永远不用工具去作工,那么工具也就不成为工具,而只能看作是一堆废铜烂铁或观赏之物。同样,言是明象的工具,象是得意的工具,若仅局限于“言”、“象”本身,那么“言”、“象”也就失去了自身存在的价值和意义,而成为没有作用的符号或标记,这就是“非其象”和“非其言”的含义。在这一个层次的论述中,王弼使用的是反证方法，他的重点在于强调，如果执著言象，则会使言象失去原来的意义。

第四个层次："然则，忘象者，乃得意者也。得意在忘象，得象在忘言。故立象以尽意，而象可忘也。重画以尽情，而画可忘也。"很明显，王弼认为，只有不执著于言象，不停留在言象阶段，才能得"意"。在得意的瞬间也就忘掉言象。对于王弼的这一层含义，当代学术界在认识上存在不少差异，有些学者认为，王弼的意思是在讲，只有不要言象，才能得"意"。其实，这种理解是缺乏根据的。王弼这层意思仍是说，只有不执著言象，才能得意。王氏的这层意思与前面三层意思浑然一体，他第一层意思讲言象可以表达"意"；第二层讲言象是获得"意"的必由之路；第三层讲执著于言象是错误的；第四层含义则讲，不执著于言象才能得"意"。由此可见，王弼根本没有提出所谓不要言象就能得"意"的观点，"得意在忘象"是指在言象的基础上对言象的超越。

王弼在《周易注》中，没有离开言象直接阐发义理，传统观点关于王弼不顾言象空谈义理的说法没有根据。以此先验之见去理解王弼的《明象》中言、象、意三者的关系，是误解产生的原因。其实，王弼所扫之象，仅限于汉儒的附会部分。汉儒解《易》重象数，用大量天象和历数去附会易象，结果是烦琐芜杂，王弼所扫的正是这些内容。这也是他反复强调不要执著于言象的原因。

是故触类可为其象，合义可为其征。义苟在健，何必马乎？类苟在顺，何必牛乎？爻苟合顺，何必坤乃为牛？义苟应健，何必乾乃为马？而或者（或

> 即惑)定马于乾，案文责卦，有马无乾，则伪说滋漫，难可纪矣。互体不足，遂及卦变；变又不足，推至五行。一失其原，巧愈弥甚，从复或值，而义无所取，盖存象忘意之由也。忘象以求意，义斯见矣。①

王弼的意思很清楚，他举例说，卦义是刚健，不一定非用马来象征不可(马一般象征刚健)；卦义是柔顺，也不一定非用牛来象征不可(牛一般象征柔顺)。汉代象数易学家则不然。他们在解释《周易》时，如果卦辞中有“马”字，则一定要在卦象中找到象征刚健的乾卦。而卦象上下经卦中没有乾卦时，则不得不强行解释，生造出上下经卦所不具有的其他卦象来，比较常见的是，用互体、卦变等方法去附会文辞。于是伪说滋漫，或谈互体，或讲卦变，乃至五行。结果是牵强附会，大失周易之本义。王弼针对这种弊端而提出了“忘象以求义”，所谓忘象就是不要拘泥于象，就像过河需要过桥一样：过河时，不要在桥上徘徊；过了河以后就不必再去考虑桥。

王弼的言意观属于言尽意论，还是言不尽意论呢？这个问题比较复杂，不可笼统而论。我认为，两种因素都存在，属于回答两个不同层次的问题。

从《周易略例·明象》看，王弼属于言尽意论，他明确指出，“言以象尽，象以言著”，虽然言与意之间存在“象”这个中介，但仍可以通过“寻言以观象”，而达到“寻象以观

① 王弼《周易略例·明象》。

意”的目的。但是，需要指出，王弼在这里是针对《周易》（包括六经在内）中的具体语言与这个具体语言所反映的思想而发，并不是说圣人在经典中表达了他所有的思想。王弼认为，圣人有些思想并没有准备在其经典著述中公开表达（或者说无法表达）。如他与裴徽之间的那段著名的谈话就涉及到了这个问题。他认为“圣人体无，无又不可训，故不说也”[①]。大意为：“无”这个抽象本体无法用语言表达，所以圣人虽然“体无”，懂得“无”的含义，但是根本没有正面论述这个问题。这就是说，圣人的著述基本上没有反映出圣人的这一层意思。这是圣人没有准备说，实际也无法说出的意思。从这个意义上看，王弼又认为儒家经典是“言不尽意”的。

上述材料为我们揭示了王弼思想中关于“意”的两个层次：

第一，表达有形世界，包括定义解释天地万物和礼乐刑政人事方面内容的“意”。这种“意”完全可以用语言“名”去把握、定性。“名也者，定彼者也。”“名号不虚生。”[②]这种“意”，已经由圣人用语言形式遗留在六经中，可以通过“寻言以观象”、“寻象以观意”和“得意忘象”等途径获得。这就是王弼“言尽意”论的范围。

第二，表达无形之物，即抽象本体“无”的“意”。这种“意”则不可能完全用语言去把握、定性。因此，圣人无法在其著作中表达，所以，六经也就没有尽圣人之意。王弼对《论语·阳货》中“子曰：‘予欲无言……’”一段的解释为：“予

① 《三国志·魏书》卷二十八《钟会传》注引何劭《王弼传》。
② 王弼：《老子指略》。

欲无言,盖欲明本。举本统末,而示物于极者也。”这说明,圣人对本体“无”也无法解释,只能是“无言”。那么,描述本体“无”的著作是什么呢?王弼认为是老子。尽管老子是“有”,没有圣人规格高,但是他却全面地描述了“无”。当然,王弼并不认为老子能完全解释“无”,相反,他认为老子也无法用语言去定义“无”,只能用“道”、“玄”、“大”、“深”、“微”、“远”等语言形容之,而这些语言“各有其义,未尽其极也”。宇宙本体只能意会,不能言传,这是王弼“言不尽意”的立论基础。

王弼言意观的两个层次的内涵(或内在矛盾)与其名理方法的两个层次是完全吻合的。名理学的三个基本要素是名、形、实(理);言意观的三个基本要素是言、象、意。名理方法将事物分为有形与无形两个层次,对于有形事物来说,可以通过观形定名达到得实(即得理)的目的,但是对于无形事物则无法用观形定名去求实。显然,言意之辨的两个层次与名理学的两个层次完全一致。以下,我们列表说明之:

对象 方法	现象世界		
名理学	有名	有形	有体
言意观	有言	有象	可尽意

对象 方法	宇宙本体		
名理学	无名	无形	无体
言意观	无言	无象	不可尽意

在王弼的意识中,名理方法与言意方法的区别在于它们分别适用于研究世界过程中的两个思想阶段。名理方法适用于主体直接研究客体的阶段,它是解决主体怎样考察认识客体的方法问题;言意方法适用于主体自身的领悟和表达阶段,即主体的思想是否能表达出客观对象,以及怎样表达的问题。

王弼的言意理论,可以解决当时面临的两个重要的认识论方面的问题。一是当代思想家遇到的语言与思想之间的矛盾,主要表现在人物批评活动中对人物性格气质等现象的难言之苦。二是儒道经典的词句与玄学新思想之间的矛盾,即如何重新解释儒道圣贤思想,使之为现实服务的问题。毫无疑问,王弼的言意理论是为了解决后一难题而发。

正始时期,儒道融合的历史趋势已经形成,人物批评中所产生的"贵无"论席卷了思想界,儒道著作的重新解释已成为重要的时代课题。当时所面临的困难是,儒、道经典之间存在着明显的差异:儒家六经基本上没有涉及"无"和"道"之类本体论方面的内容,而道家著作《老子》中关于"道"的论述却连篇累牍。当时,儒家的地位和影响并没有从根本上动摇,其礼乐刑政方面的学说仍是人们生活实践的基本教条。再者,早期玄学流派的人物又大都是儒学世家,他们从感情上也不可能弃儒从道,况且他们也不想弃儒从道。裴徽向王弼的提问就反映了当时思想家们对儒道著作的差异所表现的茫然心情。"夫无者诚万物之所资,然圣人莫肯致言,而老子申之无已者何?"①

荀粲对儒道著作差异的解释流于偏激。尽管他承认六经表达了圣人之意,但又指出因为其中圣人没有表达性与天道的微言大义,所以是"糠秕",这种观点显然难以被思想界接受。相反,王弼的言意观则比较妥善圆满地解决了这个问题。他认为,圣人"体无",由于"无"无法用语言表达,所以在著作中基本上没有正面论述。然而,六经却表达了圣人除本

① 《三国志·魏书》卷二十八《钟会传》注引何劭《王弼传》。

体论以外的思想,并不是“糠秕”,仍需要研究。老子没有“体无”,但却在著作中描述了“无”,因此《老子》一书是认识“无”的重要途径。王弼的理论,一方面将儒家地位尊于道家,但又将道家著作的位置尊于儒家六经。这样,既保住了儒家的传统地位,又将道家著作提到经典的重要地位,为儒道的顺利融合奠定了理论基础。

综上所述,王弼言意观中的二重含义在当时具有重要意义:言尽意论肯定了儒道经典存在的合理性和必要性,它们都是思想家认识真理的途径;言不尽意论又指出了它们的局限性,也就是说它们没有,也不可能完全表达圣人的思想。那么当时的思想家用什么方法去研究儒道经典呢?这是一个非常迫切的任务。王弼的言意观如果仅仅停留在这个层次,那么他至多只完成了一半任务。王氏没有停止在这个层次,他找到了一条“正确”认识经典的方法,即“得象忘言”的方法,解决了“言尽意”与“言不尽意”的矛盾,迈出了关键性的一步。可以说“得意忘言”是其言意观中最具有革命意义的一环。

“得意忘言”的思想基础是“言尽意”和“言不尽意”论。因为经典有“言尽意”的一面,因此“寻言以观象”,“寻象以观意”;同时,又因为经典是“言不尽意”的,所以,又不能执著于言象,要“得意忘象”、“得意忘言”。王弼解释言象与意之间关系为工具和目标的关系,他认为言象仅仅是表达思想的工具,因而,也是人们认识圣人思想的工具。“言者,象之蹄也;象者,意之筌也。”工具不同于目的,目的达到了,工具则不必执著。“犹蹄者所以在兔,得兔而忘蹄;筌者所以在鱼,得鱼而忘筌也。”显然,王弼是在呼吁当时的思想界,不要拘泥于经典的个别词句，而是要能动地驾驭这些辞句，去理解圣人的思想。毫无疑问，这种方法为玄学家利用儒道经典阐述符合时代需要的新思想打开了方便之门。

事实正是如此，王弼以“得意忘言”为武器，高屋建瓴、势如破竹地发动了一场经学革命，它表现在以下两个方面：

第一，扫除了汉儒拘泥于文辞，牵强附会的旧文风。比如上文中所讲的王弼对《周易》注释方法的改造。又如他在《论语释疑》中对文义难通的词句作了“得意忘言”的解释。《论语·宪问》说：“子曰：‘君子而不仁者有矣夫，未有小人而仁者也。’”孔安国注为：“虽曰君子，犹未能备也。”孔安国的解释是说君子仍可以不仁，这种解释与孔子的一贯思想冲突。王弼则释为：“假君子以甚小人之辞，君子无不仁也。”这种解释，比较符合孔子《论语》中的一贯思想。

第二，以玄学的贵“无”论改造儒道典籍。这主要表现在对《老子》“道”的解释。他在《老子指略》中批判了汉人对《老子》的注释方法。“然则《老子》之文，欲辨而诘者，则失其旨也；欲名而责者，则违其义也。”因此要得意忘言。王弼用“无”解释了老子的“道”。这个“无”是一个表现为无形而实为全有的宇宙本体。它不再和儒家礼教冲突，而是儒家礼教得以存在和发挥作用的母体。王弼对儒家著作也没有完全放过，尽管他也承认儒家经典中没有正面论述“道”“无”，但对于圣人没有讲的本体论内容，他也尽可能地加以发挥。《易·复卦》彖辞说：“其见天地之心乎。”王弼的解释为：“复者，反本之谓也……然则天地虽大，富有万物，雷动风行，运化万变，寂然至无是其本矣。”他在《论语·释疑》中，对孔子笔下的“道”字大都作了“得意忘言”的发挥。比如对《论语·述而》中“志于道”一句解释为：“道者无之称也，无不通也，无不由也，况之曰道，寂然无体，不可为象，是道不可体，故但志慕而已。”他对《论语·里仁》中孔子说“吾道一以贯之哉”的解释为：“夫事有归，理有会。故得其归，事虽殷大，可以一名举；总其会，理虽博，可以至约穷也。譬犹以君御民，执一统众之道。”王弼对同篇曾子“夫子之道，忠恕而已矣”的解释则为：“未有能全其恕而不尽理之极也。能尽理极，则无物不统。极不可二，故谓之一。”“一”这个范畴，在王弼的哲学词汇中与“无”近似。

应当看到，正始时期的玄学家尽管已开始融合儒道，但是他们远没有像两晋南朝的玄学家那样不顾儒道经典本身的差异而全面地任意发挥。从总的倾向看，正始名士的贵无论思想一般侧重于到道家著作中去开拓，对儒家著作还没有进行改头换面的彻底改造，而是发挥一些关于礼乐刑政方面的思想内容。在这一思想层次，正始时期的玄学家与儒家本来也没有根本的冲突。比如何晏的《论语集解》一书，能够体现道家倾向的地方并不多见。又如王弼的《老子注》与《周易注》似乎出自两个人之手，表现出不同的思想倾向。正始玄学的儒道融合刚刚在开始，玄学们还承认两家著作的基本差异，并没有不顾原著本义而歪曲，这种现象与正始玄学言意观点的二重性有关。正由于这一指导思想，所以正始时期玄学家注释的儒道经典，可以在玄风消失后儒家重新占有统治地位的中国封建社会中后期仍作为官方的标准注本出现。王弼的《周易注》和何晏的《论语集解》均在唐朝被定为官方标准注本，后来又被作为范文收入《十三经注疏》中。

王弼的言意观，尤其是被他“重新”开掘的“得意忘言"思想，对魏晋玄学的发展产生了深远影响。竹林名士、中朝名士及江左名士大都以此作为思想武器注解儒道经典或阐发自己的思想。嵇康《声无哀乐论》即以此为立论根据："能反三隅者得意之言。"嵇叔良称赞阮籍为"得意忘言，寻妙于万物之始"[①]。郭象的《庄子注》更是如此，他对《庄子》一书中的难以发挥之处，往往采取寄言出意的方法。他在《庄子·逍遥游》中对鲲鹏的解释为："鹏鲲之实，吾所未详也。夫庄子之大意，在乎逍遥游放，无为自得，故极小大之致，以明性分之适。达观之士，宜要其归而遗其所寄，不足事事曲与生说，自不害其弘旨，皆可略耳。"东晋名僧支道林也染上了这种风气，以此解释佛理："遁每标举会宗，而不留心象喻，解释章句或有所漏，文字之徒多以为疑。谢安石闻而善之，曰：'此九方皋之相马，略其玄黄而取其俊逸。'"[②]

可以说，我们在魏晋文献中所时常遇到的所谓"寄言"、"忘言"、"假言"、"权教"、"假数"等等不同术语，都是"得意忘言"的变形。魏晋玄学正是通过这个方法不断重新解释儒道经典，使新理层出不穷，开始了一个自由标新立异的时代。

四、本末体用之辨

哲学家在构建思想体系时固然需要用多种学术方法以解决不同方面不同性质的问题，但是其中必有一种是起主导

① 《全三国文》卷五十三引嵇叔良《阮嗣宗碑》。
② 《世说新语·轻诋》注引《支遁传》。

作用的，它应与该哲学的内在结构相一致。这种起主导作用的方法，同时也是世界观，换句话说，是哲学家观察世界的基本哲学观点。从前两节所介绍的学术方法看，形名之辨侧重于逻辑思维形式和理性主义方面，言意之辨则为通过儒道经典发挥玄学新义打开方便之门。这两种方法尽管也是不可忽视、不可缺少的，但它们毕竟与王弼贵“无”本体论哲学的内在结构无直接联系，因而不居主导地位。在王弼哲学体系中占主导地位的学术方法，其实就是“本体论”哲学本身，即以本末体用眼光观察一切现象，透过现象抓本质。

用“本末”“体用”眼光观察事物，不仅是王弼玄学新思维之关键所在，而且也是魏晋新学底蕴所在。从文化风貌着眼，人们常说汉代“滞重”而魏晋“空灵”。所谓“滞重”，是说汉人思想多就事论事，停留在感性现象的表层，用象数思维去解释现象之间的外在联系；所谓“空灵”，是说魏晋人的思想不满足于具体现象的表面的外在联系，而能从个别上升到一般，透过现象抓本质，达到更高层次的总体性把握。显然，文化现象背后的变革是思维方式的变革，即从象数思维向本体思维的变革，王弼的“本末”“体用”方法正是这一历史性巨变的转折点。

王弼玄学本体论世界观认为，无形无名的宇宙本根是万事万物存在发展的内在依据。有形事物的完善，是由内在无形本体的主导作用所致，所以，人类欲获得成功而寻求事物规律时，不能局限于事物现象之间的联系，而是要透过现象切入本体，按本体的性质功能行事，才能获得成功。所以从方法论看，即要求人们用“本末”“体用”观点看待一切事物。

王弼的本体论思维方法，可以进一步划分为“本末”和

“体用”两个互相联系的层次。虽然两者都强调现象背后本体的决定意义，但是认识角度、表达方式和所起作用仍有差异：“本末”方法是王弼公开打出的学术旗帜，以“崇本息末”和“执一统众”等命题反复表达，侧重强调本体对万有的决定作用和统帅关系；“体用”方法是王弼自己没有明确指出却又贯穿其全部学说中的思维主线，重强调本体与万有的统一关系，是在“本末”方法基础上的深化，也是王弼哲学的特质所在。

(一)本 与 末

所谓“本末”方法，就是将一切事物都简单划分为“本”与“末”或“一”与“众”两个对立统一的层次，简称“本末”和“一众”，两者异名同实。“本”指根干，根干只有一条，也就是“一”；“末”指枝叶，枝叶繁多，也可称为“众”。当然，“本末”与“一众”的含义也有微小差异。王弼在使用它们分析问题时，因研究对象不同，其方法表述也随之变化：当强调事物本质与现象关系时，往往用“本末”；当研究事物的主要矛盾与非主要矛盾关系时，往往用“一众”。

从王弼的三部注释性著作《老子注》、《周易注》和《论语释疑》看，他的确是有意识地运用这一学术方法重新解释儒道圣贤的思想。同时，王弼还写了《老子指略》和《周易略例》，明确介绍了他是怎样运用新方法澄清了《老子》、《周易》的“本义”。

第一，关于《老子注》。

《老子指略》是王弼系统阐述他注释《老子》一书的基本方法以及他所理解的《老子》主旨的文章。在这篇文章中，王弼首先批判了前人对《老子》一书研究的错误方法。他认为,《老子》所说的"道",是宇宙万有共同的混沌母体,具有无限丰富的内容。因此,法、名、儒、墨、杂各种学术流派都在《老子》关于"道"的论述中,发现了与自己学说一致的因素,于是将自己片面理解的"道"的某种属性,误认为就是"道"的本质,都以"得道"者自居,互相指责对方"失道"。比如,法家见《老子》讲以客观态度治国,则认为属法家;名家见其讲求真,则认为属名家;儒家见其讲纯粹的爱心,则认为属儒家;墨家见其讲俭朴,则认为属墨家;杂家见其立论不拘一格,则认为属于杂家。总之,各家都陷入片面性,"随其所鉴而正名焉"[①]。这样一来,《老子》的真义被曲解了。造成失误的根本原因是研究方法的失误。对《老子》的解释,决不能案文责句,拘泥于其中的个别论述,作孤立的理解,或者说理解的切入点不能是从枝叶"末"开始,而应首先把握其根干"本",即首先抓住其思想主旨。用现代哲学术语表达,就是由现象切入本质,抓住矛盾的主要方面。

> 《老子》之书,其几乎可一言而蔽之。噫!崇本息末而已矣。观其所由,寻其所归,言不远宗,事不失主。文虽五千,贯之者一;义虽广瞻,众则同类。解其一言而蔽之,则无幽而不识;每事各为意,则虽辩而愈惑。[②]

① 王弼:《老子指略》。
② 王弼:《老子指略》。

王弼认为,“崇本息末”是贯穿《老子》一书的主导思想。抓住了这个主旨,才能统帅、驾驭洋洋五千字的全书。《老子》一书的写作方法并非逻辑论证严密的论文,而是自由畅想的散文诗,忽而游于天地之外,忽而进入尘微之内;忽而讲战争,忽而谈亲情。深刻严肃的观点,就存在于这些挥洒飘逸的诗文之中。如果完全随老子的描述漫游,抓住个别词句不放,只能陷入繁乱而不得要领,永远无法理解这种看上去玄之又玄的哲学。然而,只要抓住“自然无为”这个思想主旨,则等于抓住了全书的灵魂。万变不离其宗,无论其说法怎样变幻,都不会迷失方向了。

王弼运用这一学术方法,将《老子》一书中“道”与万物的关系,概括为“本”与“末”的关系,认为无形无名的“道”作为本体,存在于万事万物之中,发挥着决定性作用,由此创立了宇宙本体论哲学。

第二,关于《周易注》。

王弼以《老》注《易》是学术界定论,但是学者们往往局限于从王弼《易》注的文字中去寻找支持这一论点的证据,其结果是令人失望的。王氏在《易》注中明显渗入《老子》思想的地方,只有四处:《乾》、《坤》彖,《乾》用九和《复》彖,而在其他众多的注释中,老庄的道家烙印并不十分突出。

《周易》作为中国文化的总源头,尽管有较大的包容性和随意发挥的可能性,但是,由于其卦爻辞写得十分具体,因而硬作相反的解释并不容易。况且,完全以道家哲学替代儒家义理,也不是儒道兼综的玄学家所乐于为之的事。那么,王弼援道入儒的主要特点表现在何处呢?我认为,主要表现在注《易》的基本方法上,就是将道家哲学引入注《易》方法。

《易经》本身存在着两个基本矛盾，一是卦爻象与卦爻辞之间的矛盾，二是卦象、卦辞与爻象、爻辞之间的矛盾。第一个矛盾，也就是言意问题，王弼将儒家的"言尽意、言不尽意"与庄子的"得意忘言"相结合，创立了新的言意理论，解决了这个矛盾。在此，所要重点研究的是第二个矛盾，也是最重要的矛盾。王弼对这个问题采用的解决途径是运用了"执一统众"的方法，他在其专门阐述注《易》新方法的著作《周易略例》一文中，这样写道：

> 夫众不能治众，治众者，至寡者也。夫动不能制动，制天下之动者，贞夫一者也。故众之所以得咸存者，主必致一也；动之所以得咸运者，原必无二也。物无妄然，必由其理。统之有宗，会之有元，故繁而不乱，众而不惑。故六爻相错，可举一以明也；刚柔相乘，可立主以定也。①

王弼将《易》的每一卦都划分为"一"与"众"两个层次。"一"指每卦卦象及卦辞所表达的时义，它是统帅全卦的"宗"和"主"；"众"，是指每卦的六爻及爻辞，它们处于从属地位，受时义的制约。因此，在解释易经各卦时，首先要抓住每卦卦象的时义。各爻的意义，取决于它们与时义所表达的总形势的关系。这些问题，将在第三章中专门讨论。

第三，关于《论语释疑》。

《论语释疑》是王弼解释《论语》其中难通文句的著作，

---

① 王弼：《周易略例·明象》。

原文已佚。从现存的佚文看,王弼依然是运用了"执一统众"的研究方法。请看他对《论语·里仁》中两段语录的"释疑":

(1) 子曰:"参乎! 吾道一以贯之哉!"

王弼释:"贯,犹统也。夫事有归,理有会,故得其归,事虽殷大,可以一名举;总其会,理虽博,可以至约穷也。譬犹以君御民,执一统众之道也。"

(2) 曾子曰:"夫子之道,忠恕而已矣。"

王弼释:"忠者,情之尽也;恕者,反情以同物者也。未有反诸其身而不得物之情,未有能全其恕而不尽理之极也。能尽理极,则无物不统,极不可二,故谓之一也。推身统物,穷类适尽,一言而可终身行者,其唯恕也。"

显然,王弼上文(1)中所说的"执一统众之道"和在(2)中说的"理极"属于同一性质的事物,就是"一"、"无",换句话说,就是指事物的本体。他认为,事物的条理虽然很多、很杂,但是"至约"之后,仍然是本体在发挥决定性作用。抓住了这个根本,万事万物的众多的理,也就可以用一句话来概括了,这就是以无为去顺应自然。"恕"是"反情以同物",顺应事物的自然状态,同样表现了无为精神。

(二) 体 与 用

所谓"体用",是中国哲学用来表达事物的实体与作用、本质与现象、根据与表现等关系的一对范畴，并形成了一种关于事物有体有用、体用一如的思维模式。学术界传统观点认为，“体用”作为一对哲学范围被明确提出并作为哲学思维运用，是由王弼开始的。这种观点既表现了对王弼学术新思维的真正理解，又流于粗疏。以“体用”观点分析问题，的确是王弼新学的独到之处，然而王弼并没有清醒地意识到这一点，因而没有像对待“执一统众”和“崇本息末”那样明确地归纳为“本”与“末”两个对立统一范畴，即没有明确提出“体”与“用”一对范畴。

关于王弼首次提出“体用”范畴的论点，唯一证据是王弼《老子·第三十八章》注中的这样一条资料：“万物虽贵，以无为用，不能舍无以为体也。”传统观点认为，其中的“体”字，指本体，此句大致可译为：事物都是因为发挥内在本体“无”的作用而得以实现自身价值，不能舍弃“无”作为自己的本体。这种解释很难将王弼的学说与传统的“体用”方法接轨。因为按这种理解，王弼笔下的“体”与“用”，均是指宇宙本体“无”之自身的“体用”关系而言，事物的有形的现象层面则游离于“体用”关系之外，并没有从本体与现象的关系去思考问题，而所谓“体用”方法恰恰是指本体与现象的关系而言。

问题的关键，在于准确理解王弼“以无为用，不能舍无以为体”一句中“体”字的含义，即它是否指宇宙本体“无”。回答是否定的。遍查王弼的所有著述，“体”的名词性含义都是指事物的有形体，有时指人的形体，有时指物的形体，有时指《易经》诸卦的形体，所指事物虽然不同，但都是指它们的有形部分，即属于“有”这一范畴。王弼从未用

"体"字去表示宇宙本体"无"。因为在他的哲学观念中,宇宙本体的最根本特征就是没有形体。"寂寥,无形体也。"[①]在《老子·第三十八章》注中,王弼同样不会违背其一贯的哲学观点,将宇宙本体"无",视为有形体的存在物。全面理解该段注文,将不难看到,王弼并无例外:

> 夫大之极也,其唯道乎!自此已往,岂足尊哉!故虽〔德〕盛业大,富有万物,犹各得其德,〔而未能自周也。故天不能为载,地不能为覆,人不能为赡。万物〕虽贵,以无为用,不能舍无以为体也。(不能)舍无以为体,则失其为大矣。[②]

显而易见,王弼上文中所讲的"体",是指事物的形体;"用"指事物内在无形本体"无"的作用。此文大意为:宇宙间最伟大的是无形无限的"道",其他事物无论看起来功业如何伟大,最终仍然属于有形有限的"德"这一范围,即其功德仍有局限性。例如天空没有负载万物的功能,大地没有覆盖万物的功能,人类没有赡养万物的功能。事物看起来虽然尊贵,却都是因为发挥内在的宇宙本根"无"的作用所致,不能舍弃"无"而作为一个有完善功德的形体存在。如果舍弃"无"而存在,则不可能再有盛大功业了。我们对王弼这段文字的理解可以从其《老子·第四章》注文中得到验证,在该章注中,王弼用同样词汇阐述了这一思想:"天虽精象,不

① 《老子·第二十五章》王弼注。
② 楼宇烈:《王弼集校释》。中华书局 1980 年版,第 94 页。

法于道，则不能保其精，冲而用之，用乃不能穷。满以造实，实来则溢。故冲而用之又复不盈，其为无穷亦已极矣，形虽大，不能累其体。”毫无疑问，文中的“体”，是指事物有形的体，属于事物的外在现象；“用”是指事物内在的宇宙本体“无”的决定作用。

既然在王弼的哲学术语中，“体”为现象，“用”为本体的功能，那么如果将王弼《老子·第三十八章》注中“不能舍无以为体”视为体用观的命题，那么王弼“体用”观的语言表达形式则与东晋南北朝之后中国古代体用观的一般语言表达形式是完全颠倒的，即王弼笔下的“用”，后代的一般表达形式为“体”，而王弼笔下的“体”，后代一般表达形式为“用”。这无论如何是不可能的，就像不会用“末本”去表示“本末”一样。毫无疑问，“用”与“体”的组合在王弼哲学术语中不是一对表达本体与现象关系的范畴。

王弼虽然没有抽象出一对表达本体与现象的对立范畴“体用”，但是，他的确已用本体与现象不可分割的观点去研究问题，并已初步形成体用思维方式，甚至可以说，以体用观点观察分析问题，是王弼哲学的特征。如果说，王弼的“本末”思维侧重强调本体对现象的统帅作用的话，那么“体用”方法则强调本体与现象的统一关系，即本体通过现象表现出来。他虽然没有达到佛家和理学本末不二、体用如一的高度，但是在坚持本体与事物为二的前提下强调两者的统一则是王弼的新思维，是他在所有对立统一的范畴中体现出的思想原则：从无与有、道与德、一与众、太极与万物、无为与有为、自然与礼乐、性与情、卦时与六爻、本与末等一系列从不同角度表达本体与现象对应的范围中，体现出“体用”思想方法。请看下表：

体用	王弼主要哲学范畴								
体	无(用)	道	一	太极	无为	自然	性	卦时	本
用	有(利)	德	众	万物	有为	礼乐	情	交爻	末

王弼的著作基本以儒道注释形式出现，在不同的著作中，因受原著研究对象的限制，王弼所用范畴不同，其体用观的表现形式也随之不同。例如在《老子注》中，通过无与有、道与德、无为与有为的关系表现出自己的体用观点，其中以对“无与有”关系的论述最为重要。甚至可以说，王弼体用观点是用“无与有”形式表达的。在《老子·第十一章》注中，王弼以中空的器物为例，简单地说明了他的体用思想：

> 毂所以能统三十辐者，无也。以其无能受物之故，故能以寡统众也。
>
> 木、埴、壁所以成三者，而皆以无为用也。言无者，有之所以为利，皆赖无以为用也。

王弼以器物的中空部分和形质部分的联系为例，作了形象解说。他指出，车毂（车轮的中空穿轴部分）之所以能统辖三十根幅条形成轮的功利，器皿、房屋之所以能容纳它物形成器皿和房屋的功利，都是因为其内在无形的中空部分起着决定作用。用命题形式表达，就是“有之以为利，皆赖无之以为用”。为了将无形本体“无”的内在作用与有形质料“有”的外在作用相区别，王弼沿用了老子的语言，将“无”的作用称为“用”，将“有”的作用称为“利”。“无”与“有”，表示本体与形体的关系；“用”与“利”表示本体作用与形体作用的关系。有形器物的外在功利，依赖内在无形本体的作用；同样，无形本体的内在作用，必须通过有形器物的外在功利表现出来。王弼的好友，正始名士中的另一位玄学家钟会在其《老子·第十一章》注文中，同样以“无”与“有”概念比较清楚地表达了上述的观点，为我们深入理解王弼的体用思想提供了不可多得的佐证：

> 明有无相资，俱不可废。故有之以为利，利在于体；无之以为用，用在于空。故体为外利，资空用以得成；空为内用，籍体利以得就。利、用相籍，咸不可亡。[①]

钟会是王弼思想的追随者，“常服弼之高致”[②]，钟会的《老子注》作于王弼《老子注》之后，因此钟会的思想应基本上反映了王弼的观点。他像王弼一样，借助器皿的周围形质部分和中间空洞部分的不可分割性来说明有无的关系。他认为，一个器物有形部分的作用，在于它的形体，无形部分的作用，在于它的空洞。有形体部分的作用不可能离开中空部分完成，而中空部分的作用，也不可能离开周围形质部分。所以，有与无不可分割，缺一不可。值得注意的是，钟会在此运用了三个对应范畴，从三个不同角度讨论有无关系：无与有、用与利、空与体。无与有，从形名角度观察；用与利，从作用角

① 《道德真经取善集》卷二《三十辐章第十一》引钟会曰。
② 《三国志·魏书》卷二十八《钟会传》注引何劭《王弼传》。

度观察；空与体，从质料角度观察。钟会与王弼的共同点是，承认有与无的不可分割性；不同点是，钟会认为有与无同样重要，而王弼则更强调“无”的根本作用。

受老子原著的限制，王弼在《老子注》中，重点论证了“无”的决定作用，而没有突出“无”必须通过“有”才能表现出来这一思想。对后者，王弼在《大衍义》中论述得最为明确。他指出，大衍之数“一”通过四十九才能体现出来，太极只有在天地万物的功德中才能体现出来，“无”只有在“有”中体现出来，叫做“无不可以无明，必因于有，故常于有物之极，而必明其所由之宗也”[①]。他在其作品《周易注》和《论语释疑》中，深化了无与有的体用关系。例如在《周易注》中表现为卦时与六爻的关系；卦时寓于六爻之中，而卦时又决定着六爻的性质作用。又如在《论语释疑》中表现为人类自然之情与礼乐制度、性与情之间不可分割的体用关系。这些问题，在第三章各专题中将全面介绍，此不赘述。

应当承认，王弼绝未达到佛教和理学即体即用、体用一如的水平。在王弼的意识中，本体与万物是母子式生成关系。严格地讲，王弼的体用思维实际上仍未脱离本末思维。这种思想局限是王弼在他那个时代所无法超越的。因为中国传统的宇宙论不可能脱离生成思维模式，各种宇宙本体论，实际上应视为本根论。王弼笔下存在于每个事物中的本体不是事物自身的产物，乃是宇宙本根的表现形式。万物得以完善的动力不是来自自己的质料，而是最终来自神秘的宇宙力量。宇宙本体与事物之间永远是母子关系、本末关系，而不可能成

① 《周易·系辞》韩康伯注引王弼《大衍义》。

为本质与现象的关系。中国学术界真正开始从事物自身出发考虑其本质与现象的关系，即开始真正意义上的本体论思维，必须抛开宇宙生成论思维才有可能，所以也只有当佛教的缘起性空理论对中国文化进行一次大洗礼后才会完成。从魏晋南北朝本体论思想史看，正是如此，玄学家都没有真正达到严格意义上的体用境界。王弼之后的郭象，虽然不讲宇宙生成论，强调事物的自生独化，但仍未达到即体即用的水平。佛教缘起性空学说，尤其是中观学派的理论，才彻底超越了中国哲学的本根论思维模式：事物产生和发展一旦脱离了母子式的本根论思维，事物自身的本与末、体与用则必然是一个东西，只是认识角度不同罢了。于是，本质（本、体）与现象（末、用）观念才能建立起来。王弼虽然尚未达到佛教的思想层次，但已经模糊地感觉到了事物的体用关系；虽然没有系统地上升为方法论，但在学术思辨中已在某种程度上运用了。正是这种新的天才学术直觉，王弼玄学才使人耳目一新，从总体上超越了汉儒象数和黄老形名，开始了一个新的思想时代。

第三章　儒道经典新释

王弼的玄学体系是通过重新解释《老子》、《周易》和《论语》建立的。他力图摆脱汉儒理解的迷障，去恢复先秦儒道圣贤的本义，事实上却与汉儒殊途同归——表达了他们各自的心声。这是无法避免的，也恰恰是王弼与汉儒各自的价值所在，否则，他们的注释也就毫无意义了。因此，我们对王弼儒道经典的研究，也应抓住王弼注释所表现出的时代精神不放。这种时代精神，就是在尊重理性、崇尚自然的思想基础上，以本末体用的本体论思维方式全面融合儒道两派在"无与有"、"无为与有为"、"自然与名教"、"性与情"等等一系列重要哲学课题上的差异，作出"儒道为一"的玄学新解答。同时，由于儒道各种著作所讨论的理论问题不同，王弼的注释也随书各有侧重，在《老子注》中，他重点阐述了君主无为的意义，创建了贵"无"本体论哲学；在《周易注》中，重点讨论了主体条件（爻位）与社会时势（卦时）之间的关系，树立了理性的命运观；在《论语释疑》中，重点解释了性情问题，揭示了在伦理现象背后的自然情感基础。

一、《老子注》与《老子指略》

在正始玄学家的意识中，老子虽然达不到儒家圣人的思想境界，却理解并表达了圣人所没有言说的最高真理。这些真理集中表现在《老子》一书中，所以《老子》在正始时期倍受重视。王弼这一方面的著作有《老子注》和《老子指略》。《老子指略》是王弼对自己《老子注》的简要总结。从对正始贵"无"本体论哲学理论贡献看，王弼的《老子注》和《老子指略》在他的全部理论著述中最为重要。通过对《老子》思想的新释，以本末体用观点解决了"无"与"有"、"无为"与"有为"的矛盾，创建了以政治哲学为核心的本体论哲学系统，为正始玄学奠定了基础。

（一）"道"与"无"

王弼《老子注》关心的焦点是社会政治，而表达形式却是对宇宙本体"道"的探讨。因为在天人合一思想源远流长的中古时代，尽管理性主义已经兴起，但思想界仍很难完全从人类社会寻找自身治乱的终极原因，需要借助某种宇宙力量。当时，天命论已经动摇，思想家普遍关注的，就是老子笔下那个神奇的"道"。

道家创始人老子，以他对宇宙人生的独特感受，在其不朽名著《老子》一书中，用朦胧的笔调多侧面地描述了一个在冥冥中左右宇宙万有和人类祸福的“道”：宇宙的诞生，大自然的沧海桑田，社会的治乱兴衰，到个体生命的生老病死，无一不是它在起着决定作用。而这种作用又不留任何痕迹，自然而然，超言绝象，理性分析永远无法对它作出概括。

尽管老子已经反复宣布“道”是不可言说的，以至才用了恍惚玄妙的诗化语言去描写它，但是后人不可能满足于这种混沌的表述，而是力图用理性的语言去定义它。因此，老子笔下“不可道”（不可言说）的“道”，也就随着不同时代不同人物的不同理解，变成了许多“可道”（可以言说）的“道”。如果说，黄老学派与早期道教以元气论改造老子的“道”而建立自己思想学说的话，那么，王弼的贵“无”论哲学体系则是运用形名方法改造老子的“道”而完成的。

王弼首先需要做的，就是给老子的“道”起一个具有时代新内容的“名字”。这是因为，当时流行的名理思维方法认为，事物的“名”，产生于事物的形状，它反映了事物的基本性质和特点。“道”这个名字的意思是道路，引申为规律，它本身不具有“无为”这个思想内涵，将其改造为含有“无为”内涵的“无”，成了王弼建立哲学体系的第一步改造工程。

老子称宇宙本根为“道”，同时又指出这个名字是强加上的：“吾不知其名，字之曰道，强为之名曰大。”[①]王弼极力发挥了老子的这一思想，他对这段话的注释为：“名以定形。混成无形，不可得而定，故曰，‘不知其名’也。”[②]这是讲，宇宙本根是无形的，因此也就无法定名。他进而指出，老子之

① 《老子·第二十五章》。
② 《老子·第二十五章》王弼注。

所以称它为“道”，是因为“道”这个词的意思是万物所遵循的规律，属于层次最高的称呼。“言道取于无物而不由也，是混成之中，可言之称最大也。”①但是叫它“大”也是勉强而不准确的，“责其字，定之所由，则系于大。夫有系则必有分，有分则失其极矣，故曰：‘强为之名曰大。’”②

王弼认为，宇宙本根虽然不可以定名，却可以称呼它。“名”和“称”在王氏的哲学术语中是有重大差别的概念。“名也者，定彼者也；称也者，从谓者也，名生乎彼，称出乎我。”“名号出乎形状，称谓出乎涉求。”③“名”由事物自身的形状所决定，表达了事物的本质。“称”则由说话者的不同观察角度而定，属于对事物不同侧面的描述。对无形的宇宙本根，虽然不能“名”，但可以从不同角度去称呼它，王弼根据这一名学理论，把“道”降为对宇宙本根的称呼之一。“故涉之乎无物而不由，则称之曰道；求之乎无妙而不出，则谓之曰玄。”④宇宙本根的称谓决非仅上述“道”、“玄”两种，它随观察者的涉求而有许多种。

> 夫“道”也者，取乎万物之所由也；“玄”也者，取乎幽冥之所出也；“深”也者，取乎探赜而不可究也；“大”也者，取乎弥纶而不可极也；“微”也者，取乎幽微而不可睹也；“远”也者，取乎绵邈而不可

① 《老子·第二十五章》王弼注。
② 《老子·第二十五章》王弼注。
③ 王弼：《老子指略》。
④ 王弼：《老子指略》。

> 及也。然则道、玄、深、大、微、远之言，各有其义，未尽其极也。然弥纶无极，不可名细；微妙无形，不可名大。是以篇云“字之曰道”，“谓之曰玄”而不名也。①

对宇宙本根的称呼，除道、玄、深、大、微、远六种之外，在王弼的词汇中常见的还有“一”、“太极”、“极”、“母”、“本”、“根”等等。显然，“道”作为众多的称谓之一，并不是宇宙本根的“名”。

王弼真的没有给宇宙本根一个“名”吗？当然不可能。如果王弼不给它起个名字，按名理学的规则，王弼对宇宙本根的讨论也就毫无意义了。“夫不能辨名，则不可与言理；不能定名，则不可与论实也。”②不能给事物起名（下定义），就不可能讨论它的道理。王弼是用间接的方式给宇宙本根命名的，他所采用的方法仍然是那个否定了宇宙本根有名的名理方法。

名理方法认为，“名号生于形状”③，宇宙本根没有形状，也就无法定名，而王弼却恰恰运用这种否定形式完成了肯定的内容。这种论证听起来似乎不可思议，但王弼却像哥伦布竖鸡蛋一样，成功地完成了这个命名，他在《老子指略》中这样写道：

① 王弼：《老子指略》。
② 王弼：《老子指略》。
③ 王弼：《老子指略》。

无形无名者，万物之宗也。不温不凉，不宫不商。听之不可得而闻，视之不可得而彰，体之不可得而知，味之不可得而尝。故其为物也则混成，为象也则无形，为音也则希声，为味也则无呈。故能为品物之宗主，苞通天地，靡使不经也。

宇宙本根是人的感觉器官通过听、视、体、味所无法感知的。如果它能被察觉或感知，那么，就成了万物中之一物，而不是万物的宗主。“若温也则不能凉矣，宫也则不能商矣。形必有所分，声必有所属，故象而形者，非大象也；音而声者，非大音也。”[①]王弼对宇宙本根的描述充满了否定词“不”，以此去说明它不是什么，而从来没有用肯定词说它是什么，“不炎不寒，不柔不刚”，“不皎不昧，不恩不伤”。[②]

其目的在于说明本根的最重要特征是无形无象，因而无法起名字。“名之不能当，称之不能既。名必有所分，称必有所由。有分则有不兼，有由则有不尽；不兼则大殊其真，不尽则不可以名。”无法命名，就是“无名”，王弼用“无名”去表示宇宙本根，这样一来，“无名”就成了宇宙本根不是“名”的“名”了。他说：“无名，则是其名也。”[③]

“无形无名”的简称就是“无”，“无”这个名词除否定之外，没有肯定任何东西，它本来不可能成为事物的名号定义，但对于无形的本体来说恰恰相反。本体没有任何具体形态和

① 王弼：《老子指略》。
② 王弼：《老子指略》。
③ 《老子·第二十一章》王弼注。

特质，所以，据形名学只能说“无名”，也就是“无”。在王弼的行文中，“无”就是宇宙本根的“名”，它是处于最高层次的范畴，“道”、“玄”等概念是对它的“称谓”——“道者，无之称也。”[①]很明显，“道”是对宇宙本体“无”的一种“称谓”，取于“万物之所由”这个观察角度。

王弼将老子的“道”根，从形名角度转化为“无”，是有重要意义的。当时，崇尚自然无为的社会思潮已经形成。人材理论认为理想君主的材质是“无名”，政治理论要求君主无为，这些思想倾向迫切需要高层次的宇宙哲学的最终证明。王弼将老子的宇宙本体“道”改造为“无”，适应了这种社会需要。“无”的性质是无形无名无为，它使君主材质及其无为政策获得了宇宙本体的“支持”。

王弼将“无”看作宇宙本根的“名号”，而将“道”看作对“无”的一种称谓，并不意味着王弼不再将“道”作为宇宙本根的称呼而继续使用，相反，王氏在《老子》注中使用“道”的次数远超过了使用“无”的次数。这种现象并不奇怪。任何新学说，都要用社会所熟悉的概念去解说，就像后来的佛教般若学在开始传播时，大量使用玄学语言“无”作为“空”的代名词一样。王弼玄学在当时要宣传“无”，只能借用《老子》的“道”去表达。老子的“道”已经影响了中国数百年之久，王弼只有用传统的概念，才能更有力地传播新思想。

王弼笔下的“无”，决不是没有任何内容的空无，相反，

① 楼宇烈：《王弼集校释》。中华书局1980年版，第624页。

它的本质是全有，是“混成无形”①。王弼对“无”的众多的“称谓”，反映了这个“混成无形”之丰富的内涵。实际上，王弼对“无”的认识，涉及到了事物的许多重要抽象范畴。如“本”指本质，“道”指规律，“一”指主要矛盾。这些都属于事物的共相，而不是具体存在物。王弼感到了这些范畴的存在，又不可能像现代人那样科学分类，而是归为无形之类，并认定是一个具体存在物，“混而为一也”②。

王弼的形名方法对其宇宙哲学体系的建立具有重要意义。这主要表现在他用这种方法处理了《老子》一书中“道”与万物的关系。“道”表现为无形无名，其简称为“无”；万物表现为有形有名，其简称为“有”。这样，“道”与万物的关系就从形名角度转化为“无”与“有”的关系。这种转化，为王弼几个重要哲学命题准备了逻辑前提：《老子》关于“道”始成万物的思想从形名角度转化为“有以无为本”的命题；“道”在万物中发挥决定性作用的思想从形名角度转化为“有以无为用”的命题。这两个命题，正是王弼哲学大厦的两根最关键的支柱。

（二）以无为本与以无为用

王弼在表述宇宙本根“无”与万物“有”之间的关系时，运用了两个重要的命题：“以无为本”和“以无为用”。

有不少学者认为，王弼哲学是本体论哲学，因此，“无”

① 《老子·第二十五章》王弼注。
② 《老子·第十四章》王弼注。

与“有”之间不是母子式生成关系，而仅仅是本质（本）和现象（末）之间的关系。这些观点着重强调了王弼玄学与汉儒宇宙生成论的区别，有不少可取之处，却流于粗疏，开魏晋玄学本体论先河的王弼哲学，毕竟刚刚从汉代宇宙生成论的母体中脱胎出来，因而带有明显的过渡色彩。他对“无”与“有”关系的认识，包含了现代人所难理解的两层含义：“无”是“有”的生成者，同时又是“有”存在的根据。关于这两层意思，王弼在《老子·第一章》注中作了明确说明：

> 凡有皆始于无，故未形无名之时，则为万物之始。及其有形有名之时，则长之、育之、亭之、毒之，为其母也。言道以无形无名始成万物，万物以始以成，而不知其所以然，玄之又玄也。

“始”与“成”是两个概念，“始”是指生出，“成”是指使之完善。这段话的大意为：道在万物还没有形成前，是万物的生育者；当万物形成后，是万物赖以存在的根据。所以说，王弼的宇宙本体论有以上两层含义，并由“以无为本”与“以无为用”两个命题表达：

1. “以无为本”

宇宙本根“无”，曾在时空上处于天地万物之前之外，是天地万物的生育之母，故为其“本”。

王弼认为，宇宙有一个总的开始阶段，叫作“物之始”①，

① 《老子·第一章》王弼注。

有时称之为“古始”[①]，有时也称之为“太始”[②]。太始这个概念来自汉代宇宙生成论，是指天地万物生成前的一个阶段。王弼同样承认宇宙有一个开始阶段：“屯者，天地造始之时也，造物之始，始于冥昧。”[③]

王弼与汉儒在宇宙生成方面的差异，不在于是否承认存在一个天地万物生成前的宇宙混沌阶段，而在于汉儒对这个阶段作了细致的描述，而王弼则以简单的无形混沌加以概括，去掉了汉儒的神秘主义成分。王弼说：“混然不可得而知，而万物由之以成，故曰‘混成’也。不知其谁之子，故先天地生。”[④]“天地莫能及之，不亦似帝之先乎？帝，天帝也。”[⑤]

王弼指出，始生万物的宇宙本根，在儒、道经典中有着不同的称呼。如《老子》称“道”、“一”生万物，《周易·系辞》称太极“谓之天地之根”[⑥]。“道”、“一”、“太极”虽称呼不同，本质上是一致的，都表现为无形无名，所以，王弼更加强调万物始生于无形。“夫物之所以生，功之所以成，必生乎无形，由乎无名。”[⑦]无形无名简称为“无”，也就可以说，万物生于“无”。王弼的这种形名逻辑推论，在其《老子·第二十一章》注中表现得比较明显：

---

① 王弼：《老子指略》。
② 王弼：《老子指略》。
③ 《周易·屯》王弼注。
④ 《老子·第二十五章》王弼注。
⑤ 《老子·第四章》王弼注。
⑥ 《周易·系辞》韩康伯注引王弼《大衍义》。
⑦ 王弼：《老子指略》。

以无形始物，不系成物，万物以始以成，而不知其所以然……

众甫，物之始也，以无名阅万物始也。

此，上之所言也，言吾何以知万物之始于无哉！以此知之也。

上述三段文字表达了互相联系的三层意思：宇宙本根以无形方式产生了万物，万物的开始阶段表现为无形无名，所以才称万物生于"无"。"以无名阅万物之始"，意思是把万物之始用"无名"去概括，由此才推知"万物之始于无"。如果我们将"万物"也从形名角度转化为有形有名——"有"，那么就成了"无"生"有"，也随之产生"有以无为本"这个命题。

天下之物，皆以有为生，有之所始，以无为本。①

这句话可大致译为：天下万物，虽然都是由有形物所生，但有形物最早开始诞生时，是以无形物作为母体的。"天下有始，可以为天下母矣。"②"本，母也；子，末也。"③也就是说，之所以称"无"为"有"之本，是因为"无"始生了"有"。

显然，"以无为本"这个命题的出发点是宇宙生成论，将它望文生义地误作典型的玄学本体论命题是缺乏根据的。但

---

① 《老子·第四十章》王弼注。
② 《老子·第四十二章》王弼注。
③ 《老子·第五十二章》王弼注。

是这个命题的归宿却是本体论。王弼之所以讲“无”生“有”，其目的是为了说明“无”是“有”的内在本体。这种论证方法，现在看来不可思议，近乎于怪诞，然而，刚刚从汉儒宇宙生成论中走出来的魏晋思想界却恰恰认为，只有证明了甲为乙的母体，才能确定甲为乙的存在根据。王弼在《老子指略》中对其这种论证方法之目的所在直言不讳。他说：“论太始之原以明自然之性，演幽冥之极以定惑罔之迷……夫欲定物之本者，则虽近而必自远以证其始；夫欲明物之所由者，则虽显而必自幽以叙其本，故取天地之外，以明形骸之内，明侯王孤寡之义，而从道一以宣其始。”

毫无疑问，王弼“以无为本”的命题中含有“无”存在于每个具体事物内部为其本体的思想，但表达是间接的，而直接反映这一思想的命题是“以无为用”，它同样以“无”与万物的宇宙结构关系为思想基础。

2. “以无为用”

宇宙本根“无”始生出天地万物之后，在时空上存在于每一具体事物中作为无形的本体发挥着决定作用，使事物得以完善并发挥出最大效益，实现自身价值。

王弼认为，天地万物自产生以后，便进入了有形有名的阶段，也就是“德”的阶段。事物完善了自身，叫作“德”。“德者，物之所得也。”[①]宇宙本根是完成事物之德的决定力量，但它已不是处于天地之外，而是在事物之中施加作用。“及其有形有名之时，则长之、育之、亭之、毒之，为其母也。”[②]

① 《老子·第五十一章》王弼注。

② 《老子·第一章》王弼注。

“母者，处内而成德者也。”[①]“亭谓品其形，毒谓成其质，各得其庇荫，不伤其体矣。”[②]

从现象上看，天地（阴阳）交感，生成了万物以及人类；圣王的英明，使人类社会治理成功，但在王弼看来，天地与圣王都是因为发挥了各自的内在本体“无”的作用而完成其“德”的。

> 是以天地虽广，以无为心；圣王虽大，以虚为主。故曰：以复而视，则天地之心见；至日而思之，则先王之至睹也。故灭其私而无其身，则四海莫不瞻，远近莫不至；殊其己而有其心，则一体不能自全，肌骨不能相容。[③]

王弼认为，天地之间平时虽然“雷动风行，运化万变”[④]，孕育了万物，似乎是天地的有为活动所致，但实际上是无形的本体起作用。显然，天地之间如果没有一个“无为”的无形巨大空间，任万物自然生长，而是被天地所充斥，那么万物的自然生化都是不可能的。遗憾的是本体的这种伟大作用被天地之间日常的活动所掩盖，只有当各种活动暂时停止，才可见本体的决定意义。“寂然至无是其本矣。故动息地中，乃天地之心见也。若其以有为心，则异类未获具存矣。”[⑤]在宇

---

① 《周易·晋》王弼注。
② 《老子·第五十一章》五弼注。
③ 《老子·第三十八章》王弼注。
④ 《周易·复》王弼注。
⑤ 《周易·复》王弼注。

宙空间,这种暂时安静的状态发生在阳气始生的冬至和阴气始生的夏至。人间的圣王深知其中奥妙,故在冬至、夏至时闭关禁商,中止活动,深刻反思,是为了效法天地体会自己赖以成功的内在依据——宇宙本体“无”。《易·复》说:“复,先王以至日闭关,商旅不行。”王弼注为:“冬至,阴之复也;夏至,阳之复也。故为复,则至于寂然大静。先王则天地而行者也。”

为了强调“无”的尊贵,王弼一般只讲“无”存在于天地与圣人之中,但是,在他的意识里,“无”同样应存在于每个具体事物和每个人的心中,可以间接推知。例如,宇宙本体“无”的称谓“一”,就在每个事物内部和每个人心中发挥着决定性作用:“物皆得此一以成,既成而舍一以居成,居成则失其母,故皆裂、发、歇、竭、灭、蹶也。”①“一,人之真也,言人能处常居之宅,抱一清神,能常无离乎,则万物自宾也。”②

在王弼笔下,“物之极”是一个表示有形事物中无形本体的概念。“极”的意思是“最”,王弼经常用“极”来形容事物的最完美状态。如他称以“无为”治天下而达到的天下大治为“治之极”③,称最完美的道理为“理之极”④。因为“治之极是使用了“无”,“理之极”也体现了“无”,所以两者都是宇宙本体作用的不同表现。如果说,王弼在上述场合使用

① 《老子·第三十九章》王弼注。

② 《老子·第十章》王弼注。

③ 《老子·第六十二章》王弼注。

④ 《论语义疏·里仁》皇侃引王弼《论语释疑》。

"极"字还不具备严格的哲学本体意义的话,那么,他在使用"物之极"时,则基本上指存在于事物内部的宇宙本体,其含义与"太极"相同,在王弼的哲学术语中,"太极"可以和"无"、"玄"等范畴同义,而"物之极"同样也可以和"无"、"一"、"玄"、"虚"、"本"等概念互换。请看王弼在下面各种情况下的表述:

> 一,数之始而物之极也。[1]
>
> 夫无不可以无明,必因于有,故常于有物之极,而必明其所由之宗也。[2]
>
> 玄,物之极也。[3]
>
> 言致虚,物之极笃。[4]
>
> 故万物虽并动作,卒复归于虚静,是物之极笃。[5]
>
> 予欲无言,盖欲明本,举本统末,而示物于极者也。[6]

既然在王弼的意识中,"物之极"是指事物内部无形的本体,与"太极"性质相同,那么他为什么不直接称"物之极"为"太极"呢?我推测,"太极"似乎侧重指曾存在于天地万物

① 《老子·第三十九章》王弼注。
② 《周易·系辞》韩康伯注引王弼《大衍义》。
③ 《老子·第十章》王弼注。
④ 《老子·第十六章》王弼注。
⑤ 《老子·第十六章》王弼注。
⑥ 《论语义疏·阳货》皇侃引王弼《论语释疑》。

形成之前的宇宙本根。“太”者，最早最大者也。“物之极”似乎侧重指天地万物形成之后在事物内部发挥作用的本体。当然，这些是我们的猜想，王弼并没有挑明这一点。

总之，宇宙间的一切事物——从天地圣王到一草一木，都是因为发挥了各自内在的无形本体而实现了自己的价值与功能。如果从形名角度将有形的天地万物视为“有”，无形的本体视为“无”，那么则可推出“有以无为用”这个命题。事实上，王弼正是以这个思路完成了这个命题。他曾以器皿、房屋、车轴、吹管等有形物(有)只有使用其无形的中空部分才能发挥各自的盛物、住人、载物、演奏等功能为例，形象地推出了“有之所以为利，皆赖无以为用也”的结论。①

从万物对宇宙本体的依赖关系角度看，可以得出万物“以无为本”和“以无为用”的命题。如果换一个角度，从宇宙本体对万物的作用看，则是宇宙本体以无为方式顺应万物自然状态的过程，可以得出，宇宙本体“因物自然”的命题，这也是下一节所要讨论的无为与自然的关系问题。

（三）自然与无为

传统观点认为，“自然”在王弼的哲学术语中与“无”是完全相同的范畴，这种认识是粗疏的。王弼笔下的“无”是指宇宙本体，而“自然”则是指事物在没有人为因素作用下的本来面貌和状态。划分出这两个概念之间的差异，对我们深入理解王弼哲学贵无全有的思想特质具有重要意义，不可

① 《老子·第十一章》王弼注。

不详辨。

王弼用“自然”去描述世界的秩序，他把天覆盖万物，地负载万物，万物之间互相克制，都叫做自然。在《老子》第五章“天地不仁，以万物为刍狗”的注文中，王弼发挥了这个思想。他指出：为什么说天地的品德不仁呢？“仁”的含义是充满恩爱之心。天地如果有恩爱之心，必然会以自己的意志有为地向万物施加恩泽，即按自己的标准改变万物的状态，这样就会破坏万物生存的自然法则。比如野兽吃草，人类吃狗，看上去有些残忍，但却是生物的真实本性，是生物界的天然食物链。如果天地充满仁慈之心予以改变，就破坏了自然界的平衡。天地对生物之间的自然关系不予干涉，所以称之为“不仁。”

王弼用“自然”去描述有情类的本能。如鸟类本能地交配，寒冷地区的人本能地穿皮衣御寒，都无须教授，属生物自然。如果人为地加以干涉，则违背了生物的自然本能，犹如看野鸭腿短，予以增加；见野鹤腿长，予以缩短一样，无益于这两种生物。“夫燕雀有匹，鸠鸽有仇；寒乡之民，必知旃裘。自然已足，益之则忧。故续凫之足，何异截鹤之胫。”① “自然之质，各定其分；短者不为不足，长者不为有余，损益将何加焉。”②对于人来说，耳、目、口、心等生理器官的正常生理功能和需要，就是人的生理自然，如果外界输入给这些器官以正常需要之外的信息，就会直接破坏它们的“自然”。《老子·第十二章》曰：“五色令人目盲，五音令人耳聋，

① 《老子·第二十章》王弼注。

② 《周易·损》王弼注。

五味令人口爽，驰骋畋猎，令人心发狂。”王弼注为：“爽，差失也。失口之用，故谓之爽。夫耳、目、口、心皆顺其性也。不以顺性命，反以伤自然，故曰盲、聋、爽、狂也。”

此外，王弼还用“自然”描述了许多事物，但都是指事物自身的自然状态或自然本性。“自然之智”，指婴儿那种生来具有的生存本能；“自然之气”，指气的自然运动状态；“自然之至言”，指真实反映万物状态的质朴语言。总之，“自然”一词就是指自然而然存在的一切，即人们常识中的那个无须解释，也无法解释的自然。所以，王弼称之为：“自然者，无称之言，穷极之辞也。”[①]

在王弼看来，事物的性质是自然而然地客观存在着，对这种不可改变的“自然之性”，只能顺应而不可有其他作为。宇宙本体的最大功绩就在于它除了顺应事物的自然之性外，没有其他任何作为，其结果是真正成全了万物之德，而不留作用的痕迹。他在《老子·第二十七章》注中，充分发挥了这一思想，以最完善的言论、行为、计算、绳约等事物为例，指出它们都是宇宙本体不留痕迹作用的结果。的确，在生活中，一件作品或一种行为，当它达到最完美的状态时，都是自然无造作痕迹的艺术境界。王弼认为，这是得“道”的境界：

> 道不违自然，乃得其性，法自然也。法自然者，在方而法方，在圆而法圆，于自然无所违也。[②]

---

① 《老子·第二十五章》王弼注。
② 《老子·第二十章》王弼注。

法,是指效法、仿效。法,法则也。[1]“无”对万物的效法,类似各种器物中的无形空间——在圆形中表现为圆形,在方形中表现为方形,在木、埴、壁、车毂中都随物而迁,与万物相一致,像水那样,随物而成形。由于水的这种特殊功能,王弼有时用它来比喻“无”随万物自然变化的特点。“言水皆应于此道。”[2]“道无水有,故曰几也。”[3]几,近似。此句的大意为:道无形,水有形,两者本质上不同,但随物而变的行为方式近似。

很明显,自然一词不是指宇宙本体,不具神秘性质,是指事物“自然而然”的状态。宇宙本体“无”是施加作用的主体,无形无为是它的作用方式,而“自然”则是被施加作用的客体(万物)的本来状态。万物发挥内在本体“无”的作用,完成自身“德”的过程,也是宇宙本体“无”以“无为”顺应万物自然状态自然本性的过程:“建德者,因物自然,不立不施。”“大夷之道,因物之性。”[4]

学术界一般认为,玄学家都将自然视为宇宙本体,其实这是一种误解。大多数玄学家都将自然视为事物本来的状态,而非实体。例如阮籍、嵇康笔下的元气自然、天地自然、心性自然,均指这些事物的存在状态。至于那位以自生独化论著称的郭象,所用“自然”之义与现代完全相同:“皆明不为

① 《老子·第二十五章》王弼注。
② 《老子·第八章》王弼注。
③ 《老子·第八章》王弼注。
④ 《老子·第二十五章》王弼注。

而自然,言自然则自然矣。”①

王弼不将宇宙本体“无”与万物自然之性视为一物,是有合理性的,因为只有这样,才能确立“无”的宇宙本根地位,也才能确立其权威性。然而,王弼不仅没有在宇宙本体“无”与万物“自然”之间划一条不可逾越的鸿沟,相反,他强调,在天地万物形成之后,“无”与“有”已不可分割地联系在一起,没有“有”,也就没有“无”。“无不可以无明,必因于有。”②宇宙本体“无”的功能,只有通过万物的自然本性,自然状态等有形、有名、有为的活动,才能表现出来。宇宙本体既然完全是通过事物的自然之性表现出来,而无其他途径,那么,问题的基点就落到了事物自身的自然本性上,事物按自己的自然本性去活动,就是宇宙本体的“无”在发挥作用。

王弼关于宇宙本体以无为顺应万物自然的理论,不过是其政治哲学的幻影而已。本体的无为,是指理想君主的无为政策;物性自然,实际上是讲人性自然。如果将王弼抽象的宇宙哲学语言还原到社会人事中,就转化为要求君主以无为顺应人民的自然本性。王弼并不隐晦自己“因物自然”观点的用意,每当他论述宇宙本体顺应万物的自然状态时,只要有可能,他都要联系圣人的政策加以说明:“圣人达自然之性,畅万物之情,故因而不为,顺而不施。除其所以迷,去其所以惑,故心不乱而物性自得之也。”③“圣人不立形名以检于物,

① 《庄子·山木》郭象注。

② 《周易·系辞》韩康伯注引王弼《大衍义》。

③ 《老子·第二十九章》王弼注。

不造进向以殊弃不肖。辅万物之自然而不为始。”[1]但是,王弼从宇宙哲学高度的思考回到现实政治基础的过程中,经过了一个理论中介的逻辑过渡,这就是“朴散真离”与“返朴归真”的历史哲学。

(四)朴散真离与返朴归真

根据王弼宇宙哲学的模式,有形有名的天地万物被“无”生成之后,便进入了“德”的时期,人类社会也同样进入了“德”的发展阶段。他认为,人类社会的最完善状态,就是其刚刚随天地万物从宇宙本根生出后的后天混沌状态,这种状态被称之为“朴”或“素朴”。这时的人类没有品行、职业、等级等差异,一切都混混沌沌没有名号。此后,就像“无”生化为各种器物一样,这种淳朴的原始社会分化为有品行、职业、等级贵贱差异的阶级社会。

> 朴,真也。真散则百行出,殊类生,若器也。圣人因其分散,故为之立官长。以善为师,不善为资,移风易俗,复使归于一也。[2]

在“朴散真离”的历史观指导下,王弼发挥了《老子》关于上德和下德的思想,将人类社会的德,划分为上德和下德两种形态。

---

① 《老子·第二十七章》王弼注。
② 《老子·第二十八章》王弼注。

上德,也就是“朴”的时期。这时的社会还未发育,处于原始混沌蒙昧状态,没有真正意义上的国家。虽有君主,却无任何政治行为,完全效法其刚刚脱离的母体“道”来治国。“是以上德之人,唯道是用,不德其德,无执无用,故能有德而无不为。不求而得,不为而成,故虽有德而无德名也。”①从形名角度看,则是圣人使用了内在的无形本体“无”。“以无为用,则得其母,故能已不劳焉而物无不理。”②上德时期的圣君彻底无为,完全顺应了人类淳朴的自然本性,所以社会非常和谐,人民非常幸福,没有任何矛盾冲突,是人类社会最美好的黄金时代。由于上德之圣人没有任何可察觉的治国行为,他的功德也就无法命名,所以其德无名。

下德,是指朴散真离的时期。这时社会有了等级、贵贱、职业分工等一系列差异,也就随之产生了各种制度和名分。“谓朴散始为官长之时也。始制官长,不可不立名分以定尊卑,故始制有名。过此以往将争锥刀之末……任名以号物,则失治之母也。”③下德时期的最显著特点是君主的治国政策表现得有为。为了使天下大治,君主运用了各种办法教化民众,主要是靠建立美好的道德观念劝导人民实施。然而这些措施诱发了人民的利害、是非之心,争相获得道德美名,实际上滋长了不道德的观念,即私利观念,竞争之心。因此,下德君主在治国中虽然也取得了成绩,完成了自身的“德”,但也产生了相应的弊端,尤其是人类淳朴之心的逐渐丧失,使下德

① 《老子·第三十八章》王弼注。
② 《老子·第三十八章》王弼注。
③ 《老子·第三十二章》王弼注。

社会逐步衰退。下德君主所采用的治国方针不同,所获得的声誉"德名",也不相同。根据下德时期君主有为的程度,可以划分为仁、义、礼三个相继衰落的档次:

仁,在下德中属于高层的"德"。王弼借用了《老子》的"无以为"这个词去解释"仁"这一时期君主治国的特点:"无以为者,无所偏为也……至于无以为,极下德之量,上仁是也。"①仁的特点是博爱无偏向,全面有为而无偏颇,从形式上看,与"无为而无不为"的上德有某些相似之处。"故有宏普博施仁爱之者,而爱之无所偏私,故上仁为之而无以为也。"②由于"仁"毕竟要通过主观的有作为而达到"博施",所以它与上德的"无为"还是不可相提并论的。"足及于无以为而犹为之焉,为之而无以为,故有为为之患矣。本在无为,母在无名。弃本舍母,而适其子,功虽大焉,必有不济;名虽美焉,伪亦必生,不能不为而成,不兴而治,则乃为之。"③

义,在下德中属于中层的"德"。当统治者的品质已经做不到全面仁爱时,就采取了"义"作为治国手段。"爱不能兼,则有抑抗正直而义理之者。忿枉祐直,助彼攻此,物事而有以心为矣,故上义为之而有以为也。"④所谓义,是指运用匡扶正义、打击邪恶的方法。这种方法必然是积极有为并有所偏向,所以称它是"有以为"。

① 《老子·第三十八章》王弼注。
② 《老子·第三十八章》王弼注。
③ 《老子·第三十八章》王弼注。
④ 《老子·第三十八章》王弼注。

礼，在下德中属于低层的“德”。当统治者连真正的正义都做不到时，就会采取追求礼敬之类表面形式去愚弄劝导人民从善或干脆强迫人民遵守某些伦理规范。“直不能笃，则有游饰修文礼敬之者。尚好修敬，校责往来，则不对之间忿怒生焉。故上礼为之而莫之应，则攘臂而扔之。”[①]王弼对以礼治国评价甚低，列为下德中的最差者。他指出，“礼”产生于伦理道德的沦丧。以礼治国，属于作表面文章，会导致人们更虚伪，结果只能造成更严重的社会混乱。“夫礼也，所始首于忠信不笃，通简不阳（疑为‘通简不畅’），责备于表，机微争制。夫仁义发于内，为之犹伪，况务外饰而可久乎！故夫礼者，忠信之薄而乱之首也。”[②]“乱之首”，指混乱的开始，在王弼意识中，以礼治国是下德的最次者，并为后来的混乱社会准备了条件。混乱的社会，是指运用刑法和战争进行统治的社会，它们不属于“德”的范围了。

王弼认为，人类历史是一个不断退步的过程，他所勾画的从上德向下德的演化模式反映了这种历史观点。在这个模式中，“德”呈现出退步的趋势——无为、仁、义、礼。社会在时间上每发展一步，治国之术也就随之倒退一步。“（上德）以无为用，则得其母，故能己不劳焉而物不理。下此已往，（下德）则失用之母，不能无为，而贵博施；不能博施，而贵正直；不能正直，而贵饰敬。所谓失德而后仁，失仁而后义，失义而后礼。”[③]尽管王弼没有用中国古代历史去比附

---

① 《老子·第三十八章》王弼注。

② 《老子·第三十八章》王弼注。

③ 《老子·第三十八章》王弼注。

其历史哲学，然而在朴、仁、义、礼之类术语背后，都有具体的历史时期为原型，它们反映了王弼对尧舜禹以及汤武周公春秋五霸的看法。他曾明确指出，尧的治国方针是“以无为用”，达到了至善至美的上德境界，当时的社会，大概处于“朴”这一时期。

> 圣人有则天之德，所以称唯尧则之者，唯尧于时全则天之道也。荡荡，无形无名之称也，夫名所名者，生于善有所章而惠有所存，善恶相须，而名分形焉。若夫大爱无私，惠将安在？至美无偏，名将何生？故则天成化，道同自然，不私其子而君其臣。凶者自罚，善者自功。功成而不立其誉，罚加而不任其刑。百姓日用而不知其所以然，夫又何可名也！①

王弼并非认为只有尧才是上德之人，凡属圣人，都是上德之人。上文的“唯尧于时”，指在尧所处的时期，这样，就不至于将其他圣人排除于“无名”的上德之外。王弼似乎把舜禹的统治时期也划归上德。孔子说：“巍巍乎，舜禹之有天下也，而不与焉。”王弼注为：“逢时遇世，莫如舜禹。”②

王弼没有列举下德历史时期的代表性君主。阮籍与王弼是同时代人，他的历代君王分类法对理解王弼“下德”理论的历史内容有一定参考价值。“三皇依道，五帝仗德，三王施

---

① 《论语义疏·泰伯》皇侃引王弼《论语释疑》。
② 《论语义疏·泰伯》皇侃引王弼《论语释疑》。

仁,五霸行义,强国任智,盖优劣之异,薄厚之降也。”①

一般地说,玄学家大都持退化论历史观,他们理想的社会是原始的混沌蒙昧状态,他们所崇尚的自然无为政治观点无疑都是根源于这种退化论的历史观。原始社会的混沌状态和君主的“绝对”无为,是嵇、阮的“越名教而任自然”和何晏、王弼贵无全有政治观点的共同理论基础。他们以古老的原始社会部落酋长作为理想君主,以取代后代的有为君主。颜之推对正始玄学家的历史哲学有所察觉,他说:“何晏王弼祖述玄宗……皆以农黄之化在乎己身,周孔之业弃之度外。”②

既然“朴”或上德之世属于最理想的社会,也就为治国提供了最好的范本。王弼认为,后代的统治者要想达到天下大治,必须向上德社会学习,遵循“以无为用”的法则,实行无为而治的政策,以返朴归真。可见,无为是根本的政治方针,有为是治国末术,所以,无为而治,返朴归真也可称为“崇本息末”。

(五) 崇本息末与崇本举末

王弼的政治学说集中体现在一个看来似乎矛盾的命题中:“崇本以息末,守母以存子。”③在王弼的哲学术语中,本

① 《全三国文》卷四十五引阮籍《通老论》。
② 《颜氏家训·勉学》。
③ 王弼:《老子指略》。

与母同义，子与末同义。“母，本也；子，末也。”[①]“守母以存子”的另一种说法就是“崇本以举其末”[②]。那么，何以一方面要“息末”，而同时又要“举末”“存子”呢？“息”的含义是消灭、抑制、停止；“举”“存”的含义是保留、成全，两者显然是矛盾的。面对这个矛盾，有的学者在“息”字上作文章，认为“息”的意思是“养息”，这种观点很难成立，因为王弼对“息末”的表述很明白，是指坚决去掉有为的政治手段。

其实，这个命题并不矛盾，问题出在我们对本末(母子)这对范畴外延的理解上。王弼经常用“本”字形容宇宙本体“无”，用“末”字形容天地万物“有”。然而本末一词的逻辑外延比“无”和“有”要宽，它们泛指事物中的主导因素和次要因素。王弼经常用“本末”去形容事物之间或事物内部的主次关系：“高以下为基，贵以贱为本。”[③]“(轻)以重为本。”[④]“家人之义，以内为本。”[⑤]王弼在用“本末”表达政治哲学观点时，其具体内容也随对象不同而变化，主要涉及两种关系：第一，无为与有为两种政策之间的关系，无为是本，有为是末。王弼要求“崇本以息末”，即崇尚无为，抑制有为的政治手段。第二，宇宙本体与万物(社会)之间的关系。宇宙本体是本，万物是末，王弼则要求“崇本以举末”或“守母以存子”，即通过崇尚本体以达到完善万物(人类社会)

① 《老子·第五十二章》王弼注。
② 《老子·第三十八章》王弼注。
③ 《老子·第四十章》王弼注。
④ 《老子·第二十六章》王弼注。
⑤ 《周易·家人》王弼注。

的目的。下面，我们分别展开讨论。

第一，崇本以息末。

王弼在行文中每次提出“崇本息末”的主张时，都是指统治手段而言。“夫以道治国，崇本以息末。”[①]“以光鉴其所以迷，不以光照求其隐慝也。所谓明道若昧也，此皆崇本息末。”[②]“我之所以欲唯无欲，而民亦自朴也，此四者（无为、好静、无事、无欲），崇本以息末也。”[③]他在《老子指略》的后半部分，集中阐述了“崇本息末”的思想，指出了这一思想是《老子》一书的中心内容和精神实质，并且具体解释了其基本内涵：

> 《老子》之书，其几乎可一言而蔽之，噫！崇本息末而已矣……故竭圣智以治巧伪，未若见质素以静民欲；兴仁义以敦薄俗，未若抱朴以全笃实；多巧利以兴事用，未若寡私欲以息华竞。故绝司察，潜聪明，去劝进，翦华誉，弃巧用，贱宝货，唯在使民爱欲不生，不在攻其为邪也。故见素朴以绝圣智，寡私欲以弃巧利，皆崇本以息末之谓也。[④]

上文中“见质素”、“抱朴”和“寡私欲”之类统治策略，属于“无为”范围，它们是“本”；“竭圣智”、“兴仁义”和

① 《老子·第五十七章》王弼注。
② 《老子·第五十八章》王弼注。
③ 《老子·第五十七章》王弼注。
④ 王弼：《老子指略》。

“多巧利”之类统治策略，属于“有为”范围，它们是“末”。

为什么要“崇本”呢？因为人类的自然本性是无知无欲的，父慈子孝、六亲和睦，是人类的自然本性，不需要额外提倡它们，统治者只要以无为去顺应人的自然本性就可以达到天下大治。人类之所以产生了罪恶淫邪，根本原因是统治者放弃无为而采取有为政策所致。统治者崇尚仁孝，在利益的驱使下，人民就会伪装仁孝而使真正的仁孝丧失。淫邪和罪恶不是由淫邪本身造成的，而是由于有为造成，所以，消灭它们的好办法也就不能继续采用有为措施，只能无为，使邪恶的念头不产生。

> 尝试论之曰：夫邪之兴也，岂邪之所为乎？淫之所起也，岂淫者之所造乎？故闲邪在乎存诚，不在善察；息淫在乎去华，不在滋章；绝盗在乎去欲，不在严刑；止讼存乎不尚，不在善听。[①]

这是说，消灭盗贼的方法不是严刑峻法，而是使人们没有贪欲；消灭争讼的办法不在于善办案，而在于使人们不存有争讼的目标；消灭淫欲不在于创作出更多的美，而是去除一切华丽的声色。君主如果不优待贤士，人民就不会为争得贤士称号而竞争；如果不重视难得的财宝，人民就不会沦为盗贼；如果永远不创造引起欲望的声色，人民的情感就不会淫乱。王弼在《老子指略》中将这一观点作了如是总结：“故不攻其为也，使其无心于为也；不害其欲也，使其无心于欲也。谋之

① 王弼：《老子指略》。

于未兆，为之于未始，如斯而已。”一句话，用无为策略，使一切罪恶消灭在萌芽之前。

因此，王弼倡导，一方面要“崇本”，采取无为的“愚民”政策并首先采取“愚君”政策。“无形、无名、无事、无政可举，闷闷然，卒至于大治。”[①]另一方面要“息末”，去掉有为的三种治国末术，即圣智、仁义和巧利，要“绝圣弃智”、“绝仁弃义”和“绝巧弃利”。

1. “绝圣弃智”。首先，他限定了圣智的内涵：“夫察见至微者，明之极也；探射隐伏者，虑之极也。能尽极明，匪唯圣乎？能尽极虑，匪唯智乎？校实定名，以观绝圣，可无惑矣。”[②]王弼没有把圣智按传统说法解释为圣人的智慧，而说成是能够最大限度地探察隐情，这为他能够完成“绝圣弃智”的理论打下基础。他说：

> 夫素朴之道不著，而好欲之美不隐。虽极圣明以察之，竭智虑以攻之，巧愈思精，伪愈多变；攻之弥甚，避之弥勤。则乃智愚相欺，六亲相疑，朴散真离，事有其奸。盖舍本而攻末，虽极圣智，愈致斯灾，况术之下此者乎！夫镇之以素朴，则无为而自正；攻之以圣智，则民穷而巧殷。故素朴可抱，而圣智可弃。夫察司之简，则避之亦简；竭其聪明，则逃之亦察。简则害朴寡，密则巧伪深矣。夫能为至察探幽之术者，匪唯圣智哉？其为害也，岂可记

① 《老子·第二十九章》王弼注。

② 王弼：《老子指略》。

乎！故百倍之利未渠多也。[①]

用探察隐情的方法打击邪恶，不仅不会奏效，反而会使邪恶更加猖狂。统治者有高明的探察方法，人们也随之学会更高明的逃避办法。“复以巧术防民之伪，民知其术，随防而避之，思惟密巧，奸伪益滋。”[②]水涨船高，最后的失败者只能是统治者。“夫以明察，物亦竞以其明避之；以不信求物，物亦竞以其不信应之……甚矣！害之大也，其大于用明矣。”[③]为什么说用圣智的害处最大呢？作为一个君主，他的智慧和力量不可能超过全国人民。如果他运用智慧和力量去治国，等于和全国人民较量智慧和力量。“智不出于人而立于讼地，则穷矣；力不出于人而立乎争地，则危矣……如此则己一敌人，而人以千万敌己也。”[④]真正的圣人决不用“圣智”去治国，而是采用愚民政策。“圣人之于天下歙歙焉，心无所主也。为天下浑心焉，意无所适莫也。无所察焉，百姓何避？无所求焉，百姓何应？无避无应，则莫不用其情矣。”[⑤]圣人不是没有圣智而是不用圣智。“是以圣人务使民皆归厚。不以探幽为明；务使奸伪不兴，不以先觉为贤。故虽明并日月，犹曰不知也。”[⑥]

2.“绝仁弃义”。在淳朴的上德时期，仁义是人类的自然

① 王弼：《老子指略》。
② 《老子·第六十五章》王弼注。
③ 《老子·第四十九章》王弼注。
④ 《老子·第四十九章》王弼注。
⑤ 《老子·第四十九章》王弼注。
⑥ 《论语义疏·泰伯》皇侃引王弼《论语释疑》。

本能,因此也就连仁义的美名也没有。“甚美之名,生于大恶。所谓美恶同门。六亲:父子、兄弟、夫妇也。若六亲自和,国家自治,则孝慈、忠臣不知其所在矣。”①当朴散真离,真正的仁义已经开始消亡时,统治者为了使社会安定团结,便用仁义作为美名号召人们去力行,仁义也就变成了治国的一种权术。人们为了获得仁义的美誉,作出种种伪行,加速了社会道德的沦丧。“夫敦朴之德不著,而名行之美显尚,则修其所尚而望其誉,修其所道而冀其利。望誉冀利以勤其行,名弥美而诚愈外,利弥重而心愈竞。父子兄弟,怀情失直,孝不任诚,慈不任实,盖显名行之所招也。患俗薄而名兴行、崇仁义,愈致斯伪,况术之贱此者乎?故绝仁弃义,以复孝慈,未渠弘也。”②

3.“绝巧弃利”。巧利指先进的工艺技术。就像城墙越高后攻城的工具也随之发达一样,“巧利”生产出的物质财富越美好,人们的贪欲也越深,盗窃一类犯罪行为也难以禁止了。“夫城高则冲生,利兴则求深。苟存无欲,则虽赏而不窃;私欲苟行,则巧利愈昏。故绝巧弃利,代以寡欲。”③

凡研究过汉魏思想史的人都可以看出,王弼“崇本息末”的主张,主要是针对东汉名教之治的弊端而发,东汉政府号召名节并以此取士,造就了一大批伪君子,王弼“弃仁绝义”的矛头,就是抨击这种现象的。“畏誉而进,何异畏

① 《老子·第十八章》王弼注。
② 王弼:《老子指略》。
③ 王弼:《老子指略》。

刑。”[①]名教之治以封建伦理“名”去检验人们行为“形”的作法及其教训给王弼留下了深刻印象，以至于他在行文中念念不忘用“形”和“名”去表达自己对名教之治的憎恶：“用其成形，役其聪明，仁则尚焉，义则竞焉，礼则争焉。”[②]“形名执之，反生事原。巧辟滋作，故败失也。”[③]抛弃名教手段，是恢复仁义礼敬本意的先决条件。“用不以形，御不以名，故仁义可显，礼敬可彰。”[④]“圣人不立形名以检于物，不造进向以殊不肖。”[⑤]如果离开当时特定的历史环境，不结合东汉荐举制度下名教之治带来的社会弊端，王弼的上述形名术语是很难理解的。

第二，“崇本以举末”，“守母以存子”。

王弼反对把伦理道德作为权术去治理国家，并不意味着他反对这些伦理规范所反映的封建关系和封建秩序。“天地设位，圣人成能……能者与之，资者取之；能大则大，资贵则贵。”[⑥]士族阶级随出身门第而自然高贵，他们中间的有才能者，当然要被委以重任，授以高官。“贤，犹能也……唯能是任，尚也曷为？”[⑦]封建家族的伦理关系更在维护之列。“故家人之道，尚威严也。家道可修，唯信与威。”[⑧]“父父、子子、兄

① 《老子·第二十九章》王弼注。
② 《老子·第三十八章》王弼注。
③ 《老子·第六十四章》王弼注。
④ 《老子·第三十八章》王弼注。
⑤ 《老子·第二十七章》王弼注。
⑥ 《老子·第四十章》王弼注。
⑦ 《老子·第三章》王弼注。
⑧ 《周易·家人》王弼注。

兄、弟弟、夫夫、妇妇，六亲和睦，交相爱乐，而家道正，家道正而天下定矣。”[①]对封建伦理观念，王弼是拥护的。“自然亲爱为孝，推爱及物为仁。”[②]“不仁者，人之所疾也。”[③]甚至对礼乐制度，也不是简单予以否定。他在《论语释疑》中，就充分肯定了那种反映人民真实情感和生活习惯的制礼作乐活动，认为这是正当的政治行为。王弼所反对的，是统治者有意识地将反映人民自然情感的伦理观念和生活习惯的制度，用功名利禄诱导人民去“模范遵守”，使人民失去了淳朴之心，最终丧失了这些自然情感和生活习惯。

肯定封建秩序的合理性，是王弼要求“崇本举末”和“守母以存子”的根源。他在此所讲的本末、母子，已经不再指无为和有为的统治策略而言，而是指宇宙本体和它所产生的封建社会实体之间的关系了。

> 载之以道，统之以母，故显之而无所尚，彰之而无所竞。用夫无名，故名以笃焉；用夫无形，故形以成焉。守母以存其子，崇本以举其末，则形名俱有而邪不生，大美配天而华不作。故母不可远，本不可失。仁义，母之所生，非可以为母。形器，匠之所成，非可以为匠也。舍母而用其子，弃本而适其末，名则有所分，形则有所止。虽极其大，必有

① 《周易·家人》王弼注。

② 《论语义疏·学而》皇侃引王弼《论语释疑》。

③ 《老子·第七十四章》王弼注。

不周；虽盛其美，必有患忧。功在为之，岂足处也。[1]

如同工匠是器物的制造者那样，宇宙本体"无"是万事万物的创造者。欲使器物完善，就要通过工匠发挥作用，而不是通过器物本身发挥作用自我完善。同样，万物中之一物——封建社会要求得自身的生存和完备，就应当发挥生成它的母体"无"的作用，而决不可能通过强化封建伦理关系达到目的，因为它们是"子"和"末"。"仁德之厚，非用仁之所能也；行义之正，非用义之所成也；礼敬之清，非用礼之所济也。"[2]唯一能够使社会完善的途径，是通过母体"无"发挥作用。"故苟得其为功之母，则万物作焉而不辞也，万事存焉而不劳也。用不以形，御不以名，故仁义可显，礼敬可彰也。夫载之以大道，镇之以无名，则物无所尚，志无所营，各任其贞事。用其诚，则仁德厚焉，行义正焉，礼敬清焉。"[3]王弼表达得十分清楚，崇尚无为的目的，是为了举末存子——使封建伦理关系得到保存，使封建秩序得到巩固，使封建社会长治久安，"仁德实著"、"侯王实尊"、"圣功实存"。"崇本息末"是手段，"崇本以举末"才是最终目标。这两个貌似矛盾的命题，反映了王弼哲学贵无全有的本质特点。

从以上的分析中，我们可以看出王弼在《老子注》及

① 《老子·第三十八章》王弼注。
② 《老子·第三十八章》王弼注。
③ 《老子·第三十八章》王弼注。

《老子指略》中的主旨,并不是讨论宇宙本体的问题。王弼生活的时代,宇宙及人生的真相并不是时代的主题。思想界关注的中心是怎样有效地治理国家,建立一个自然无为的理想社会。所以,王弼在《老子注》及《老子指略》中抽象讨论“有”、“无”的文字远远少于对无为政治的论述,这与僧肇《不真空论》那种讨论宇宙真相的论文大相径庭。王弼花费最大篇幅反复论证的问题是政治策略,他的宇宙本体论,仅仅是为其政治哲学建立一个思想基础。可以说,王弼贵“无”论的核心是政治哲学,他处处站在统治者的立场上,考虑治国的总政策、总方针,企图通过政治无为使士族社会长治久安。他大谈贵“无”,是为了全有;大讲无为,是真正有为。它是一种在消极无为形式下的积极有为的政治哲学,深刻反映了正始时期士族社会积极有为的时代特征。

值得注意的是,王弼反复强调虚静无为是宇宙本体的根本属性,其目的是让君主无为,确切点说,只希望君主一人保持绝对的虚静无为状态,以顺应士族社会的“自然”状态,不干涉士族阶级的有为活动。虚静无为的宇宙总法则体现在臣民(士族官员)身上,仅仅表现为谦逊退让的品行而已,用以调整官员们之间的人际关系,使社会趋于和谐。在王弼看来,安静谦恭不失为一种生存之术,但决不是最根本的处世方针。在对待士族官员应如何安身立命,如何参与社会政治活动这个根本问题上,王弼不再持自然无为观点了,他强调,要根据社会形势的不同与主体条件和特点,随机应变:或进取(有为),或韬晦(无为),以灵活多样的方式介入社会政治生活。王弼这个方面的思想,主要体现在其《周易注》与《周易略例》中,也是下面所要讨论的问题。

二、《周易注》与《周易略例》

王弼《周易注》融入了道家智慧，是没有疑义的，然而至于他究竟怎样“援老入易”，却是一个值得深入探讨的问题。寻找王弼《周易注》中有关主静、贵柔、寡欲和谦让之类词句，并不困难，但这些思想倾向也是《周易》中固有的，即使汉儒遇到这类卦爻辞，一般也不会作相反的解释。原因很简单：一则《周易》远早于儒道，是中国古老智慧之源；二则秦汉时期儒道思想的表层融合已经开始，纯粹的儒家与道家已不复存在。那么，王弼《周易注》援道入儒的特质何在呢？从根本上说，《周易》毕竟是一本研究命理的书，王弼注的突出特点，就在于以道家“自然”哲学的方法，系统地重新解释了《周易》的命运原理，即用“得意忘言”、“执一统众”、“本末体用”观点，扫除了汉儒的象数迷障，保留了义理精华，从社会时势与主体条件的结合上，解释了命运的生成，予神秘的“易道”，以理性主义的回答。

（一）从天命到性命

命运之所以成为永恒的主题，是因为人类永远处于从历史到未来的时空流变中，不断地被那些莫名其妙的偶然因素交织成的必然力量推向无法确知的未来。怎样才能避免险厄，获得幸福？自人类有了朦胧的自我意识之后，也就开始了对未来命运的探索。从原始的巫术、占卜、祭祀，到现代的“科学预测”，无不表达了人类对命运的深切关怀。正因为如此,《周易》这本中国古代先民预测命运的古老典籍,自其诞生后的几千年中,一直保持着诱人的魅力,一代代思想家,无不企图通过它去把握人类的命运。于是,《周易》的研究也成了一门专门的历史,反映着各个时代对命运的独特理解和文化价值理想。

在《易》学发展史上,王弼是一位公认的划时代重要人物,因为他扭转了汉代易学的象数思维定势,开创了魏晋义理易学的新纪元。然而,王弼据《周易》所阐述的义理,往往被误解为空洞的玄理或抽象的哲学原理,其实不然,王弼的义理,确切地说应当叫做"命理",是他关于人类命运的系统理论学说。从这个意义上看,王弼与象数易学所关切的问题是一致的,都是围绕个人和国家的命运这个中心展开。但是,由于思考的角度和所采用的方法不同,形成了象数与义理的鲜明分流:汉代象数易学从人类社会之外的超自然力量去探索命运之谜,因而注重天文历数,最终陷入了迷信和妖妄;王弼义理易学则从人类社会自身去探索命运之谜,因而注重人伦处事的经验,最终立足于对主体条件与社会时势之间关系的理性分析上。

显而易见,从汉代象数易学向王弼义理易学的变革表象背后,实际上是两种命运观的交替,即汉代天命论的破产与魏晋性命论的兴起过程。这种从重视天道转向注重人事的命运倾向,自东汉中叶起,从易学的义理化和人物品评才性论两个方面不断突破传统思想的藩篱,成为王弼易学革命的两个重要思想来源:汉代易学的义理化倾向,为王弼易学提供了大量专门性思想资料;汉魏之际的才性与命运之辨为王弼易学的变革注入了新的活力,并且开拓了新的思路。下面分别介绍之。

第一,象数与义理。

象数与义理是《周易》固有的、不可分割的两个基本要素,因为周易本身就是由卦爻象符号、卦爻辞语言组成。卦爻辞符号及其数量关系被视为宇宙主宰力量的象征性表达,即所谓"象数";卦爻辞是对这些象征符号意思的语言解释,即所谓"义理"。由于古代先民抽象思维水平的局限,所以,卦爻辞往往是对具体事物的描述,以象征性语言,寓寄某种哲理。正如民族学材料表明的那样,许多原始民族,往往通过象征性的谚语表达抽象规律。"乌鸦翅膀再黑,也遮不住太阳。"(比喻真理不会被永远蒙蔽。)《周易》卦爻辞也用这种方法阐发卦爻象的义理。例如象征光明被压抑的《明夷》卦的初九爻,爻辞为:"明夷于飞,垂其翼;君子于行,三日不食,有攸往,主人有言。"这里先用了鸟在昏暗中垂翼低飞,又用君子(客人)顾不上吃饭而仓皇疾行,被主人误解的具体情状,表达了当黑暗政治刚刚降临时,明智者急于隐藏自己而常人不能理解这样一种普遍规律。

虽然《周易》是一本用象征性符号表达,并以象征性语言寓寄命运之理的书,但是《周易》本身并没有明确指出自身象数与义理两要素的存在及相互关系。首先将《周易》中象数和义理要素进行专门解释的著作是《易传》。《易传》系统地分析了《周易》的象数规律,提出了取象说、取义说和爻位说,并且系统解释了六十四卦卦爻象的意义,认为它们模拟了宇宙万物发展的规律,掌握了《周易》,也就掌握了自己的命运。当然,《易传》所讲的"规律",并非现代意义上那种表达事物内在本质联系的规律,而是一种受神秘宇宙力量控制的必然性，因此，六十四卦符号表达的并非仅仅是其象征意义，而是一种沟通事物与宇宙神秘力量联系的符号。它由模拟天地之数的揲蓍运算中产生的数字，形成了阴阳爻，排列成卦，表达了主宰事物的神秘宇宙力量的意思。它是一种宇宙语言，神灵的语言。所以，对卦爻象的分析，即可得知事物发展的规律。这是《易传》的象数倾向。同时，《易传》在表述这些事物发展规律的意思时，又用了社会人事规律进行说明，表达了对道德价值和社会人生理想的哲学思考，具有明显的理性特点，这是《易传》的义理倾向。总之，在《易传》中，象数和义理不可分割地联系在一起，又存在着相对的独立性，这就为后代易学研究的分野埋下了伏笔。汉代象数易学和魏晋义理派易学都可视为对《易传》象数与义理学说两个侧面的发挥。然而，两派易学只能各有所侧重，不可能彻底摈弃象数或义理。对此，余敦康先生已作过专门研究。①

象数派与义理派之所以对象数形式有义理内容侧重不同，是由于在命运之因探索上的不同思路所致。如果将命运之因归于某种神秘的外在宇宙力量，则必然重视象征这种神秘力量的卦爻象符号和数字推演，为占卜吉凶服务，于是侧重象数；如果将命运之因归于人类社会本身，则必然重视卦爻辞中表达的行为准则，以寻找正确的处世方法，于是侧重于义理。上述两种不同的倾向之所以能发展为一个时代的易学思潮，则深刻地受到那个时代文化背景的制约和影响。从

① 余敦康：《京房易学的象数模式与义理内涵》，《周易研究》1992 年第 2 期。

汉代象数易学到魏晋义理易学的发展，反映了两种时代精神的交替。

汉代易学的主流是象数。象数有作为一般思想方法的广义象数思维和作为易学方法的狭义象数易学之别。第二章“本末之辨”一节中，已指出了两者的异同，并且介绍了广义象数思维的基本特点。所谓狭义的象数易学是指这一思维方式在易学研究中的具体运用。两汉时期以“天人感应”为理论基础的今文经学思想家都是运用象数思维方法解释各种儒家经典的。例如用这个方法解释《春秋》，就产生了“春秋阴阳说”；解释《尚书》，就产生了“洪范五行说”；解释《礼》，就产生了“明堂阴阳说”；解释《诗》，就产生了“四始五际说”；用于解释《易》就产生了“卦气说”。在儒家六经中，明显沟通了天人关系的著作就是《周易》，所以《周易》在汉代的地位提高甚快，一跃为六经之首，而以卦气说为核心的象数易学，也成为整个汉代象数思维不断发展变化的活水源头。从西汉孟喜首倡卦气说开始，经过焦赣、京房、《易纬》到东汉的马融、郑玄、虞翻等人。卦气解易学说不断变化发展，如京房的八宫、纳甲说；《易纬》的九宫、爻辰说；郑玄的五行生成说与爻辰说，以及虞翻的逸象与半象说等等，不胜枚举。总之，一方面将六十四卦与天文历数相结合，另一方面扩大卦象所能包容的范围，把一切自然现象和社会现象统统纳入其中，构筑了便于占卜的操作系统，通过揲蓍的技术操作得出的数字及卦象，推算吉凶祸福，以获得平安幸福。

正如余敦康先生在《京房易学的象数模式与义理内涵》一文中指出的那样，汉易的象数派侧重象数，但不可能摈弃义理，因为象数派思想家解释卦爻象的意思，不可能用爻象本身去解释，必须运用概念、判断、推理等语言形式完成，即用义理表达。同时，他们并不否认卦爻辞对理解卦爻象的决定作用，相反，认为《周易》卦爻辞皆是观象而系，无一字虚设，故解释其中义理以至牵强附会。尽管汉儒在解释过程中，牵强附会、无中生有地生造出许多想象出的新的象数关系。但是，一落言诠，必然讲道理，既使言天道，亦难免用哲理说明之，当然，这些义理最终是为说明象数关系服务，为占卜吉凶服务。

虽然义理派易学作为独立学派在汉代不占主导地位，但是，并未绝迹。以费直为代表的古文易学，不讲卦气与阴阳灾变，而是据《易传》的象数理论去阐发义理。到东汉时期，随着今文经学的衰落和古文经的兴起，费氏《易》大受青睐。《后汉书·儒林传》说："陈元、郑众皆传费氏易，其后马融亦为其传。融授郑玄，玄作《易注》，荀爽又作《易传》。自是费氏兴而京氏遂衰。"显而易见，东汉易学大师马融、郑玄和荀爽都与费氏古文易学有联系。虽然他们三人的易学仍属象数范畴，甚至发展了象数易学，但是同时十分注重哲理的阐发。以郑玄为例，他就是一位象数与义理并重的大师，对王弼的易注产生了深远影响。廖名春、康学伟、梁韦弦所著《周易研究史》，在介绍了郑玄的象数易学特点后，这样总结了郑玄对义理易学的贡献：

> 郑学最为精要的是三礼，故其注易亦多采三礼的观点，据礼以证易道广大，凡涉及嫁娶、祭祀、朝聘等项，所注皆与礼经所说相结合。郑易的这一特点，实与后来易学义理派的治易特点相通。王弼注

> 易，其说即多本于郑玄，只不过有意舍弃其有关象数的说法而已。皮锡瑞《经学通论》认为，郑易虽有“爻辰”之说，但其所长者不在此，而在于据礼证易。皮氏此说诚为卓识。①

上面所说郑玄以礼解易，即是用人事解易。关于郑玄易学的义理倾向，金春峰在《汉代思想史》一书中作了详细的考证后指出，郑玄为易学向义理方向的发展提示了新出路。这个新出路就是郑玄开始突破注易的经验主义思想方法及象数模式，而为易学增加了理性主义的成分，这表现在三个方面：(1) 郑玄清除了虞翻大量使用的连互和反对之象，而多采用本卦卦象或互体，这种化繁为简，寓含有理性的某种要求。(2) 不少卦的说明仅限于用本卦卦象，目的在于借象以明理。(3) 完全不求助于卦象，而直接以义理解释《易》的卦辞和爻辞。

郑玄等人虽已注重易经的哲理发挥，但毕竟大量运用并发明了新的象数方法阐发哲理，因而仍未走出象数学范畴。汉代易学由象数转向王弼义理的过渡环节应是荆州易学。宋衷是荆州易学的代表人物，据马国翰《玉函山房辑佚书》收录的宋衷的《易注》佚文，从中可以看出宋衷基本上扫落了汉易象数内容，不讲卦气，不将卦与天文历法相联系，而是以《易传》的象数观点去阐发义理或直接阐发义理。宋衷的学生王肃对汉易象数的扫落更彻底，比如以互体解易，虽然非汉

① 廖名春、康学伟、梁韦弦：《周易研究史》。湖南出版社 1991 年版，第121页。

儒发明，先秦时已存在，但是汉易学家常用此方法解易，宋衷也两次使用互体，而王肃现存的二卷《易注》，无一处使用互体方法。反对互体解卦也是正始玄学家的共同立场。汤用彤先生曾指出，王弼易学是在直接继承荆州易学基础上的发展。“而王弼之《易》，则继承荆州之风，而自有树立者也。”[①]例如王弼《易注》大量采用了王肃《易注》的说法，在某些具体名词的解释方面，王弼有时直接抄录王肃原话。试举几例。

讼䷅ 〔坎下乾上〕九五“讼元吉”象曰：“讼，元吉，以中正也。”

王肃注：“以中正之德，齐乖争之俗，元吉也。”

王弼注：“……用其中正，以断枉直，中则不过，正则不邪。刚无所溺，公无所偏，故讼元吉也。”

损䷨ 〔兑下艮上〕上九“弗损，益之，无咎，贞吉，利有攸往，得臣无家”。

王肃注：“处损之极，损极则益，故曰弗损益之，非无咎也。为下所益，故无咎……刚阳居上，群下共臣，故曰得臣矣；得臣则万方一轨，故无家也。”

王弼注：“处损之终，上无所奉，损终反益，刚德不损，乃反益之，而不忧于咎……居上乘柔，处损之极，尚夫刚德，为物所归，故曰得臣，得臣则天下为一，故无家也。”

---

① 《汤用彤学术论文集》。中华书局 1983 年版，第 266 页。

颐䷚〔震下艮上〕六二："颠颐，拂经于丘。颐、征凶。"

王肃注："养下曰颠，拂，违也。"

王弼注："养下曰颠，拂，违也。"

习坎䷜〔坎下坎上〕初六："习坎，入于坎窞，凶。"

王肃注："窞，坎底也。"

王弼注："……最处坎底……"

萃䷬〔坤下兑上〕六二："孚乃利用禴。"

王肃注："禴，殷春之祭名。"

王弼注："禴，殷春之祭名。"

王弼对荆州易学的继承是很明显的。作为开一代新学的思想家，他不可能拘泥于一家之说，相反，对于前人的一切易学研究成果，只要能利用，都不排斥。荀爽以"阴升阳降"之说注《易》，认为凡阳爻都有上升九五的趋势，凡阴爻都有下降到六二的趋势，并且不是以已成卦象注解，而是以未然的阴阳升降的趋势为解经根据。荀爽的这种方法，有时也被王弼改造利用。他对泰卦䷊九三爻的注为："乾本上也，坤本下也，而得泰者，降与升也。"他对六四爻的注为："乾乐上复，坤乐下复。"王弼对马融、郑玄等人的《易》注也如此，无论他们使用什么方法，只要最后推出的义理可以采用，王弼一概吸收。

观䷓〔坤下巽上〕“盥而不荐，有孚颙若。”

马融注：“盥者进爵灌地以降神也。此是祭祀盛时。及神降，荐牲其礼简略不足观也。国之大事，唯祀与戎，王道可观，在于祭祀；祭祀之盛，莫过初盥降神。故孔子曰：‘禘自既灌而往者，吾不欲观之矣！’此言及荐简略则不足观也。以下观上，见其至盛之礼。万民信敬，故云：‘有孚颙若。’孚，信；颙，敬也。”

王弼注：“王道之可观者，莫盛乎宗庙。宗庙之可观者，莫盛于盥也。至荐，简略不足复观，故观盥而不观荐也。孔子曰：‘禘自既灌而往者，吾不欲观之矣！’尽夫观盛，则下观而化矣。故观至盥，则‘有孚颙若’也。”

随䷐〔震下兑上〕：“元、亨、利、贞无咎。”

郑玄注：“震，动也。兑，说也。内动之以德，外说之以言，则天下之人，咸慕其行而随从之，故谓之随也。”

王弼注：“震刚而兑柔也，以刚下柔，动而之说，乃得随也。”

王弼大量运用汉儒研究《易学》的义理成果，甚至继续在个别情况下使用象数方法，这丝毫不能改变王弼义理派易学家的形象，也丝毫不贬低王弼《易》学的意义。王弼尽管是个天才，但是他的《易》注不可能远离汉代《易》学发展的大道。王弼《易》学像一个蓄水池，它融合了两汉各家易学流派，其中《易传》→费氏古文《易》→荆州《易》学，是主要干流。在这个蓄水池中，沉淀了牵强附会的象数泥沙，保留了义理的净水。对前人义理的取舍，取决于王弼对命运的独特理解，这种独特理解，从形式上看是对先秦《易传》关于时义（社会时势）和爻位（主体条件）之关系的发挥，而实际上，则深刻根源于汉代象数易学破产之后，中国思想界在人物品评活动中对才性与命运关系的新思考。

第二，才性与命运。

汉代象数思想家们构造了一个庞大的易学系统，从理论上沟通了天人之际，为人们了解上天的意志从而掌握自己的命运提供了一个貌似精确的可操作的方法。象数易学所表达的命运观点本身无可非议，一方面，它是新兴的大一统汉帝国对自身前途充满自信的写照；另一方面它也反映了那个时代儒家知识分子的文化价值理想。象数易学虽然强调神秘的卦气和天意，但其落脚点仍是对社会人生的关怀。这种命运观认为，人类的吉凶祸福虽由宇宙外力所控制，但是最终取决于人类自身的道德行为对宇宙外力的感应影响。人类只要通过按道德原则行事，并不时运用象数方法去推算天意所在而不断调整自己的行为，就会获得平安幸福。显然，它对调整以人伦道德为基础的封建政治秩序和限制君权的过度膨胀都有积极意义。

由于象数易学虚构的天人关系是建立在想象基础之上的，所以其推算阴阳灾异的技术操作不可能正确指导人们预知未来。自东汉中叶开始，随着社会政治危机的加深，人们越来越无法掌握自己的命运，思想界开始怀疑是否真有那么一种公正神秘的宇宙力量在支配人类的命运。王充的《论衡》就是代表作。在这本以命运为主题的著作中,新思想的先驱人物王充淋漓尽致地批判了汉儒的天人感应理论,坚决否定了有某种超自然的有意志的宇宙力量在左右人类的生死寿夭和吉凶祸福,坚决否定了个人的道德行为与未来命运的联系。他在《论衡》开篇即提出:"才高行洁,不可保以必尊贵;能薄操浊,不可保以必卑贱。"①表达了思想界对当时政治黑暗的控诉和对命运的困惑。至于以占卜推演阴阳灾异的方法,则更遭到王充不遗余力的批判。王充虽然反对汉代象数神秘主义命运观,不承认存在有意志的宇宙主宰者,但他相信命运的存在,提出了一整套名为"自然"的元气性命理论。他反复指出,人类永远无法决定自己的命运,生死寿夭和富贵贫贱,都是禀受元气质量的差异所决定的,是生来俱有,不可改变的,最终陷入了一种消极悲观的宿命论。

从对魏晋玄学性命观的影响这个角度观察,王充宿命论仍对新思想的产生具有重要的启迪作用,这主要表现在王充笔下不可捉摸的"命",毕竟由个人主观条件和社会客观条件结合而成。生死寿夭之"命"由生理素质"禀气渥薄"与突然事变"所当触值"结合而成。② 富贵贫贱之"命"则由主体才性与客观机遇的结合而成。王充在《论衡·逢遇篇》虚构了一位白发老人因一生踩不上时运而在路边大哭。这位老者在其少年时代,因当政的皇帝以文取士而拼命学文,学成之后,皇帝喜欢用老年人,他自然落选了。等到重用老人皇帝

① 《论衡》卷一《逢遇第一》。
② 《论衡》卷一《气寿第四》。

死后，新皇帝却喜欢武功，于是他转而习武，学成之后，重视武功的皇帝又去世了，新上任的年轻皇帝喜欢年轻人，而他却已经老了，因此一生无施展才干的机会。“仕宦有时，不可求也。”[①]显然，王充已朦胧地意识到了个人的才性条件与社会时势之间的结合就是命运，尽管他并没有明确抽象指出才性与时势两大主客观条件，但是这些具体的表达已为汉魏之际才性命运论以至王弼时位说开拓了新的思想方向。

我们在前几章中都从不同角度展现了汉魏之际的人物批评运动这一伟大的社会实践活动，对这个时期文化思潮巨变的深远影响，命运观点的变化也不例外。中国思想家在这一活动中，开始从才性与政治机遇的结合上探索政治命运的动因，形成理性主义的命运观，代表作仍是曹魏初期的人材专著《人物志》一书。

《人物志》认为，人们由于对阴阳五行之气的禀受不同，产生了不同的情性和相应的不同政治才干。为了说明这一观点，《人物志》进行了人材的详细分类，划分为十二种类型，这些不同类型的人材必须遇到能识别他们政治才干的同类型的选官者，并且遇到能发挥各自政治特长的社会形势，才能有成功的未来。例如术家之材，适合从事谋略工作，必须遇到相同的术家材质的选官者才能被发现。术家适宜在危难形势下发挥作用而不适宜和平环境，因此，必须有动荡的时代才能建功立业，否则便会默默无闻。由此可见，任何一种人材的成功，都是相当困难的。《人物志》的《七缪篇》和《效难篇》，对人材成功的机遇问题作了十分深入细致的探讨，指

---

① 《论衡》卷一《逢遇第一》。

出了人材的政治命运取决于许多因素，其中个人的才性特征、政治经济地位与整个社会的时尚、选官者的材质特点等，缺一不可。人材脱颖而出的机会万不一遇，“或曲高和寡，唱不见赞；或身卑力微，言不见亮；或器非时好，不见信贵；或不在其位，无由得拔；或在其位，以有所迫。是以良材识真，万不一遇也。须识真在位，识百不一有也。以位势值可荐致之，宜十不一合也。或好贡荐，而不能识真。是故知与不知，相与分乱于总猥之中”①。

如果将《人物志》关于人材命运的条件作一下归类，可以划分为主观与客观两个方面。主观方面包括人材的才性素质和所处地位；客观条件包括是否有高层人士的提携和社会形势的需要等等。这种从人事本身出发分析命运的理性主义方法，具有十分重要的意义，为思想界从人事角度阐发周易的义理，提供了新的思路，对照王弼《周易注》的方法，可以十分清楚地看到这种思想轨迹。在王弼笔下，各卦卦时表示社会总形势，爻位则表示某人所处的位置和与其他事物及其他人的关系。这是王弼解释周易的基本思路，也是王弼命理学的基本观点，它与汉魏之际人物品评的观点一脉相承。可以说，王弼《易》学就是在这种才性与机遇相结合的命运观点影响下，创造性地发挥《易传》的卦时、爻位学说，从客观时势与主体条件的结合上，解释了命运的形成。

① 刘劭：《人物志·效难篇》。

（二）卦时与爻位

卦时和爻位是《易传》的重要思想，但在不同的《传》中，则各有侧重。《易·彖》注重在讲卦时解释时义，而《易·系辞》则多阐述爻位的功能。王弼将《易传》关于卦时与爻位的分别论述创造性地结合在一起，以卦时与爻位的关系作为分析问题的出发点，即从主体条件与客观形势之间的关系出发，分析卦爻象的意义，将易经置于社会人事的基础上，形成了新的认识角度，使易学研究发生了划时代变革。

1. 时义

王弼指出，每卦卦象卦辞都表达一种"时"。所谓"时"是指事物运动发展中所遵循的某种特殊规律。六十四卦，可以看作六十四种特殊规律。王弼意识中的这种规律与我们今天对规律的定义有不小差距。当时的思想界认为，这种规律并不存在于事物的内部，而是存在于事物之外，当事物发展到某个时间或某种状态，即俗语所讲的"时候"，就遇到了这种不可抗拒的规律而被其支配。汉儒认为卦时是宇宙空间神秘卦气运动的结果，可通过观察星象或其他迹象得知。东汉末年，有人劝太学领袖郭泰入仕，郭泰回答说："不行。我夜间观天象，白天察人事，得知目前社会正处于《明夷》卦控制时期，属于隐居的时候。"[①]荀爽也认为当时正处于《明

① 《后汉纪》卷二十三："于是劝林宗仕，泰曰：'不然也。吾夜观乾象，昼察人事，天之所废，不可支也。方今卦在明夷，爻直勿用之象，潜居利贞之秋也。犹恐沧海横流，吾其鱼也。"

夷》卦的开始阶段，不可妄动。[①]《明夷》离下坤上，火入地中，象征光明势力被压抑，是正人君子韬晦之时。人们应当遵循的行为规律不是积极入世，而是避世保身，将自己的聪明智慧深深地隐藏起来。

怎样才能了解每卦卦时的意思呢？王弼认为《易传》中的《彖》是专门解释卦时问题的著作，可据《彖》的解释了解各卦的时义。同时他进一步指出，《彖》对时义的说法，并非凭空臆想，而是从对卦象的分析中得出，具体由以下两种分析方法了解时义：或从一卦的六爻中起主导作用的一爻所象征的意义得出，或从上下经卦象征的意义得出。"凡彖者，通论一卦之体者也。一卦之体必由一爻为主，则指明一爻之美以统一卦之义，《大有》之类是也；卦体不由乎一爻，则全以二体之义明之，《丰》卦之类是也。"[②]

第一，观察主爻。

怎样确定六爻中的哪一爻是主爻呢？王弼指出由两个途径可以找到主爻。

首先，观察中爻。所谓中爻，是指处于上下经卦中部，即二、五位置的爻。这一观察方法的哲学依据，是"中"在人类社会中的重要意义。如军队中的"中军"，朝廷里的"省中"，道德品质方面的"中庸"等等，都表明了"中"起主导作用的价值功能。"夫古今虽殊，军国异容，中之为用，故未可远也。"[③]

---

① 《后汉书》卷六十七《李膺传》。

② 王弼：《周易略例·略例下》。

③ 王弼：《周易略例·明彖》。

再者，观察卦中是否只有一个阴爻或一个阳爻。如果六爻中有五个阳爻，那么剩下的一个阴爻就是主爻；如果有五个阴爻，那么剩下的一个阳爻就是主爻。这一观察方法与王弼"执一统众"的哲学方法关系密切，它同样最终来源于人类社会中君主、官长对民众的统治这种实践活动。"夫众不能治众，治众者，至寡者也……故六爻相错，可以举一以明也。"①

观王弼所注《周易》六十四卦，其中明确以一爻确定卦义的有二十三卦。这二十三卦中，又有十九卦的主爻位于"中爻"，只有四卦的主爻不处于中爻地位。下面以图表显示之：

卦名	卦象	主爻	中爻	王弼注
需	䷄ 坎乾	九五	是	谓五也……需道毕矣。
讼	䷅ 乾坎	九五	是	处得尊位，为讼之主。
师	䷆ 坤坎	九二	是	以刚居中……为师之主。
比	䷇ 坎坤	九五	是	为比之主。

① 王弼：《周易略例·明象》。

卦名	卦象	主爻	中爻	王　弼　注
小畜	䷈ 巽乾	六四	否	谓六四也,成卦之义在此爻也。
履	䷉ 乾兑	六三	否	成卦之体,在六三也。
同人	䷌ 乾离	六二	是	二为《同人》之主。
大有	䷍ 离乾	六五	是	为大有之主……
豫	䷏ 震坤	六四	否	莫不由之以得其豫。
观	䷓ 巽坤	九五	是	居于尊位,为饰之主。
噬嗑	䷔ 离震	六五	是	……必有其主,五则是也。
贲	䷕ 艮离	六五	是	处得尊位,为饰之主。
剥	䷖ 艮坤	六五	是	处剥之时,居得尊位,为剥之主。
无妄	䷘ 乾震	九五	是	居得尊位,为无妄之主者也。

卦名	卦象	主爻	中爻	王弼注
大畜	䷙ 艮乾	六五	是	五处得尊位，为畜之主。
习坎	䷜ 坎坎	九五	是	为坎之主。
恒	䷟ 震巽	六五	是	居得尊位，为恒之主。
遁	䷠ 乾艮	六二	是	居内处中，为遁之主。
明夷	䷣ 坤离	上六	否	明夷之主，在于上六。
益	䷩ 巽震	九五	是	得位履尊，为益之主也。
涣	䷺ 巽坎	九五	是	处尊履正……为涣之主。
节	䷻ 坎兑	九五	是	当位居中，为节之主。
未济	䷿ 离坎	六五	是	以柔居尊……为未济之主。

第二，观察上下经卦象征的意义。

尽管王弼十分强调“主爻”在一卦时义形成中的作用，但是通观其《周易注》,他以一爻确定卦义的数量不占多数,仅有上表列出的二十三卦,大多数卦的时义是由上、下经卦象征的意义而确定。他以《丰》卦为典型例证。《丰》卦䷶,下《离》☲,上《震》☳。《离》象征火、闪电,具有光明之义;《震》象征雷,雷声震动,具有唤醒万物之义。《易·象》以雷电交加解释《丰》卦卦象:"雷电皆至,丰。"王弼认为上下经卦的结合象征着闪电的光耀伴随着震雷,照亮了大地,唤醒了万物,犹如有德的君主无幽不见,恩及万物。所以他将时义解释为"阐弘微细,通夫隐滞者也",用现代汉语表达,就是使微小者发扬光大,使停滞者顺畅通达。

王弼非常重视时义。他认为,只有抓住了时义,才能理解一卦的主旨,才能面对六爻"杂乱"的爻辞而不至于坠入云雾中。卦爻辞虽然繁杂,但是可以由时义而抓住其灵魂,可以用一句话予以概括。"故自统而寻之,物虽众,则知可以执一御也;由本以观之,义虽博,则知可以一名举也。故处璇玑以观大运,则天地之动未足怪也;据会要以观方来,则六合辐辏未足多也。"①

所谓时义,并非抽象哲理,而是指社会时势,古人称之为"时运"。为王弼《周易注》作"正义"的孔颖达将六十四卦概括为四种时运:"一者治时,颐养之世是也;二者乱时,大过之世是也;三者离散之时,解缓之世是也;四者改易之时,革变之世是也。"②孔颖达提出的四种分类方法,并不是王弼的本意。在王弼意识中,六十四卦是六十四种各具特点

① 王弼:《周易略例·明象》。
② 孔颖达:《周易正义·豫》。

不可替代的时运。研究者从不同的划分标准出发,可将六十四卦作不同分类。用最简单的方法,可划归吉凶两大类,人们也应随之采取积极有为与静观其变两种基本处世方针。“故名其卦,则吉凶从其类;存其时,则动静应其用。”①

(1) 处于黑暗凶险的社会时势,需要静观其变,不可妄动。例如《否》卦之时,“小人道长,君子道消”②,正直之人行事,必然倒霉。《明夷》卦之时,光明势力受到压抑,君子要暂时避世,隐藏保存实力。《困》卦之时,闭塞穷厄,君子所言难以见信于社会,必须洁身自守才能走出困境。

(2) 处于光明吉利的社会时势,就要不失时机地积极入世,不可消极隐蔽。这类时势,有些是和平安康的太平世道,如《泰》《乾》诸卦;有些则是有利于君子建功立业的社会变动之时,如《大过》、《旅》、《蛊》、《丰》诸卦。在需要有所作为的时候,仍消极观望,畏缩不前,就是背时违道,预后不良,这在下面《大过》卦中将具体分析。王弼认为,在这类革故鼎新的社会大变动时期,应积极进取,任用贤才,创建制度。只要能达到天下大治,任何政治措施都可采用,包括比礼教还要低劣的刑法和军队。“刑克以通,狱之利也。”③“法明断严,不可以慢。”④“言用兵虽趣功济难,然时故不得已后用者,但当以除暴乱。”⑤因为根据社会形势的需要而采取暴力去铲除邪恶、平息动乱,同样属于顺应自然。“小怨则

① 王弼:《周易略例·明卦适变通爻》。

② 《周易·否》王弼注。

③ 《周易·噬嗑》王弼注。

④ 《周易·夬》王弼注。

⑤ 《老子·第三十章》王弼注。

不足以报，大怨则天下之所欲诛，顺天下之所同者，德也。”①

王弼十分强调时势对人生的影响。社会形势不同，人们的行为方式亦随之改变。处于社会变革时代，即使参与了改朝换代推翻皇帝的革命活动也不会招致灾祸；处于天下安定之时，则要循规蹈矩，不可触犯贵贱名分，甚至不可随意发脾气。“吉凶有时，不可犯也；动静有适，不可过也……动天下，灭君主，而不可危也；侮妻子，用颜色，而不可易也。”②

2. 爻位

王弼认为，六爻象征变化着的万事万物。“夫爻者，何也？言乎变者也。”③这种变化的根源是什么呢？“变者何也？情伪之所为也。”④情，指真情；伪，指与真情相反的假象。“情伪”的存在及其与各种外在条件的结合，使整个世界看起来千变万化，无一定之视。

> 夫情伪之动，非数之所求也。故合散屈伸，与体相乖，形躁好静，质柔爱刚，体与情反，质与愿违。……陵三军者，或惧于朝廷之仪；暴威武者，或困于酒色之娱。近不必比，远不必乖。同声相应，高下不必均也；同气相求，体质不必齐也。召云者龙，

① 《老子·第六十三章》王弼注。
② 王弼：《周易略例·明卦适变通爻》。
③ 王弼：《周易略例·明爻通变》。
④ 王弼：《周易略例·明爻通变》。

> 命吕者律。故二女相违，而刚柔合体。隆墀永叹，远壑必盈。投戈散地，则六亲不能相保；同舟而济，则吴越何患乎异心……是故情伪相感，远近相追；爱恶相攻，屈伸相推。①

对这个繁杂多变的现象世界，很难用一个固定不变的模式去表述。“巧历不能定其算术，圣明不能为之典要，法制所不能齐，度量所不能均也。”②但决不是说这个变化的现象世界无法把握，而是不能用僵死的方法。《周易》卦象中变化多端的爻位，就模拟了各种现象之间的复杂关系。“能说诸心，能研诸虑，睽（乖异）而知其类，异而知其通，其唯明爻者乎！”③

六爻是怎样模拟变化着的万事万物呢？王弼认为，六爻的每个爻都与其他爻存在着复杂的关系，称之为爻象或爻位。他在《明卦适变通爻》一文中例举了以下六种关系：

“夫应者，同志之象。”这是指六爻中初与四、二与五、三与上，如果是一阴与一阳，则互相应和，象征能得到他人的帮助；如果是一阴与一阴或一阳与阳，则无应，象征得不到相应的帮助。

“位者，爻所处之象也。”二、四为阴位卑位，阴爻处于二、四位置时叫“得位”。三、五为阳位尊位，阳爻位于三、五位置时叫“当位”。当位的爻，象征人或事物发展合乎正道

---

① 王弼：《周易略例·明爻通变》。
② 王弼：《周易略例·明爻通变》。
③ 王弼：《周易略例·明爻通变》。

规范；不当位的爻，象征违反了正道、常规。是否当位，影响该爻的安危。

"承乘者，逆顺之象也。"以下爻对上爻叫作承，以上爻对下爻叫作乘。阴承阳为顺，阳承阴为逆；阴乘阳为逆，阳乘阴为顺。阴爻象征卑弱者，阳爻象征尊贵者，故有逆顺之说，逆则困厄，顺则通达。

"远近者，险易之象也。"指某一爻距离象征险难或吉利经卦的远近而言。如需卦䷄，上卦为坎，象征险难。下卦的三爻中，初爻离坎卦最远，所以安全（易）；三爻距坎卦最近，所以危险。

"内外者，出处之象也。""内"指下卦，象征"处"，"外"指上卦，象征"出"。位于内卦的爻象征为"安居"，位于外卦的爻象征为"外出"。

"初上者，终始之象。"初，指初爻；上，指上爻。初上无阴阳之位，象征事物发展过程的开始和结束。

以上所介绍的六种爻位的意义，只是典型化说明，在具体运用时，随卦不同而可不断引申，变化无穷。显而易见，王弼笔下的爻位，实际上是指行为主体（个人或群体）本身的条件，比如社会地位、所具实力以及上下左右的关系等等。爻位（具体条件）对行为主体命运的形成具有十分重要的影响。但是爻位并不能直接决定六爻的吉凶，因为它们要受时义的控制。在不同的时义中，同一爻位的意义可能完全不同，即在不同社会形势下，相同的主体条件会有不同的命运。

3. 卦时与爻位

以卦时统帅爻位，是王弼注《易》时最重要的方法，它是贯穿于六十四卦注释中的灵魂。"夫卦者，时也；爻者，适

时之变者也。"王弼反复强调爻位对卦时的依赖关系,强调爻位的意义,随卦时时义不同而变化:

> 夫时有否泰,故用有行藏;卦有小大,故辞有险易。一时之制,可反而用也;一时之吉,可反而凶也。故卦以反对,而爻亦皆变。是故用无常道,事无轨度,动静屈伸,唯变所适。故名其卦,则吉凶从其类;存其时,则动静应其用。寻名以观其吉凶,举时以观其动静,则一体之变,由斯见矣。[①]

不同卦时与不同的爻位相结合,会产生十分复杂的情况,这要从爻位与时义之间的关系去理解。他接着举例说:"《比》《复》好先,《乾》《壮》恶首,《明夷》务暗,《丰》尚光大。吉凶有时,不可犯也;动静有适,不可过也。"[②]王弼在此举了四种类型,我们仅分析前二种:

第一,关于"《比》《复》好先"。《比》卦时义是亲近,辅助,《复》卦的时义为反本,亲近辅助和反本都有利于领先者。初爻象征开始,领先,所以两卦的初爻都比较好。例如《比》卦初六爻辞为:诚信吉祥。《复》卦初九爻辞为:遵循正道,非常吉祥。

第二,关于"《乾》《壮》恶首"。《乾》卦的时义为强健,《大壮》卦的时义为盛壮,强健和盛壮都反对领先者。初爻处一卦之首,象征开始,有领先之义,故这两卦的初爻都

---

① 王弼:《明卦适变通爻》。
② 王弼:《明卦适变通爻》。

不好。《乾》卦初九爻辞为：巨龙潜伏于深水，不施展才能。《大壮》卦初九爻辞为：进取必有凶险，应诚信自守。王弼在《周易略例·卦略》中分析《大壮》爻位的吉凶规律时指出：由《大壮》盛壮的时义所决定，六爻的吉凶看其是否具有谦逊礼让的意义。阳爻处于阴位（二、四位），有谦让之义，所以该卦的阳爻处阴位，爻辞为吉祥；而阳爻处阳位（三、五），爻辞则不吉利。

王弼的《周易略例·卦略》是一篇专门从时义与爻位之间关系角度分析具体卦例的文章，共分析了十卦，鲜明地表现了他解《周易》的方法。下面，仅以文中所举第六卦《大过》为例，结合《周易·大过》王弼注，予以介绍。

> ䷛大过者，栋桡之世也。本末皆弱，栋已桡矣。而守其常，则是危而弗扶，凶之道也。以阳居阴，拯弱之义也。故阳爻皆以居阴位为美。济衰救危，唯在同好，则所赡褊矣。故九四有应，则有它吝；九二无应，则无不利也。①

上文的大意为：《大过》卦，象征即将崩溃的世道。在全面衰弱，社会的栋梁已弯曲，即将断裂的形势下，仍按常规行事，等于遇到危险而不采取对策，必将凶多吉少。阳爻居阴位，有挽救衰弱的意义，所以该卦的阳爻都因处于阴位而吉祥。在拯救危亡的形势下，应团结一切力量，如果仅仅依靠自己的同类，则限入偏狭，难以成功，所以九四爻与初六相应，反

① 王弼：《周易略例·卦略》。

而不好；九二爻与九五爻无应，反而有利。在一般条件下，爻位之间有应吉祥，无应不利，而在《大过》的特定形势下，则完全相反。

观王弼《周易·大过》的注文，完全体现了这一思想。王弼认为，该卦的时义是“拯弱兴衰”，“是君子有为之时也”。因此，循规蹈矩是危险的，所以处于阳位的阳爻九三与九五之爻辞都不吉利。阳爻处阴位，符合打破常规积极有为的时义，所以九二、九四的爻辞吉利。同时九二爻无应，更符合时义要求，因而爻辞最好：“枯槁的杨树生出嫩芽新枝，年迈老汉娶了个年轻的妻子，无所不利。”（译文，下同）王弼在注文中作了进一步解释：“以阳爻处阴位，象征敢于超越自己的本份去拯救弱者；与九五爻无应，象征心胸不狭隘；在《大过》形势下有这些品质，能挽救一切衰弱的事物。所以爻辞称之能使枯杨发芽，老叟得小妻。拯弱兴衰的意义，以此爻最典型，因而说它‘无所不利’。”

王弼阐发《周易》的义理，并不是为了总结抽象的哲学原理，而是为了探索命运的规律，为人类以最小损失获得最大功利服务。我们随便分析《周易注》对任何一卦的解释，都可以清晰地看到这一主旨，下面仅以《革》卦为例以了解王弼的命理学说：

> 革卦䷰。象征变革，指社会形势处于激烈的大变化时期，变革成功的基本规律是顺应民意与坚持正义两大原则。王弼指出：“民可与习常，难与适变；可与乐成，难与虑始。故革之为道，即日不孚，已日乃孚。”孚指信任。此句大意为，人民由于习惯的

影响，很难参加变革。当变革开始时，人民往往不乐意参加；当变革势头形成后，人民如果信从，变革就会胜利，否则，变革将失败。怎样才能获得人民的信从呢？王弼说："夫所以得革而信者，文明以说也。文明以说，履正而行，以斯为革，应天顺民，大亨以正者也。"就是说，变革必须师出有名，合乎正义，才能得民心，也才会获得成功。受变革时义（规律）的影响，象征变革全过程各阶段的六爻，其意义也就随之大异，人们处于这六种不同的变革具体阶段，其行为也要随之变化，只有这样才能获得成功。请看：

初九：初，表示开始，象征变革刚刚发生，各方面阻力甚大，革新力量较为单薄，应积蓄力量，观望时局，不可轻举妄动。"在革之始，革道未成，固夫常中，未能应变者也，此可以守成，不可以有为也。"

九二：阴爻象征卑弱、顺从。上应九五爻，象征配合上层发起的变革，表示当变革已发动时，处下层卑弱者响应变革，会获功利。"阴之为物，不能先唱，顺从者也。不能自革，革已乃能从之……二与五虽有水火殊体之异，同处厥中，阴阳相应，往必合志，不忧咎也，是以征吉而无咎。"

九三：处于下卦离☲之上，象征变革已取得小成功，但阳爻居阳位，切忌刚亢躁进。因此，应暂停变革，安抚人心，巩固胜利。"有孚而犹征之，凶其宜也。"

九四：以阳爻处阴位，又与初九阳爻不相应，按常规不利，但处于变革时期，合乎打破常规时义，故“无悔”。处于下卦离（火）与上卦兑（水）的水火之间，象征变革形势已形成，并且得到下卦所象征的下层人民的支持，所以应充满信心地推行改革，定会获得成功。“处水火之际，居会变之始，能不固吝，不疑于下，信志改命，不失时愿，是以吉也。有孚则见信矣，见信以改命，则物安而无违……处上体之下，始宣命也。”

九五：阳爻当位，象征变革势力取得了主导地位，犹如“大人”全面推行变革，无疑会大得人心，取得成功。“未占有孚，合时心也。”

上九：象征变革已经全面胜利，不但君子参与变革，小人也纷纷转变立场，向革新势力靠拢。变革时代已应该结束，应当巩固胜利成果，力求稳定守成。这时如果继续变革，必遭凶险。“居变之终，变道已成。君子处之，能成其文，小人乐成，则变而以顺上也。改命创制，变道已成。功成则事损，事损则无为。故居则得正而吉，征则躁扰而凶也。”

透过王弼卦时与爻位关系理论的《易》学外衣，可以清楚地看到，他实际上是从社会形势与行为主体条件的结合中，探讨命运的形成，以及如何审时度势，分析主客条件，采取正确的处世方针，掌握自己的命运，争取光明的前途。

（三）易道与太极

王弼易学以人事为本，具有明显的理性主义特色是毋庸置疑的，那么王弼是否认为易经的六十四卦不再具有宇宙神秘力量呢？或者说，人类社会的命运是否不再由某种宇宙力量操纵，而是由人类本身的行为所决定呢？这是一个复杂的问题，不能用简单的判断来回答：如果作出肯定的回答，王弼无疑已经超越了自己的时代，站在现代科学理性的高度分析问题了，这显然拔高了他；如果作出否定的回答，王弼则没有超出汉儒的思想局限，没有完成易学的义理革命，这显然贬低了他。事实上，王弼的《易》学命运观正是这样一个"悖论"：承认《易经》六十四卦后面存在着神秘的宇宙力量，同时这种神秘的力量仅仅是无为的存在，完全通过六十四卦所模拟的社会人事表现出来，与其《老子注》中关于宇宙本体"无"既是"有"的主宰，又完全顺应"有"的一切自然状态表现出来的学说一脉相承。

王弼义理《易》学与汉代象数《易》学在命运观上的根本差异，并不在于是否承认存在宇宙决定力量，而在于这种宇宙决定力量是否为有意志有目的地通过六十四卦左右人类命运。汉儒持肯定态度，必然要进一步研究宇宙力量的运动规律，所以陷入了烦琐的象数学迷阵；王弼持否定态度，必然要重视可见的社会人事规律，所以走向了简明的理性哲学。可以说，王弼《易》学革命的最关键一步就在命运的终极原因，即《易经》六十四卦形成的终极原因上。王弼以其新的贵"无"本体论哲学创造性地解释了《周易》象数问题上的两大难点：卦时和大衍之数，重新解释了易经六十四卦的宇宙动因，迈出了关键性的一步。

无论从《易经》本身看，还是据《易传》的说法，《易经》象数问题最明显、最重要的无非是卦爻象（象）与大衍之数（数），因为用于占卜的大衍之数以及所成的卦象，无疑表达了冥冥中来自宇宙力量的由数字到符号的神秘信息，所以大衍之数神奇功能以及所成卦时（时运），是直接与宇宙力量接轨的最奥妙部分，对两者的探讨，将涉及宇宙观及命运观之类根本问题。汉儒的象数易学从这里出发，王弼的易学革命，也从这里入手。

1. 卦时与易道

作为一部研究命运的典籍，《周易》卦时的本质是一个具有神秘色彩的问题。卦时反映着时运、社会形势，那么这种时运的本质及其产生的内在原因是什么呢？象数派《易》学家用神秘的宇宙意志即可轻松地予以解答，而义理派《易》学要回答这个问题却并非易事。例如何晏对此深感困惑，自称对《周易》有九个问题不理解，其中之一就是时义的共同本质。“自言不解《易》九事。”[①]“诸卦中所有时义，是其一也。”[②]关于卦时的本质，王弼也没有直接阐明它是什么，但是可以从其间接论述中推知。例如他在《周易略例·明象》中，将卦时称为“一”和“本”。

夫《彖》者何也？统论一卦之体，明其所由之

① 《三国志·魏书》卷二十九《管辂传》注引《辂别传》。
② 《南齐书·张绪传》。

主者也……物无妄然，必由其理。统之有宗，会之有元，故繁而不乱，众而不惑。故六爻相错，可举一以明也……故自统而寻之，物虽众，则知可以执一御也；由本以观之，义虽博，则知可以一名举也。

在王弼的哲学术语中，“一”是对宇宙本体“无”从数量角度观察的称谓，“本”是从本质现象角度观察的称谓。那么卦时是否也是宇宙本体的一种表现形式呢？要回答这个问题，必须理解王弼笔下“易道”的含义及其与卦时的关系。

在王弼的意识中，“道”是从运动规律角度对宇宙本体“无”的一种称谓。宇宙本体“无”表现出的总规律是无为，顺应万事万物的自然规律，这样一来，它又必须以万事万物的具体规律表现出来，即表现为许许多多的“道”，如在天为天之道，在地为地之道，在人为人之道。《周易》是讲万物所共同遵循之规律的经书，其六十四卦，代表六十四种规律，可称之为“易道”。“明《易》道深妙，戒过明训，微言精粹，熟习然后存义也。”①

卦时，在王弼注《易》术语中与具体“易道”同义，他经常称某卦时为某种道，如需道、比道、履道、泰道等等。“居《需》之时”，“需道毕矣”。② “居《履》之时”，“《履》道尚谦，不喜处盈……《履》道之美，于斯为盛”。③ 泰者，物

① 《论语义疏·述而》皇侃引王弼《论语释疑》。
② 《周易·需》王弼注。
③ 《周易·履》王弼注。

之大通之时。”“居《泰》上极，各反所应，《泰》道将灭。”[1]“处《比》之时”，“亲道已成”。[2] 显然，王弼把每一卦的时义看作一种易道。虽然，王弼并没有直接称易道为“无”，但他对易道性质的论述与他在《老子注》中对“无”的表述是一致的。王弼有一个著名的命题是“有之所以为利，皆赖无以为用也”[3]。用，指作用、功能。整个《周易》六十四卦，都是“以无为用”的具体化。王弼认为，每一卦，都是因为其中的“易道”发挥作用和功能而存在。例如：谦卦为谦道发挥作用，“处三之上而用谦焉”[4]。益卦为益道发挥作用，“益之为用，施未足也”[5]。巽卦为巽道发挥作用，“以刚而能用巽”[6]。丰卦为丰道发挥作用，“丰之为用，困于昃食也”[7]。王弼的这一思想在《乾》、《坤》两卦的彖注中表达得最为典型：

> 天也者，形之名也；健也者，用形者也。夫形也者，物之累也。有天之形，而能永保无亏，为物之首，统之者岂非至健哉！[8]

> 地也者，形之名也；坤也者，用形者也。……

---

① 《周易·泰》王弼注。
② 《周易·比》王弼注。
③ 《老子·第十一章》王弼注。
④ 《周易·谦》王弼注。
⑤ 《周易·益》王弼注。
⑥ 《周易·巽》王弼注。
⑦ 《周易·丰》王弼注。
⑧ 《周易·乾·彖》王弼注。

用之者不亦至顺乎?[①]

天、地是有形的,但是在天、地各自中间发挥作用的决定性规律"乾健"和"坤顺"却是无形的。王弼笔下的宇宙本体"无"的唯一特点是"无形无名",同时,它又存在于每个事物中,表现为有形有名的多种形式。"在方而法方,在圆而法圆,于自然无所违。"[②]一句话,顺应万物的自然状态,通过有形的万物表现出自己的存在。因此,从规律方面考查,宇宙本体也表现为两种"道":一是无形无名无为的总规律,是不可言说(不可道与不可名)的"常道";二是在有形有名有为的具体事物中起作用的具体规律,因为具体规律永远不离有形事物,所以又随所在事物有了名号,是可言说(可道与可名)的"非常道"。可见"道"永远是"常道"与"非常道"的统一,即"不可道之道"与"可道之道"的统一。显而易见,《易经》的卦时——易道,就属于"可道之道"。其六十四种"易道"虽各有名称,但其本质,仍是无形无名的宇宙本体。

宇宙本体虽然是形成卦时的决定力量,但是,这种作用却是无意志、无目的进行的,即完全顺应事物本身的自然运动规律而成。那么,卦时所反映的岂不是事物本身的运动规律吗?这个问题,王弼通过对大衍之数的解释,作了出色的回答。

2. 大衍之数的"一"与"太极"

大衍之数是指占卜所用50根蓍草的数目。大衍之数的说

---

① 《周易·坤·象》王弼注。

② 《老子·第二十五章》王弼注。

法首见于《易·系辞》关于介绍揲蓍方法(占卜方法)的一段文字中,并且给后人留下了两个难解之题:一是"大衍之数五十,其用四十有九。"为什么算卦需50根蓍草,却仅用49根,第一根置之不用呢?二是"天数二十有五,地数三十,凡天地之数五十有五。"那么,为什么模拟天地之数的大衍之数(50)与天地数(55)不一致呢?这两个问题是历代易学家难以回答,但又必须回答的问题,尤其对象数派易学家来说,更是如此。在他们看来,运用50根蓍草演算过程中,经十八变而产生6个数字所生成的六爻(一卦),之所以能表达宇宙神秘意志,就在于大衍之数与宇宙之数(天地之数)的契合。因此,汉代易学家对《易传》留下的关于大衍之数及天地之数的难题,作了种种猜测,有多种说法:①

京房云:"五十者,谓十日十二辰二十八宿也。凡五十其一不用者,天之生气,将欲以虚来实,故用四十九焉。"

马季长(马融)云:"易有太极,谓北辰也,太极生两仪,两仪生日月,日月生四时,四时生五行,五行生十二月,十二月二十四气,北辰居位不动,其余四十九转运而用也。"

荀爽云:"卦各有六爻,六八四十八,加乾坤二用,凡有五十,乾初九潜龙勿用,故用四十九也。"

郑康成云:"天地之数五十有五,以五行气通,

---

① 以下资料除郑玄说法据郑玄《周易注》外,均出自孔颖达《周义正义·系辞》引。见《十三经注疏》。中华书局1979年影印本,第80页。

凡五行减五，大衍又减一，故四十九也。衍，演也。天一生水于北，地二生火于南，天三生木于东，地四生金于西，天五生土于中。阳无耦，阴无配，未得相成。地六成水于北，与天一并；天七成火于南，与地二并；地八成木于东，与天三并；天九成金于西，与地四并；地十成土于中，与天五并。大衍之数五十有五，五行各气并，气并而减五，惟有五十。以五十之数不可以为七八九六卜筮之占以用之，故更减其一，故四十有九也。”

姚信、董遇云：“天地之数五十有五者，其六以象六画之数，故减之而用四十九。”

在以上汉儒的各种说法中[①]，京房、马融、荀爽仅解释了其中一个难题——大衍之数四十九与一的关系；郑玄、姚信、董遇则涉及到了两个难题，除大衍之数自身的问题外，又有大衍之数与天地之数的关系。其中郑玄五行生成说理论水平最高，他将大衍之数、天地之数与阴阳五行方位交织成一个复杂的系统，可以理解许多象数问题，成为宋易图书学派的直接思想来源。

对汉易象数派在大衍之数解释上的差异暂且不作讨论，仅从他们的共同点着眼，就可以看出，他们都认为，大衍之数中的四十九与宇宙中神秘的主宰力量有数字同构性联系，这种神秘力量在冥冥中左右着人类社会的命运，四十九根蓍草可传递宇宙意志信息。王弼对大衍之数解释的根本思路与

① 姚信、董遇分别人吴、魏。

汉儒相反,他强调大衍之数中置之不用的"一"是宇宙本体,起主宰作用,同时又巧妙地消除了宇宙本体的主宰作用,将落脚点放置于人事。王弼曾著《大衍义》一文,已佚,韩康伯《易·系辞注》引一段仅存文字,如下:

> 演天地之数所赖者五十也。其用四十有九,则其一不用也。不用而用以之通,非数而数以之成,斯易之太极也。四十有九,数之极也。夫无不可以无明,必因于有,故常于有物之极,而必明其所由之宗也。

在王弼笔下,大衍之数就是天地之数。用于演算的四十九,象征万事万物;置之不用的"一",象征宇宙的生成者"太极",也就是《老子注》中所讲的宇宙本体"无"。它生成事物后便永远存在于有形事物之中,起着内在决定作用,是事物成功之母。由于它是无形不可见的,只有在有形事物完满的发展中表现出来。它不是万物中之一物,而是万物中无形的内在本体,所以它不能用象征有形事物的数字表达,不是数字,而是数字的灵魂主宰,只能从"四十九"中体现出来。

王弼关于大衍之数的新见具有深刻的易学革命意义,他首先肯定了宇宙本体"太极"、"无"是形成六十四卦的决定力量,所以从数量关系上看,"一"亦是四十九在演算中得以成卦的决定力量。这样就维护了《易经》作为究天人之际经典的权威性,符合那个时代思维习惯和认知水平。但是这个"太极"、"一"、"无",对宇宙万有的施控作用是无形无为无意志,完全表现为宇宙万有的自然状态,或者说,宇宙万有完全按自身的规律运动发展。那么,表达天地万物运动发展的大衍之数所推导的卦爻象,也就是宇宙万有自身活动的规律,即人类社会自身活动的规律。很明显,王弼讲宇宙之道,最终是讲人事之道,这样一来,六十四卦也就是人类活动所产生的六十四种基本规律,这是王弼易学变革的主要思路。

王弼的《大衍义》出世后,引起了象数派易学家的不满,原因在于王弼虽然承认宇宙本根"太极"的存在,最终却变相地取消了它的存在,因为它实际上消失在万事万物的自然运动之中。从正始时期荀融所著《难王弼〈大衍义〉》,到西晋后期象数易学家顾荣对王弼《易》学的指责,批评的焦点都集中在"太极"的性质问题上①,说明了王弼的这一新说的确打中了象数易学的要害。其中的奥妙在于,按象数《易》学的观点,"数"比"象"更重要。"数"直接反映了宇宙运动的规律,"象"只是"数"的形象化表达而已。换句话说,"数"是"象"的基础。王弼消除了大衍之数的宇宙意志,也就同时消除了卦象的宇宙意志,为他从社会形势与主体条件的结合上解释命运的形成奠定了理论基础。

三、《论语释疑》

(一)《集解》与《释疑》

曹魏正始年间,何晏与王弼分别注释了《论语》。然而这

---

① 《晋书》卷六十八《纪瞻传》。

两部注释的历史意义却大不相同：何晏的《论语集解》标志着汉代经学《论语》研究的终结，王弼《论语释疑》则宣告了玄学《论语》研究时代的开始。

汉代儒学大家多注《论语》，但已无一家完整注释流传至今，仅剩佚文，并且大多依赖《论语集解》得以保存。由于何晏无可争议的玄学创始人地位，后人往往先入为主，先将《论语集解》划入玄学著作范围，然后从中搜寻道家哲学思想的只言片语，以证明何晏《集解》的玄学性质。其实，这是一个历史误会。第一，《论语集解》是出自多人之手的集体编纂的官书，不是何晏本人的专著。据《论语集解·序》讲，参加者除何晏之外，还有孙邕、郑冲、曹羲、荀顗。其中孙邕、郑冲、荀顗都是传统派人物，不是正始玄学家。第二，《论语集解》绝大多数篇幅都是引汉魏大儒的注释，编纂者本人的文字甚少。即使这些编纂者的文字全部代表何晏的观点，其思想倾向也与汉儒无异。可以说，《论语集解》是一部汉代经学思潮对《论语》理性解释的精粹集，而不是何晏玄学思想的代表作。

《论语集解》的注释文字中，关于"道"、"自然"、"无为"、"任道"、"一"的表述约有八条左右，从中不难看出道家自然无为思想的痕迹，但并不能因此而认定《论语集解》是一部以玄学理论为指导思想的著作。这是因为，一，将无为而治视为最佳政治状态，亦是孔子的思想。二，道家自然思想在汉儒中并非异端，《集解》所引大儒多兼治《老子》，在注《论语》中亦可见。三，道家自然无为思想在整个编者注中，不占主导地位。四，被视为何晏思想的《集解》编者语，没有从本末体用角度解释名教与自然的关系，而恰恰这才是玄学《论语》注的基本特征，即玄学时代精神之所在。

在汉晋时期的《论语》注释史上，《论语集解》及名义上为其疏解的南朝梁皇侃的《论语义疏》是两部代表不同时代精神的《论语》集注性著作，后者收录了自何晏之后魏晋玄学家的《论语》注释。两相对照，会发现汉代经学与魏晋玄学时代的重大差异。下面，试举一例：

《论语·为政》：子曰："道之以政，齐之以刑，民免而无耻。道之以德，齐之以礼，有耻且格。"

《论语集解》：孔（安国）曰："政，谓法教也。免，苟免罪也。"马融曰："齐之以刑，整齐之以刑罚也。"包（咸）曰："德，谓道德也。"何（晏）曰："格，正也。"

《论语义疏》引郭象云："政者，立常制以正民也。刑者，兴法辟以割物者也。制有常，则可矫；法辟兴，则可避。可辟，则违情而苟免；可矫，则去性而从制。从制外正，而内心未服；人怀苟免，则无耻于物。其于化不亦薄乎？故曰：'民免而无耻也。'德者，得其性者也。礼者，体其情者也。情有所耻而性有所本。得其性则本至，体其情则知至。知耻则无形而自齐，本至则无制而自正。是以'导之以德，齐之以礼，有耻且格'。"又引沈居士云："夫立政以制物，物则矫以从之。用刑以齐物，物则巧以避之。矫则迹从而心不化，巧避则苟免而情不耻，由失自然之性也。若道之以德，使物各得其性，则皆用心，不矫其真；各体其情，则皆知耻而正也。"

由以上比较中可明显看出，在治国手段刑政与德礼关系的讨论中，汉儒局限于名物训诂，局限于现象的表层，而玄学家则从人类自然情感这个根本问题的出发点，否定了与之相对立的强制性政治法律手段“刑”与“政”，肯定了与之相一致的心理感化性的教育疏导“德”与“礼”。玄学家立论的关键，在于用本末、体用观点看待名教(制度)与自然(真情)之间的关系。读皇侃《论语义疏》，可以很明显看到，这一方法是贯穿各个玄学家注释中共同的思想主线。它是玄学的时代精神，也是在何晏《论语集解》中所不可能找到的。

在皇侃《论语义疏》所引的玄学家中，王弼首当其冲，是开一代新风的人物。王弼曾著《论语释疑》一书，堪称第一本以玄学思想解释《论语》的作品。以王弼的《释疑》对照何晏《集解》，很难相信是出自两位正始玄学创始人之手。试举两例：

《论语·阳货》：子曰：“予欲无言。”

《论语集解》何晏曰：“言之为益少，故欲无言。”

《论语义疏》引王弼云：“予欲无言，盖欲明本，举本统末，而示物于极者也。”

《论语·子罕》：子曰：“可与共学，未可与适道；可与适道，未可与立；可与立，未可与权。”

《论语集解》何晏曰：“适，之也。虽学或得异端，未必能之道也；虽能之道，未必能有所成立也；虽能有所立，未必能权量其轻重之极也。”

《论语义疏》引王弼云:“权者,道之变。变无常体,神而明之,存乎其人,不可豫设,尤至难者。”

很明显,前者局于言象,后者切入本体;前者滞重,后者空灵;前者是汉代经学的总结,后者开魏晋玄学先河。何晏主编的《论语集解》之所以看不到明显的正始玄学痕迹,可能与官书性质有关,但也与何晏本人历史局限有关。这个问题在何晏评传中已作了说明,指出了何晏与王弼的异同,在此不赘述。

王弼《论语释疑》的问世,宣告了《论语》研究玄学时代的开始。据《隋书·经籍志》记载,该书有三卷本,自宋以后亡佚,现在仅有四十七条佚文,分别保留在皇侃《论语义疏》和邢昺《论语注疏》中。依据这些佚文,虽然已难窥见王弼《论语释疑》的思想全貌,但是结合他的其他著述,对我们认识这位少年哲人的哲学体系,仍有着不可替代的价值。在这些佚文中,王弼展开了对礼乐与真情、性与情的讨论,弥补了其《老子注》和《周易注》因原著限制所造成的薄弱环节,使贵无论哲学形成了一个圆满的整体——将其本体论哲学延伸到伦理学人性论领域,为“名教与自然”这一玄学时代课题的王弼式表达,起了画龙点睛的作用。

(二)礼乐与真情

礼,是以伦理关系为基础,融伦理、政治、法律于一体的具有古代中国特色的制度。然而,这种半强制性的“礼”难以孤立存在,需要其他两个主要辅助手段才能发挥主体功能:

一个是“乐”，泛指以艺术审美教育唤起人民心中的道德情感，自觉遵守“礼”的各种硬性规定。二是法，泛指以暴力对违反“礼”规范者予以惩罚，以维护其权威性。三者三位一体，缺一不可。但有时侧重点不同：如果向教育方面倾斜，就是礼乐的王道；如果向礼法惩罚方面倾斜，就是礼法的霸道。在正常社会状态下，统治者往往以“王道”自居，所以十分重视礼乐教化人民的功能。

礼乐制度的产生是一个漫长的、自然而然的历史过程。所以，当它能够正常地发挥功能时，人们不会对这种与社会行为习惯一致的制度进行反思，而当其社会功能陷入紊乱时，尤其是礼制的各种伦理规范已变为虚伪的招牌或摧毁道德良心的政治工具时，这个制度是怎样产生的，为什么产生，其本质意义是什么等问题，就必然成为思想界关注的焦点。春秋战国之际的礼崩乐败，使孔子对当时社会虚有礼乐形式而无道德真情的现象深感痛苦不安，在《论语·阳货》中表达了这种忧虑：“礼云，礼云，玉帛云乎？乐云，乐云，钟鼓云乎？”对孔子这句话本意的理解，汉儒显得十分苍白，一代大儒郑玄的学识并不能使之更深刻。他解释为：“玉，璋珪之属。帛，束帛之属。言礼非但崇此玉帛也。所贵者，乃贵其安上治民。”[①]“言乐不但崇此钟鼓而已，所贵者移风易俗也。”[②]可见郑玄仅仅从礼乐真正的政治功能方面思考问题，表现了汉儒的时代局限性。汉魏之际的社会大崩溃，使政治现实与价值理想、纲常名教与人性自然的冲突成为时代的基本矛盾，因

① 何晏：《论语集解·阳货》。
② 《太平御览》卷五百六十四引郑玄《论语注》。

此，玄学少年王弼能从礼乐本质这个角度理解孔子的思想："礼以敬为主，玉帛者，敬之用饰也。乐主于和，钟鼓者，乐之器也。于时所谓礼乐者，厚贽币而所简于敬，盛钟鼓而不合雅颂，故正言其义也。"①由于汉魏之际与春秋战国之际社会矛盾的某些同构性，王弼对孔子的理解显然比汉儒棋高一筹，大意为：礼仪的目的是表达内心的"尊敬"，玉帛等礼物是表达内心尊敬的手段；音乐的目的是使人心理情感和谐，演奏钟鼓乐器是达到心理和谐的手段。人们忽略了礼乐的本意，注重礼物而忽略敬意，注重乐器而忽略心理和谐。孔子的言论，就是为了纠正时弊所发。

名教与自然的关系是魏晋时代的重要课题。王弼虽然从未使用过名教一词，但是名教与自然的关系，却是王弼关注的最重要问题。在其著作中处处涉及，只是随具体论题不同，表达方式不同而已。在《论语释疑》中，他通过对礼乐制度与人类真情之关系作了深刻论证。其中，最重要的一条资料是王弼对孔子"兴于诗，立于礼，成于乐"的注解：

> 言有为政之次序也。夫喜、惧、哀、乐，民之自然，应感而动，则发乎声歌。所以陈诗采谣，以知民志风。既见其风，则损益基焉。故因俗立制，以达其礼也。矫俗检刑，民心未化，故又感以声乐，以和神也。若不采民诗，则无以观风。风乖俗异，则礼无所立。礼若不设，则乐无所乐。乐非礼，则功

① 《论语义疏·阳货》皇侃引王弼《论语释疑》。

无所济。故三体相扶，而用有先后也。[①]

王弼的这段文字可以从以下三个互相联系的层次理解。

第一，礼乐制度的基础是人类的自然情感。所谓自然情感，指那种发自内心的不加伪饰的真情。它包括上文所说的喜、惧、哀、乐等生理情感，也包括了忠恕、仁孝等政治伦理情感。“忠者，情之尽也；恕者，反情以同物者也。未有反诸其身而不得物之情，未有能全其恕而不尽理之极也。”[②]王弼充分肯定了人类真情存在的合理性，例如他在与何晏关于圣人感情的辩论中，持圣人有情论。认为圣人不仅有与常人共同的感情，而且更丰富更热烈：“大爱无私，惠将安在？”[③]

第二，收集民谣是了解人民真实情感的途径。人民的情感存在于心中不易察觉，对外界各种不同事物的感受和评价不同，会流露出喜、怒、哀、乐、惧各种感情反应，这些反应自然而然地外化为民歌民谣这种可观察的形式。言词表达情感是常识，而说话的音调在当时亦被认为是传达感情的媒介。刘劭《人物志·九征篇》认为，人的心气外化不同声调，可见不同心理活动：“心气之征，则声变是也。夫气合成声，声应律吕，有和平之声，有清畅之声，有回衍之声。”王弼说：“情动于中而外形于言。”[④]“情发于言，志浅则言疏，思深则

① 《论语义疏·泰伯》皇侃引王弼《论语释疑》。

② 《论语义疏·里仁》皇侃引王弼《论语释疑》。

③ 《论语义疏·泰伯》皇侃引王弼《论语释疑》。

④ 《论语义疏·宪问》皇侃引王弼《论语释疑》。

言讱也。”[①]讱，发言迟钝。既然从音调都可见内心情感，那么有思想内容的民歌民谣反映表达民情，则是无疑的了。政府派员将民歌民谣搜集起来，可以从中分析人民的共同价值取向，作为建立“礼制”的依据。这种“陈诗采谣”的活动，可视为创建礼乐制度的预备过程。

第三，创建礼乐制度，反过来教育感化人民自觉遵守。首先以民谣反映民情为依据，建立礼制，由于这种制度是据民情所立，所以基本适合人民实际需要。但是规范化制度与千差万别的各种民俗民情仍有差异。为了使人民自觉遵守礼制，就要根据礼制的思想内容创作相应的音乐歌曲，去陶冶人民的心灵，唤起内在固有的伦理情感，使其心理平衡和谐，从而与礼制的精神保持一致。

综上所述，民情、采诗、制礼、作乐之间是一种递生关系。诗以民情为本，礼以诗为本，乐以礼为本，叫做“三体相扶，而用有先后。”从根本上说，采诗、制礼、作乐这“三体”都是以人民的自然情感为基础。采诗、制礼、作乐的活动可划归“名教”范畴，人民的喜、怒、哀、乐、惧之情可划归为“自然”范畴，很明显，王弼是持名教源于自然的观点，并且强调名教应当顺应自然。名教与自然和谐一致，是社会政治的最高境界。

值得注意的是，王弼笔下名教直接赖以生存的“民之自然”，并不是自然之性，而是所谓自然之情，这种自然之情与自然之性是何关系呢？这就涉及到了王弼的情性论问题。

---

① 《论语义疏·颜渊》皇侃引王弼《论语释疑》。

（三）性与情

王弼情性观点可以用“性其情”这个命题概括。传统观点认为王弼的“性其情”观点集中表现在《论语义疏·阳货》皇侃疏引的一段王弼佚文中。这段佚文是否为王弼所著，对理解王弼思想本义至关重要，摘引如下：

> 故《易》曰：“利贞者，性情也。”王弼曰：“不性其情，焉能久行其正？此皆是情之正也。若心好流荡失真，此是情之邪也。若以情近性，故云：‘性其情。’情近性者，何妨是有欲？若逐欲〔流〕迁[①]，故云‘远’也；若欲而不迁，故曰‘近’。但近性者正，而即性非正；虽即性非正，而能使之正。譬如近火者热，而即火非热；虽即火非热，而能使之热。能使之热者何？气也、热也。能使之正者何？仪也、静也。又知其有浓薄者。孔子曰：‘性相近也。’若全同，相近之辞不生；若全异，相近之辞亦不得立。今云‘近’者，有同有异，取其共是，无善无恶则同也，有浓有薄则异也。虽异而未相远，故曰‘近’也。”

传统观点认为，上文自“王弼曰”开始，直到最后，全部为皇侃疏引王弼《论语释疑》的佚文。对此，王葆玹提出了不

---

① 原文为“若逐欲迁”，不通。据上文“若逐欲流迁”补“流”字。

同看法。他认为,王弼本人的文字仅其中“不性其情,焉能久行其正”一句,出自王弼《周易注》。[①] 我同意王葆玹先生的看法。这是一篇皇侃本人的疏讲,在行文中,他多次引用前代圣贤的名言为自己的理解作注脚,如《旧释》、《易》、《老子》和王弼等。例如在引完“《老子》曰……”之后立刻说:“此皆据事而谈。”引“王弼曰……”后亦立刻说:“此皆是情之正。”两次用“此皆……”句型,可见系皇侃为本人观点提供佐证的用语无疑。其二,“王弼曰”之后的文字中,有“若以情近性,故云‘性其情’”,一句,王弼不可能在同一文章中解释自己说过的话,显然是皇侃在解释前面所引“王弼曰”的思想。总之,学术界视为王弼情性论的那段佚文,实为皇侃的疏文,而王弼正面论及情性关系的文字,只有“不性其情,焉能久行其正”一句,是皇侃从王弼《周易·乾·文言》中抽出的注文:“不为乾元,何能通物之始?不性其情,何能久行其正?是故始而亨者,必乾元也;利而正者,必性情也。”

对“性其情”的确切含义,王弼未作直接解释,可据其论及性情的其他文字间接推断。另外,皇侃既然将王弼学说作为自己疏讲的主要佐证,可见两者应有共同之处,可将皇侃的疏讲视为王弼性情学说的进一步展开,帮助理解王弼的观点。

第一,关于“性”。王弼认为,人性就是人类生来就有的各种自然本能的混沌总和,即生命活动本身。它是无法用语

① 王葆玹:《正始玄学》。齐鲁书社 1988 年版,第 387 页。

言解释的自然存在，称之为“自然之性”[①]。用皇侃的语言表达，就是假想中生命在未与外物接触前，“生而有之”、“无善恶”又“未涉乎用”的生理本能。

第二，关于“情”。王弼认为，人情是人类生来具有的情感，它有真伪之别，即真情与伪情。真情是人类正常的感情，如遇见知己则高兴，亲人死亡则悲哀，“遇之不能无乐，丧之不能无哀。”[②]伪情则是人类不正常的感情，或伪装出的情感，即情感的变态。“变者何也？情伪之所为也……形躁好静，质柔爱刚。”[③]真情与伪情概念用皇侃的语言表述则是正情和邪情。正当的欲望产生正情，欲望为外物所感，“逐欲流迁”就产生邪情。

第三，性与情的关系。王弼认为，真情和伪情最终都是人性的产物，是人类生来具有的各种本能欲望与所需外物接触中产生的。“天地万物之情，见于所感。”[④]“喜、惧、哀、乐，民之自然。”[⑤]“五情同，不能无哀乐以应物。”[⑥]真情与伪情的不同在于：真情是与人的本能需要相一致的情感，如天冷了欲穿暖衣，口渴了要喝水等情感反应；伪情则是人的本能欲望在所需外物诱惑下超出其本能需要而畸形发展的情感。如饥饿欲吃饭是真情，对超出自己所需食品的贪欲是伪情；热

① 《老子·第二十九章》王弼注关于王弼“物性自然”思想，详见本章一(四)自然与无为。

② 《三国志·魏书》卷二十八《钟会传》注引何劭《王弼传》。

③ 王弼：《周易略例·明爻通变》。

④ 《周易·咸》王弼注。

⑤ 《论语义疏·泰伯》皇侃引王弼《论语释疑》。

⑥ 《三国志·魏书》卷二十八《钟会传》注引何劭《王弼传》。

爱父母是真情,为获得孝子美名,人为制造孝行是伪情。由此可见,人类欲保持真情,就不能离开其自然本性。用自然本性去规范感情,就是王弼"性其情"这个命题。

《周易·乾·象》曰:"乾道变化,务正性命。"王弼注为:"静专动直,不失大和,岂非正性命之情者邪?"很显然,在王弼的意识中,"性命"是自然本性,无须"正",也无法"正",所以将经文的"性命"一词,注为"性命之情"。那个用来"正性命之情"的天道,即是指天的自然本性,它同样难以名状,只能称之为"大和",而"静专动直"的品格是天之真情。王弼说"静专动直,不失大和",是说天之情不失天之性,才是天之真情,也是天的"性其情",所以王弼说:"岂非正性命之情者邪?"在王弼意识中,天地与万物之本性是一致的,都是"自然"。所以,上述关于天之性情的文字,可以印证王弼的"性其情"说。皇侃则以火与热的关系为喻,对性与情的关系作了详细说明:如果将人性比作火焰,人情就像火焰发出的热。热不是火,情也不是性;温度离火越近越热,情离性越近越真(正);温度离火越远越凉,情被外物所诱惑离性越远越伪(邪)。显然,皇侃是用"体用"观点解释性与情的关系和王弼"性其情"的命题。

在中国性情论发展史上,王弼的确是一个重要的转折点,在汉代阴阳情性论向魏晋南朝玄学体用性情论发展的过渡中,起着承上启下的作用,因而难免带有模糊色彩。

公正而言,从本末体用角度看性情关系,先秦时代已有萌芽。《礼记·乐记》说:"人生而静,天之性也;感于物而动,性之欲也。"所谓"性之欲",就是后来的"情"。两汉时期,阴阳五行说大行于世。汉儒大都持阴阳生成情性说,认为阳气生性，阴气生情。性善情恶说较为流行。东汉王充在《论衡》卷三《本性篇》中，对先秦秦汉人性论各主要流派作了总结。[①] 他列举了七家有代表性的学说：周世硕的“人性有善有恶”，孟子的“性善”，告子“性无善恶”，荀子的“性恶”，陆贾的“礼义为性”，董仲舒的“性阳(善)情阴(恶)”和刘向的“性阴(内)情阳(外)”。在这些形形色色的人性论中，告子的性无善恶说、刘向的情性相应说对王弼的影响十分明显。王充在《论衡·本性篇》这样介绍两家人性论的内容为：

> 告子与孟子同时，其论性无善恶之分，譬之湍水，决之东则东，决之西则西。夫水无分于东西，犹人无分于善恶也。

> 刘子政曰：“性，生而然者也，在于身而不发。情，接于物而然者也，出于形外。形外则谓之阳，不发者则谓之阴。”

以王弼情性论与上述两家对照，可以清楚地看到，王弼将告子的性无善恶论改造为人性自然论，尤其是对刘向“情性相应”论，继承关系最为明显。但是王弼并不是简单套用前人的观点，而是以其特有的玄学新思维——本末体用方法去重新结构组合前人的思想因素。在情性论的哲学基础方面，他摈弃了汉代元气阴阳生成论，开始从本末体用方法去思考人

① 汉魏之际的荀悦所著《申鉴·杂言下》亦对前代人性论作了简短总结。

类内在自然之性与外在情感的关系。自然之性不是本体“无”,但又与“无”性质完全相同,故亦可看作“无”;情感有形有名,可视为“有”;性与情的关系,可视为“无”与“有”关系的特殊形态。“性其情”不正是“有以无为本”、“有以无为用”的人性论运用吗?

第四章　千秋功过

经过艰苦的探索，我们终于从王弼的玄学迷宫中走了出来，而考察却没有到此结束。虽然在前面几章中，已经研究了这所思想殿堂的布局结构，并分析了它在各专门学术领域取得的成就，但是，还没有从整体上评价它的价值与功能。这是一个十分棘手的难题。在这个问题上，对王弼的赞美或诅咒已经持续了一千多年。如果仅仅从玄学思潮对魏晋社会某些文化风尚的直接影响看问题，只能将前人已经重复过无数次的对立观点，再重复一遍。也许，从王弼哲学与中国文化深层结构的关系着眼，才是超越传统评价的新思路。

一、不朽贡献

作为站在历史潮流前面，将中华民族带入一个新文化时代的哲学家，王弼学说在当时具有重大的理论意义，是毋庸置疑的。然而，当我们寻找王弼哲学的突出贡献时，却常常陷入困惑：天才的思辨能力与短暂的阅历，使王弼哲学具有极强的逻辑辨析力而缺乏深刻的生命体悟，换句话说，他似乎是以汉魏之际的历史理性，梳理了儒道思想，而极少有自家对宇宙人生的独特感受，其哲学的重要范畴和命题，大都是儒道圣贤曾经所云。那么，王弼哲学的新义何在呢？是什么力量使其震撼了整整一个时代的心灵呢？必须承认，在这个问题上，我们的分析与魏晋士族知识分子的理解之间，存在一千七百多年的时间差，很难切中问题的关键部位。因此，不妨换一个思路，从王弼时代人们的看法入手。从某种意义上讲，理解王弼玄学的历史意义，我们的分析无论怎样科学，也不可能比王弼同时代知识分子的感受更接近历史的真实。只有真正生活在那个时代的矛盾和困惑中，才能直接感到王弼新学的哪个根本观点能“解民倒悬”。因此，我们不妨把当时思想界的权威性评论，作为进一步分析的切入点。

王弼去世后，首先对其一生作出系统评价的是何劭(公元236年—公元301年)，他经历了魏晋玄学的两次高潮：曹魏正始十年，他已是十四岁少年，对王弼贵“无”论的社会反应，必定有所耳闻目睹；西晋元康年间，王衍、乐广新贵“无”论再次兴起时，他正当五十多岁的壮年，并且一直生活在上层士族文化圈子中，所以，对王弼身后几十年中士族知识界的理解与评价，更是了如指掌，“陈说近代事，若指诸掌。”[①]他为荀粲、王弼所做的评传，之所以大行于世，得到了广泛的社会承认，是因为这些著作集中表达了当时思想界

① 《晋书》卷二十三《何劭传》。

对自己玄学前辈理论贡献的理解，具有公认的权威性。在《王弼传》中，何劭将王弼的突出贡献总结为两点：

时裴徽为吏部郎，弼未弱冠，往造焉。徽一见而异之，问弼曰："夫无者诚万物之所资也。然圣人莫肯致言，而老子申之无已者何？"弼曰："圣人体无，无又不可训，故不说也；老子是有者也，故恒言无所不足。"①

何晏以为圣人无喜怒哀乐，其论甚精，钟会等述之。弼与不同，以为圣人茂于人者神明也，同于人者五情也。神明茂，故能体冲和以通无；五情同，故不能无哀乐以应物。然则，圣人之情，应物而无累于物者也。今以其无累，便谓不复应物，失之多矣。②

乍看上去，王弼不过是对圣人人格一个问题发表看法。何劭将这个问题看得如此重要，似乎是小题大作。其实不然，圣人人格问题，实际上是理想人格或理想的生命境界，它是那个时代几乎所有重大理论难题的矛盾焦点。在《引论》中，我们分析汉魏之际的学术巨变时曾经提出，儒道异同之辨这一时代中心课题的本质，是士族知识分子文化性格中儒道双重倾向的内在矛盾，表现为从宇宙观到伦理学等一系列矛盾的

① 《三国志·魏书》卷二十八《钟会传》注引何劭《王弼传》。
② 《三国志·魏书》卷二十八《钟会传》注引何劭《王弼传》。

范畴与命题：无与有，无为与有为，无情与有情，名教与自然等等，这些矛盾又集中反映在圣人人格的讨论上。王弼以其天才的敏锐，首先以圣人人格这个难点为突破口，运用本末体用方法成功地融儒道于一体，从根本上回答了汉魏之际的历史课题，并以此为指导思想，重新注释儒道经典，统一了儒道两家在名教与自然、无为与有为、性与情、无与有等一系列重要理论问题上的差异，创立了魏晋玄学，将中国文化带入了儒道融合的新时代。

公平而论，儒、道两家的思想融合，由来已久，秦汉之际，诸子合流的历史趋势已经形成。因为先秦各流派理论中都有适合中国国情的思想因素，如阴阳五行家的宇宙结构论，儒家的伦理思想，道家以柔克刚的处世方针，法家的刑名理论，术家的谋略等等，对任何一个从事社会政治实践的政治集团来说，都是不容忽视的。因此，秦汉时期已无原来意义上的儒家道家。无论是以黄老之学面貌出现的新道家，还是以今文经学面貌出现的新儒家，都已吸收了诸子百家的思想。总之，春秋战国时期的百家争鸣，到秦汉时期已经走向了合流，无怪乎战国时期的庄子为中国学术由统一走向分裂而叹息，“百家往而不反”，“道术将为天下裂。”[①]而西汉初年的司马谈则预言学术必由分裂走向统一，“天下一致而百虑，同归而殊途。”[②]

作为诸子中最有实力的儒道两派，于两汉时期已开始发生合流，但是，双方的融合毕竟局限于思想浅层，表现在吸

① 《庄子·天下篇》。
② 司马谈：《论六家要旨》。

收对方某些个别语句与个别命题。而在思想深层，儒道的差异仍是明显的，这主要表现在人生的终极价值方面，儒家是建立一个理想社会，而道家则是恢复个体生命的自然本色，在这个层面，儒道的融合并未发生。

从表面上看，汉儒的价值之源是"天命"。但是，这个"天"与基督教的上帝不同，它不是汉儒精神超越的彼岸，不是真正的价值之源，而是神圣外衣。汉代经学思潮的终极关怀，是建立一个理想社会，实现这个社会理想的途径则是在每个社会成员的自我牺牲基础上，社会整体道德水平的不断提高。在为理想社会奋斗中作出道德牺牲而获得永垂不朽的功名，是汉代士大夫精神的支柱，它具有超越生命的意义。汉末清流为社会正义而捐躯时，丝毫不是为了灵魂升天，而是在为理想社会的奋斗中名垂千古，精神不朽。例如范滂被捕时，其母亲竟然说："汝今得与李、杜齐名，死亦何恨！"①

汉代经学的社会理想虽然可以产生巨大的凝聚力并激发士人的献身精神，但是它并不能因此而永远存在。一方面，理想社会仅仅表达了人类心灵的光明面，然而在表达人类心灵光明层面的理想蓝图之外，存在着一个实实在在的私有制社会以及人类丑恶阴暗的心灵层面。任何理论都可能演变为虚伪的招牌、谋利的工具以至杀人的屠刀，汉代经学的兴衰是一个典型，名教之治的破产使其社会理想变成了精神废墟。另一方面，理想社会所激发的功名不朽意识，使汉儒精神世界趋向现世功利，缺乏必要的弹性和生命厚度："峣峣者易缺，

① 《后汉书》卷六十七《党锢列传》。

皎皎者易污。”[①]所以，当名教之治变为虚伪的道德欺骗，而社会理想又被证明可能是无何有之乡时，汉代经学精神世界迅速全面崩溃，整个社会陷入了空前的绝望而缺乏自我调节的能力。事实也是如此，社会理想在士大夫心中破产之后，伦理道德等等一切外在规范都随之失去了最后依托。社会本位观念动摇了，个体生命的意义得到重新确认，从汉魏之际开始，中国文化向个人本位方向发展。同时，人类的生存不可能离开社会性。共同的伦理道德又是维系任何一个人类群体存在的必要条件。如何处理个人自由与社会伦理之间的关系呢？这在当时，集中表现为儒家与道家之间的关系。中国知识界找不到一个满意的解答，在儒道之间痛苦地徘徊。

王弼的成功，就在于他以本末体用的新思维全面解释了儒道关系。首先，他强调了儒道学说本质上是一个思想，道家明本体，儒家明功用，两者不可分割。道家倡导的“自然”、“无情”、“无”是本体，儒家倡导的“名教”、“有情”、“有”是功用；本体只有通过功用表现出来，“自然”、“无情”、“无”只能通过“名教”、“有情”、“有”表现出来。王弼进而用这一思想联结了魏晋精神世界一系列对立范畴：内圣与外王、一与众、性与情、出世与入世、进取与谦下、静与动等等，这些矛盾范畴都是魏晋士族知识分子心灵分裂在不同理论层面的反映。王弼玄学的积极意义，就在于重新联结了士大夫精神世界对立的两极，使双重人格的士族知识分子心理趋于平衡，增加了生命厚度和弹性，在社会动荡黑暗的环境中继续积极地面对现实，进行新的文化创造。这是王

---

① 《后汉书》卷六十一《黄琼传》。

弼玄学的基本功能,也是魏晋玄学的基本功能。

王弼以本末体用方法融合儒道,是魏晋玄学最鲜明的理论特征。其一,在玄学的历史发展中,几乎所有玄学家都持儒、道同的观点,虽然也有像竹林七贤嵇康、阮籍之类激烈崇道反儒的玄学家,但是并非他们的思想本色,而是时势所迫,不得不然,可视为玄学的变态。这个问题,时贤多有高论,已为学界所认可,此不赘述。其二,不断完善"体用"方法,以此进一步融合儒道,是玄学发展的内在逻辑。我们在第二章《体用》一节中指出,王弼虽运用本末体用的方法,但更多的是以本末观点分析问题,体用观点是潜在的,其中原因在于,王弼的世界观带着一个宇宙生成论的尾巴。既然存在生母,事物之间的关系,就必然存在先与后、主要与次要的差异,即本末关系。既然有本末,则必不是一个事物。儒道之间既然为本末关系,也就难以真正融为一体。只有上升到体用高度看问题,才可以消除两者的对立。这个演变过程是复杂的,从向秀开始,到郭象那里才最终完成。郭象哲学以自生独化论,彻底否定了生成论,事物无所谓本末,只是个体用问题了。[①] 圣人的无情与有情,弘内与游外,无为与有为,完完全全是一个过程的本质与表象关系。如果说,王弼玄学可概括为"名教源于自然",即"儒家源于道家"的话,那么,郭象哲学可概括为"名教即自然","儒家即道家"。正因为王弼与郭象玄学思想之间存在着继承与发展的内在逻辑,郭象才被两晋思想界誉为"王弼之亚"。

---

① 郭象哲学未能达到佛学"体用一如"的方法论高度,但体用观点的运用已基本成熟。

除了以本末体用观点消除儒道思想的差异之外，王弼还积极地融合了儒道思想中共同的积极因素。理性主义、人本思想及“中和”精神，在王弼那里，都进一步得到了高扬。[①] 总之，王弼在向先秦儒道子学回归的旗帜下，将中国文化带入了儒道内在融合的时代。

二、历史局限

王弼玄学的历史贡献是应当充分肯定的，但是这一学说是否也有负面效应呢？伴随魏晋玄学的兴起，中国历史出现了一个动荡分裂的时代。对此，历代都有不少学者将罪责归于何晏、王弼为代表的魏晋玄学。早在东晋时期，范宁就认为何晏、王弼应对西晋灭亡负责，“罪深于桀纣”[②]。王弼哲学的理论本身是否真有不利于社会稳定的因素呢？不可不详辨。要透过现象切入问题的关键，必须从王弼玄学与中国文化在“终极关怀”这个最深层哲学问题的异同入手。

所谓“终极关怀”是人类对自身生命终极意义的关切，它根源于人类精神深层的生存本能之中。生命所面临的永恒课题是生与死。对生存的眷念和对死亡的恐惧使人类总是渴望生命得以延续以至永生，力图使有限、易灭的生命获得无限和永恒，因而需要寻找使生命永恒的力量，一般表现为创造出一个使生命永恒的彼岸，它可以是一个神灵世界，也可以

① 拙作《中国文化的清流》(第 303—312 页)对“中和”思想在魏晋时期的发展作了较为详细的论证。

② 《晋书》卷七十五《范宁传》。

是一个理想社会,还可以是其他能够使生命获得永恒意义的精神创作产品,只要它能够成为现实世界的最后精神支点。从不同认识角度审视这个精神彼岸,可以称它为最远大的理想、最崇高的信仰、终极价值或终极意义等等。学术界经常使用的哲学术语"超越"一词,就是指人类这一最深沉的精神活动而言。在超越有限生命,追求永恒不朽过程中激发出的神圣感,是人类能够勇敢地面对现实,进行认真文化创造的根本精神动力。

虽然寻找永恒彼岸是人类共同的本能,但是不同时代的不同民族却找到了不同的归宿。古代欧洲人找到了上帝,阿拉伯人找到了真主,印度人找到了佛土。古代中国人找到了什么呢?找到了一个理想社会。自从笃信鬼神的商王朝灭亡之后,中华民族便开始用理性的眼光审视一切了,对神灵则游离于信与不信之间。尽管天命论与神仙信仰在中国古代长期存在,但是它们并不是真正的"彼岸"。中国人是在为子孙后代创建理想社会的不懈努力过程中,使有限的生命获得了无限的意义。可以说,理想社会才是中华民族真正的精神彼岸,它是民族的终极关怀所在。

为什么说,在为未来理想社会的奋斗中,古代中国人使有限的生命获得永恒感呢?原因在于古代中国人清醒地认识到个体生命的死亡是不可避免的,天国或来世靠不住,死后又将是无差别的一堆白骨,永生、不朽仅仅是因为对民族作出突出贡献获得后代的爱戴而名垂青史。所以,《左传》有所谓三不朽之论:"太上有立德,其次有立功,其次有立言,虽久不废,此之谓不朽。"有限的生命必然死亡,未见一人死而复生;天国与佛土,都难以验证,但精神不朽,流芳百世,史书中历历在目。发达的史学使读书人从历史中看到了现世生命不朽之所在。“人生自古谁无死，留取丹心照汗青。”而引起后人怀念的最大功德，莫过于留给他们一个幸福的太平社会。张载的千古名言深刻表达了中华民族对生命永恒的感受：“为天地立心，为生民立命，为往圣继绝学，为万世开太平。”为天地立心，是为了肯定人的地位；为生民立命，是为了给人确立信心；为往圣继绝学，是为了继往开来；为万世开太平，建立一个理想社会，才是终极目的，才使生命获得了终极意义。

纵观中国历史，中华民族的优秀儿女之所以面对艰难困苦、流血牺牲而勇往直前，无不是以建立理想社会为精神动力。这种精神，在国家民族生死存亡的历史关头表现得尤为突出，它使温文尔雅的中国士大夫面对政治的腐败而集体伏阙冒死强谏，面对亡国灭种的危险而前赴后继、义无反顾。至于那些在宗教旗帜下的农民战争亦是如此，如果我们去掉农民战争的宗教外衣，则不难发现其真实的动机仍是为了建立未来的理想社会，而这个理想社会与士大夫的理想社会似乎没有本质的不同。从汉末黄巾太平道起义直到基督教招牌下的太平天国，无一不是为建立一个“太平”的王道乐土而战斗。显然，中华民族虽然没有建立一个真正的神灵彼岸，却建立了一个同样可以激发民族神圣感和牺牲精神的理想社会彼岸。

精神彼岸的特殊形态，决定了中华民族在社会与个人的关系上，强调社会利益至上。这种文化性格具有扼杀个性自由的倾向，对现代社会来说，是不合时宜的，但对以分散的小农经济为基础，幅员辽阔，经济文化发展不平衡的中国古代封建社会来说,对维系民族的生存发展却是至关重要的,最适合古代中国国情。中华民族几千年绵延不绝,实在依赖于这一神圣彼岸所产生的社会凝聚力。

从以上分析中可以看到:由终极关怀的特殊趋向所决定的理想社会彼岸,是中国文化的终极价值所在,它深刻影响着中华民族精神生活的各个层面和全部历史发展过程。因此,任何一种哲学在中国的命运,都取决于该哲学在深层的终极关怀——精神彼岸方面与中国文化是否具有同构性。儒道学说以及融此两家于一体的王弼哲学之命运,同样无法超出这一规律的制约。

在终极关怀问题上,先秦诸子时代的儒道思想家都是在现实中寻找精神支柱。然而,他们在现实中找到的精神归宿并不相同,儒家的"天"与道家的"道"仅是其哲学的神秘外衣,并非真正的超越彼岸。儒家以建立理想社会为终极追求,与中国社会的文化需求存在着同构性,所以最易为中国社会所接受。因此,在漫长的历史发展中,儒家不断吸收道家墨家以及道教有益的社会历史观点,逐渐形成了一整套关于"大同—小康"或称"太平"的理想社会学说。[①] 这些学说,又反过来影响着中国社会。相互作用的结果,使儒家的社会理想成为中国文化的终极关怀,为实现这一社会理想而产生的神圣感和献身精神,成为中国社会生存发展的根本动力。道家学说虽然也提出了返朴归真的社会理想,但是却

---

① "大同"概念首先见于《庄子·在宥》。《老子》的"朴"、"上德"社会学说对儒家《大学·礼运》中的大同—小康社会学说有明显影响,汉魏时期道教的"太平"理想亦宋明理学家所吸收。

以恢复个体生命的自然本色即人性自然为终极目标。生命本身无法成为生命超越的精神彼岸，因为生命的终极价值不可能从生命本身得到证明。生命的彼岸，必须具有使生命获得永恒意义的“外在事物”，虽然这个外在事物不过是生命主体内在的精神虚构，但在生命主体看来，却是一个外在的彼岸。所谓超越，是指超越生命的现实存在，到达精神彼岸的意识活动。因此，严格地讲，原始道家哲学没有建立起真正意义上的精神彼岸。这是一个不可忽视的缺陷，必须寻找新的神圣“彼岸”，这使道家在历史发展中与神仙世界有着不解之缘。另一方面，使其无法成为中国精神的脊梁，发挥救世的功能。

作为儒道融合的产物，王弼玄学的终极关怀是什么呢？是社会理想还是个体生命的自然本色？它将决定王弼玄学的社会命运。

从表面上看，王弼创造了一个略带神秘色彩的宇宙本体“无”，也创造了一个尧舜圣王的理想社会，然而稍加分析就会发现，两者都不是超越的精神彼岸。首先，王弼笔下的宇宙本体“无”并不是一个可以接纳灵魂的天国，而是事物中无形的规律、本质，永远不可脱离有形事物而孤立存在。因此，灵魂不会归于“无”得到永恒，而是化为真正的寂灭虚无。再者，王弼虽然提出了返朴归真的社会理想，但是“理想社会”的实现，仅仅是对人类生命自然的回归，不需要人类的有为活动，尤其是排斥道德行为的参与，因而建立理想社会，也就不能激发人类为之献身的神圣感，同样不具有使有限生命永恒的功能。

从何劭所著《王弼传》看，王弼的人生终极目的似乎是儒道合一、内圣外王的理想人格。理想人格能成为“彼岸”吗？

显然不能,只能是一个到达彼岸的中介,这一点通过分析不同类型理想人格的价值之源即可看到。例如,宗教人格的支点是神灵;道德人格的支点,或是神灵,或是理想社会。而那种抽掉了一切社会历史内容的纯粹的理想人格,不过是各种生理本能的总和,即生命本身。王弼虽然力图将其理想人格的内涵解释为个人自由与社会伦理、内圣与外王的统一体,其中似乎存在社会理想的因素。但是他以本末体用关系来联接个体与社会,其理想人格的"本"与"体"即最后的基础仍是个人,换句话说,王弼双重人格的最后支点仍是生命的自然本色。这是一个哲学怪圈:力求超越生命的哲学思辨,经过复杂的旅行之后,居然回到了原始起点。这是原始道家哲学的根本缺陷,也是王弼哲学的致命缺陷。

王弼作为开魏晋玄学先河的思想家,并非仅仅在思维方式上和哲学范畴的创造上开一代新风,而是在深层的终极关怀方面,突出地表现了新思潮的特质。例如,受王弼影响,运用本末体用观点以及有无之辨讨论哲学问题的正宗玄学流派,是向秀—裴頠—郭象一系,而阮籍、嵇康等玄学家则明显属于象数思维并持元气阴阳五行学说。然而,从终极关怀及超越彼岸角度看,他们之间的共同点却是相当明显的,都将理想人格作为人生之终极价值。向秀、郭象的"内圣外王"理论可视为典型。嵇康、阮籍似乎相信神仙的存在,但是他们又认为神仙是禀受特种元气而成,人类无论怎样修行,也变不成神仙,因此人生的最高境界,就是恢复生命自然本色。可见,这是魏晋玄学家的共同特点,他们最终没有找到真正的精神归宿。

王弼哲学的本意,当然是为了士族社会的长治久安。为达到这一目的，在当时历史条件允许的范围内，他最大限度地调合了个性自由与社会伦理之间的矛盾，全面融合了儒道学说。但是，由于其理论结构存在的先天不足——以恢复生命的自然本色为终极目的，最终没有建立一个超越生命的神圣境界，因此难以激发人的神圣感，而这种神圣感正是社会责任感和牺牲精神的活水源头。可见，王弼玄学存在着重要的理论局限：首先，它不具有官方哲学的功能。魏晋时期，玄学一直作为士族知识分子的人生哲学发挥作用，官方哲学的形式仍是传统的儒家学说。但这一时期，玄学是最有影响的时代思潮，儒家学说仅仅是官方意识形态的躯壳。儒家思想的理想社会、天命论及其伦理学都无法发挥其正常的社会功能，所以魏晋南北朝时期没有真正意义上的官方哲学。再者，王弼玄学不能激发人类的神圣感。经学思潮虽然不是宗教，却能代替宗教的神圣功能。玄学思潮没有真正意义上的彼岸世界，所以不能代替宗教，因此，魏晋南北朝时期各种宗教大发展。上述两个方面的共同结果，使社会思想向多元化方向发展，弱化了社会的凝聚力和整体生存功能。因此，社会的失控、综合国力的削弱加上少数民族内迁，使中国陷入了长期的社会动荡和国家分裂。当然，这一切并非仅仅由王弼玄学所致，但其本身的理论缺陷，也是一个不可忽视的原因。

毫无疑问，与两汉经学相比，王弼玄学对中国社会的稳定发展，不是一种最佳学说，然而在当时的历史条件下，却是必然的、合理的，是中国思想界所能奉献的最佳成果。当经学思潮历史地走向没落，理想社会的彼岸在士大夫心中倒塌之后，再复制一个类似的理想彼岸和到达彼岸的道德途径，是不可能为社会所接受的。在当时有限的历史经验中它刚刚被证明是虚伪的、不合理的，思想界重新重视个体生命价值，并以此为哲学本位的历史趋势是不可逆转的。正因为这种历史必然性，王弼及其魏晋玄学方领得了近二百年的风骚。

附　　录

凡　例

一、本附录由传主年谱和著作考两部分组成。

二、年谱除收录有明确时间可考的史料外，亦将传主其他生平事迹资料附于大致时间或相应内容下并作说明，力求收录传主几乎全部生平资料，而无重要遗漏。

三、著作考中每位传主的作品，分为现存著作与已佚著作两部分。已佚著作中之伪讹作品以圆括号（　　）标出，随同类真实作品一起列出考辨。每种著作分历代著录、历代考辨文字及编者按三部分组成：历代著录先列正史经籍、艺文志的记载，后列宋之前的其他重要著录资料；历代考辨文字仅收录清以前的重要版本考辨资料；编者按语仅对疑难问题作简要说明。

附录一：年谱

一、何晏年谱

何晏，字平叔，南阳宛（今河南南阳）人。祖父何进，汉末大将军。父何咸，事迹无考。

［考证］

何晏祖父有两种说法，《世说新语·言语第二》注引《魏略》："何晏字平叔，南阳宛人，汉大将军何进孙也。或云何苗孙也。"何苗是何进之弟。《三国志·曹爽传》确认："晏，何进孙也。"其他史籍亦云何晏系何进之孙。故从《三国志》说法。

何晏父亲何咸，史传无载。《论语集解·序·邢昺疏》："何晏字平叔，南阳宛人也。何进之孙，咸之子。"《论语集解·序·皇侃疏》："何集注皆呼人名，惟包独言氏者，包名咸，何家讳咸，故不言也。"

何进，东汉南阳宛县人，字遂高。出身屠户，其同父异母之妹为汉灵帝何皇后，何进因此官至大将军，其弟何苗官至车骑将军。189 年何进与袁绍谋诛宦官，事泄被杀，何苗死于乱兵。何皇后被董卓鸩杀。详见《后汉书》卷六十九《何进传》及《后汉书》卷十下《皇后纪》。

建安十二年(公元 207 年),何晏出生

[考证]

《三国志·魏书》卷九《曹爽传》:“母尹氏为太祖夫人,晏长于宫省。”又《三国志·魏书》卷九《曹爽传》注引《魏略》:“太祖为司空时,纳晏母并收养晏。其时秦宜禄儿阿苏亦随母在公家,并见宠如公子。”曹操任司空时间为建安元年至建安十三年,而纳阿苏(秦朗)母亲杜夫人的时间是建安三年末,因此,曹操纳何晏母为夫人并收养何晏的时间只能是建安三年—建安十三年之间。

据《世说新语·夙惠第十二》:“何晏七岁,明惠若神,魏武奇爱之,因晏在宫中,欲以为子。”《太平御览》三百八十五引《何晏别传》:“晏小时养魏宫,七八岁便慧心大悟。”可见在七八岁之前已被收养。这样一来何晏生年只能限制在一个较大的范围内而很难确定。假设在收养上限的建安三年(公元 198 年)时,何晏已 8 岁,那么其生年最早不能超过初平元年(公元 190 年);假设在收养下限建安十三年时,何晏刚出生,那么其生年最迟也不过是公元 208 年。由此可见,何晏生年在公元 190—208 年之间。

由于何晏生年有以上较大波动范围,所以学术界有多种说法。陆侃如《中国文学系年》认为何晏生于公元 190 年左右。侯外庐《中国思想通史》认为是公元 195 年左右。冯增诠《中国古代著名哲学家评传·何晏》推断为不得早于公元 193 年。总之多在何晏生年可能的上限徘徊。王葆玹在其《正始玄学》一书中则另辟蹊径,他根据上述史料中关于何晏七八岁时养于“魏宫”的记载,指出“宫”是对诸侯王宅的专称。曹操建安十八年被策命为“魏公”并加九锡之后,其地位于诸侯王之上,此后其住宅才可称为“魏宫”。王葆玹这样推断:“‘魏公宫’的称号见于建安十九年,应始于建安十八年曹操加九锡之际。何晏在‘魏宫’时已七八岁,生年不得早于建安十二年,这与上述他的生年下限

(建安十三年)仅有一年之差,不能不说是个令人鼓舞的巧合,考虑建安十三年曹操纳尹氏时,何晏已经出生,可确定建安十二年(207 年)是他出生的时间。"

应当看到,王葆玹据"魏宫"二字将何晏被收养之时间确定为建安十八年曹操晋魏公之后,很难成为定论。因为史籍中仍有其他史书将曹操在此之前的住宅称为"宫"。例如《三国志·魏书》卷三《明帝纪》注引《献帝传》称秦朗自建安三年末随母亲杜夫人被曹操收养的经历为"朗随母氏畜于公宫"。可见后人写史用"宫"字未必十分严格,完全可能据曹操后来所居职位称其早期家室为"宫"。但是,王葆玹的见解仍是十分有价值的,它使我们对何晏生年的视点不再局限于上限,而转向下限。从何晏生平活动及思想发展的其他资料推断,何晏生于建安十二年前后的可能性更大。何晏的朋友大都出生在建安十二年前后。太和时期的浮华案发时,与何晏来往密切的人,当时大都 20 岁左右。夏侯玄生于建安十四年(公元 209 年),司马师生于建安十三年(公元 208 年),傅嘏生于建安十四年(公元 209 年)。假设何晏生于 190 年,将属于曹氏第一代人物,与上述第二代青年士人不可能关系如此亲昵地交游。如从思想发展看,建安时代入仕的魏初名士与正始名士的差异更为明显。故从王葆玹说,暂定为建安十二年(207 年)。

建安十八年(公元 213 年),何晏时年 6 岁,曹操已纳其母尹氏为夫人,晏随母养于魏宫。

[考证]

关于何晏入宫后的情况,史书有以下记载:《世说新语·夙惠第十二》:"何晏七岁,明惠若神,魏武奇爱之,因晏在宫内,欲以为子,晏乃画地令方,自处其中。人问其故,答曰:'何氏之庐也。'魏武知之,即遣还。"《太平御览》三百八十五引《何晏别传》:“晏小时养魏宫,七八岁便慧心大悟,众无愚智,莫不贵异之。魏武帝读兵书,有所未解,试以问晏。晏分散所疑,无不冰释。”《初学记》卷十九引《何晏别传》:“晏方年七八岁,慧心大悟,形貌绝美,出游行,观者盈路,咸谓神仙之类。”《太平御览》三百九十三引《何晏别传》:“晏小时,武帝雅奇之,欲以为子,每挟将游观,命与诸子长幼相次。晏微觉,于是坐则专席,止则独立。或问其故,答曰:‘礼,异族不相贯坐位。’”

何晏母尹夫人,身世无考,《三国志·魏书》卷九《曹爽传》:“母尹氏为太祖夫人。”《三国志·魏书》卷二十《武文世王公传》将其排于杜夫人、秦夫人之后。夫人地位在曹魏时期仅次于“皇后”,高于其他嫔妃。该传记载,尹夫人生范阳闵王矩,而“范阳闵王矩,早薨,无子”。

太和元年(公元227年),何晏20岁,在洛阳上层贵族子弟中聚众清谈,品评人物,与夏侯玄、荀粲、司马师、裴徽等人关系密切。

[考证]

《三国志·魏书》卷九《曹爽传》注引《魏氏春秋》:“初,夏侯玄、何晏等名盛于时,司马景王亦预焉。晏尝曰:‘唯深也,故能通天下之志,夏侯太初是也,唯几也,故能成天下之务,司马子元是也;惟神也,不疾而速,不行而至。吾闻其语,未见其人。’盖欲以神况诸己也。”又据《三国志·魏书》卷二十一《傅嘏传》注引《傅子》:“是时何晏以材辨显于贵戚之间,邓飏好变通,合徒党,鬻声名于闾阎,而夏侯玄以贵臣子少有重名,为之宗主,求交于嘏而不纳也。嘏友人荀粲,有清识远心,然犹怪之。谓嘏曰:‘夏侯太初一时之杰,虚心交子,合则好成,不合则怨至。二贤不睦,非国之利,此蔺相如所以下廉颇也。’嘏答之曰:‘太初志大其量,能合虚誉而无实才。何平叔言远而情近,好辩而无诚,所谓利口覆邦之人也。邓玄茂有为而无终,外要名利,内无关钥,贵同恶异,多言而妒前;多言多衅,妒前无亲。以吾观此三人者,皆败德也,远之犹恐不及,况昵之乎?'"裴松之将上述注文系于"嘏弱冠知名"一句后,"司空陈群辟为掾"一句之前。陈群于黄初七年十二月任司空,辟傅嘏只能在太和元年之后。另据《三国志·魏书》卷十《荀彧传》注引何劭《荀粲传》:"(粲)太和初,到京邑与傅嘏谈,嘏善名理而粲尚玄远,宗致虽同,仓卒时或有格而不相得意。裴徽通彼我之怀,为二家骑驿,顷之,夏侯玄亦亲。"可见,何晏等青年士人开始清谈的时间是从太和元年开始。

《三国志·魏书》卷九《曹爽传》注引《魏略》:"苏(秦朗)性谨慎,而晏无所顾惮,服饰拟于太子,故文帝特憎之,每不呼其姓字,尝谓之为'假子'。晏尚主,又好色,故黄初时无所事任。及明帝立,颇为冗官。"何晏的妻子是金乡公主,即杜夫人与曹操所生女儿,沛王林的妹妹。《魏末传》称金乡公主是何晏同母异父的妹妹,裴松之已证其说伪讹。《三国志·魏书》卷九《曹爽传》裴松之案:"《魏末传》云晏取其同母妹为妻,此搢绅所不忍言。……案《诸王公传》,沛王出自杜夫人所生。晏母姓尹,公主若与沛王同生,焉得言与晏同母?"关于何晏的爵位,《三国志·魏书》卷九《曹爽传》注引《魏略》说:"晏前以尚主,得赐爵列侯。"而何晏在《论语集解序》中却自称为"关内侯"。关内侯较列侯低一级。另据《太平御览》一百五十四引《语林》:"何晏以主婿驸马都尉。"驸马都尉是多赐与宗室外戚的礼仪性虚职。故史称太和时期的何晏"颇为冗官"。何晏与金乡公主的婚姻不知成于何时,但从年龄上推断,在太和时可能性较大。如果何晏在太和之前已尚主,得驸马都尉,则不能说"黄初时无所事任"。故将何晏婚姻一事系于太和元年下。

据有关史籍载,何晏生活行为不端,服寒食散,擦粉,穿女人衣服等。《世说新语·言语第二》:"何平叔云:'服五石散,非唯治病，亦觉神明开朗。'"刘孝标注引秦丞相《寒食散论》曰："寒食散之方虽出汉代，而用之者寡，靡有传焉。魏尚书何晏首获神效，由是大行于世，服者相寻也。"《三国志·魏书》卷九《曹爽传》注引《魏略》："晏性自喜，动静粉白不去手，行步顾影。"(《世说新语·容止》注引《魏略》"粉白"为"粉帛"。)《晋书》卷二十七《五行志上》曰："尚书何晏，好服妇人之服。傅玄曰：'此妖服也，夫衣裳之制，所以定上下殊内外也……若内外不殊，王制失叙，服妖既作，身随之亡。未嬉冠男子之冠，桀亡天下；何晏服妇人之服，亦亡其家，其咎均也。'"

太和六年(公元232年)，何晏25岁，作《景福殿赋》，为魏明帝歌功颂德。不久，即发生"浮华案"，何晏等被黜。

[考证]

何晏作《景福殿赋》应在本年9月。《三国志·魏书》卷三《明帝纪》："三月癸酉行东巡……九月行幸摩陂，治许昌宫，起景福、承光殿。"《文选》卷十一何晏《景福殿赋》李善注引《典略》："何晏字平叔，南阳人也。尚金乡公主，有奇才，颇有材能，美容貌。魏明帝将东巡，恐夏热，故许昌作殿，名曰景福。既成，命人赋之，平叔遂有此作。"何晏《景福殿赋》亦云："岁三月，东巡狩，至于许昌……"在群臣的请求下，魏明帝决定"立景福之秘殿"。

从何晏《景福殿赋》行文看，他本人似乎亦随魏明帝东巡，并至许昌，亲睹了景福殿的壮美，身份似乎近乎文学侍从之臣。《文心雕龙·时序篇》："至明帝纂戎，制诗度曲；征篇章之士，置崇文之观；何(晏)、刘(劭)群才，迭相照耀。"又《世说新语·容止第十四》："何平叔美姿仪，面至白；魏明帝疑其傅粉，正夏月，与热汤饼，既噉，大汗出，以朱衣自拭，色转皎然。"不知魏明帝戏弄何晏的时间是否是这一年夏天同行许昌之时，故记于此年下。

魏明帝曾严办过一次“浮华案”，打击何晏、夏侯玄等青年名士的聚众清谈活动。《三国志·魏书》卷二十八《诸葛诞传》：“(诸葛诞)与夏侯玄、邓飏相善，收名朝廷，京都翕然。言事者以诞、飏等修浮华合虚誉，渐不可长，明帝恶之，免诞官。”《三国志·魏书》卷二十八《诸葛诞传》注引《世语》：“是时，当世俊士散骑常侍夏侯玄、尚书诸葛诞、邓飏之徒共相题表，以玄(畴)〔等〕四人为四聪，诞(备)〔辈〕八人为八达，中书监刘放子熙，孙资子密，吏部尚书卫臻子烈三人，咸不及此，以父居势位，容之为三豫。凡十五人，帝以构长浮华，皆免官废锢。”何晏亦是此次“浮华案”的重要人物。《三国志·魏书》卷九《曹爽传》：“南阳何晏、邓飏、李胜、沛国丁谧、东平毕轨，咸有声名，进趣于时，明帝以其浮华，皆抑黜之。”《三国志·魏书》卷九《曹爽传》注引《魏略》：“胜少游京师，雅有才智，与曹爽善，明帝禁浮华，而有人白胜堂有四窗八达，各有主名，用是被收，以其所连引者多，故得原，禁锢数岁。”“初飏与李胜等为浮华友，及在中书，浮华事发，被斥出，遂不复用。”《三国志·魏书》卷二十二《卢毓传》：“前此诸葛诞、邓飏等驰名誉，有四聪八达之诮，帝疾之。”《资治通鉴》将这次浮华案事件系于太和四年下面，是不妥的。据《三国志·明帝纪》，魏明帝的确曾于太和四年发布过一道反“浮华”诏书，但细观诏书内容，则不难发现其主旨是要求知识分子以儒学为本，加强对六经的学习，对“浮华”现象发出警告。真正下达采取行政和法律手段打击浮华分子的诏书，是于太和六年董昭上书之后。《三国志·魏书》卷十四《董昭传》：“太和四年，行司徒事，六年，拜真。昭上疏陈末流之弊曰：‘……窃见当今年少，不复以学问为本，专更以交游为业；国士不以孝悌清修为首，乃以趋势游利为先。合党连群，互相褒叹，以毁訾为罚戮，用党誉为爵赏，附己者则叹之盈言，不附者则作瑕衅，……凡此诸事，皆法之所不取，刑之所不赦……’帝于是发切诏，斥免诸葛诞、邓飏等。”可见此事件发生在董昭太和六年七月正式任司徒之后。董昭死于青龙四年(公元236年)五月,故浮华案只能发生在太和六年—青龙四年之间。遍查史籍,浮华案人物均未在青龙年间出任官职,可见此事发生于太和末年至青龙初年可能性最大,故暂定于太和六年。

正始元年(240年),何晏33岁,先后任散骑常侍、侍中、吏部尚书。

[考证]

《三国志·魏书》卷九《曹爽传》:“南阳何晏、邓飏、李胜、沛国丁谧、东平毕轨咸有声名,进趣于时,明帝以其浮华,皆抑黜之;及爽秉政,乃复进叙,任为腹心。”《三国志·魏书》卷二十二《卢毓传》:“齐王即位,赐爵关内侯。时曹爽秉政,将树其党,徙毓仆射,以侍中何晏代毓。”可见曹爽执政后不久,即起用何晏、夏侯玄等太和浮华案被黜人物。因此,刘汝霖在《汉晋学术编年》中,将何晏任散骑侍郎一事系于景初三年之下。然而,《三国志·魏书》卷九《曹爽传》注引《魏略》明确记载:“(何晏)至正始初,曲合于曹爽,亦以才能,故爽用为散骑侍郎,迁侍中、尚书。”《三国志·魏书》卷二十一《傅嘏传》亦云:“正始初,除尚书郎,迁黄门侍郎。时曹爽秉政,何晏为吏部尚书,嘏谓爽弟羲曰:‘何平叔外静而内铦巧,好利,不念务本。吾恐必先惑子兄弟,仁人将远,而朝政废矣。’晏等遂与嘏不平,因微事以免嘏官。”《文选》卷十一何晏《景福殿赋》李善注引《典略》称其任尚书前还任过散骑常侍:“平叔为散骑常侍,迁尚书主选。”由此可见,何晏在任吏部尚书前任散骑侍郎、散骑常侍、侍中三职,所以极可能于景初三年曹爽执政后任散骑侍郎,至正始初升吏部尚书。例如《三国志·曹爽传》这样表述何晏的任职过程:“初,爽以宣王年德并高,恒父事之,不敢专行。及晏等进用,咸共推戴,说爽以权重不宜委之于人。及以晏、飏、谧为尚书,晏典选举,轨司隶校尉,胜河南尹,诸事希复由宣王。"可见"及晏等进用……"指景初三年任散骑侍郎等职时帮助曹爽尊司马懿为太傅一事,何晏还未任尚书,故下文又"及以晏、飏、谧为尚书",可佐证。

何晏自此任吏部尚书一职达十年之久,史料对其政绩亦褒贬不一。《世说新语·言语第二》注引《滔集》:"何、邓二尚书,独步于魏朝。"《晋书》卷四十七《傅咸传》:"正始中,任何晏以选举,内外之众职各得其才,粲然之美于斯可观。"《三国志·魏书》卷九《曹爽传》注引《魏略》则说:"晏为尚书,主选举,其宿与之有旧者,多被拔擢。""飏为人好货,……每所荐达,多如此比。故何晏选举不得人。"

何晏在任吏部尚书期间,利用权势打击持不同政见者傅嘏、卢毓、傅玄、圭泰。《三国志·魏书》卷二十一《傅嘏传》:"晏等遂与嘏不平,因微事免嘏官。"《三国志·魏书》卷九《曹爽传》:"晏等与廷尉卢毓素有不平,因毓吏微过,深文致毓法,使主者先收毓印绶,然后奏闻。"《晋书》卷九十六《列女传》:"时(傅)玄与何晏、邓飏不穆,晏等每欲害之,时人莫肯共婚,及宪许玄,内外以为忧惧。或曰:'何邓执权,必为玄害,亦由排山压卵,以汤沃雪耳,奈何与之为亲?'"《三国志·魏书》卷十二《司马芝传》:"是时大将军专权,尚书何晏、邓飏等为之辅翼,南阳圭泰以言迕指,考系廷尉。"

正始五年(244年),何晏37岁,与王弼等人清谈玄理,见王弼《老子注》胜己,放弃自己所注《老子》,作《道德论》。

[考证]

《世说新语·文学》注引《续晋阳秋》:"正始中,王弼何晏好《庄》、《老》玄胜之谈,而世遂贵焉。"何晏与王弼清谈一事详见附后《王弼年谱·正始五年》。另,何晏当时为一代谈宗,正始时期经常举办清谈会。与何晏清谈并有史可考的人物有王弼、曹爽、曹羲、卫瓘、裴徽、刘邠、管辂等。《世说新语·文学》:“何晏为吏部尚书,有位望,时谈客盈坐,王弼未弱冠往见之……”《北堂书钞》卷九十八注引《何晏别传》:“曹爽常大集名德,长幼莫不预会,及欲论道,曹羲乃叹曰:‘妙哉,平叔之论道,尽其理矣。’既而清谈雅论,辨难纷纭,不觉诸生在坐。”《世说新语·赏誉》注引王隐《晋书》:“卫瓘有名理,及与何晏、邓飏等数共谈讲。”《三国志·管辂传》注引《辂别传》:“裴使君曰:‘吾数与平叔共说老、庄及《易》,常觉其辞妙于理,不能折之。又时人吸习,皆归服之焉。’……刘邠自言:‘数与何平叔论《易》及老、庄之道,至于精神遐流,与化周旋,清若金水,郁若山林。’”至于管辂与何晏清谈,见本年谱正始九年条下。

何晏作《道德论》一事载于《世说新语·文学第四》:“何晏注《老子》未毕,见王弼自说注《老子》旨。何意多所短,不复得作声,但应诺诺,遂不复注,因作《道德论》。”又:“何平叔注《老子》,始成,诣王辅嗣。见王注精奇,乃神伏曰:‘若斯人,可与论天人之际矣!’因以所注为《道》、《德》二论。”王弼注《老子》约成于正始四年,(详见附后《王弼评传》正始四年,)故何晏作《道德论》于此年。

余嘉锡《世说新语笺疏·文学第四》:嘉锡案:“一事两见,而一云‘始成’,一云‘未毕’,余亦小异。盖本出两书,临川不能定其是非。故并存之。”余嘉锡又案:“河上公及王弼《老子注》,皆以上卷为道经,下卷为德经,盖汉、魏旧本如此。平叔此论亦上篇言道,下篇言德,故为‘二论’。《隋志》云:‘梁有《老子道德论》二卷,何晏撰,亡。’《旧唐志》仍著录。《新唐志》于《道家·老子》下有何晏《讲疏》四卷,又《道德问》二卷。疑《道德问》即《道德论》也。其书今亡。”余嘉锡又案:“《列子·

天瑞篇》张湛注引何晏《道论》曰：'有之为有，恃无以生；事之为事，由无以成。夫道之而无语，名之而无名，视之而无形，听之而无声，则道之全焉。故能昭音响而出气物，包形神而章光影。玄以之黑，素以之白，矩以之方，规以之员。员方得形，而此无形；白黑得名，而此无名也。'……《文心雕龙·论说篇》曰：'魏之初霸，术兼名法。傅嘏、王粲校练名理。迄至正始，务欲守文。何晏之徒，始盛玄论。于是聃、周当路，与尼父争途矣。详观兰石之《才性》，仲宣之《去代》、辅嗣之《两例》、平叔之《二论》，并师心独见，锋颖精密，盖人伦之英也。'姚振宗《隋志考证·六》曰：'王弼《两例》即《易》、《老》略例，平叔《二论》即《道德论》也。'"

何晏如何注《老子》，已不可详考，《世说新语·文学第四》注引《文章叙录》曰："自儒者论以老子非圣人，绝礼弃学，晏说与圣人同，著论行于世。"又《三国志·魏书》卷二十八《钟会传》注引何劭《王弼传》："何晏以为圣人无喜怒哀乐，其论甚精，钟会等述之。弼与不同……"可窥见何晏在见王弼新注之前的基本观点。

正始六年（245年），何晏38岁，主编的《论语集解》完成。

［考证］

《论语集解序》："……前世传授，师说虽有异同，不为训解。中间为之训解，至于今多矣。所见不同，互有得失。今集诸家之善，记其姓名，有不安者，颇为改易，名曰论语集解。光禄大夫关内侯臣孙邕、光禄大夫臣郑冲，散骑常侍中领军安乡亭侯臣曹羲、侍中臣荀顗、尚书驸马都尉关内侯臣何晏等上。"刘汝霖《汉晋学术编年》将此系于正始六年下，理由为："按《论语序解》与晏共上此书者，有光禄大夫郑冲、侍中荀顗……等四人。考《晋书·郑冲传》：'大将军曹爽引为从事中郎，转散骑常侍，光禄勋。'

《荀颉传》:'宣帝辅政,见颉奇之,擢拜散骑侍郎,累迁侍中。'可知冲之为光禄大夫,颉之为侍中,必不在正始初年。叙中又言及太常王肃。考肃于正始中为太常,坐宗庙事免,后为光禄勋。其免太常之年虽不见于魏志,然《齐王纪》称是年高柔由太常为司空,《高柔传》称柔为太常仅旬日,则太常一职之更动,必在早年。晏之上此书至晚必在此年,故志之于此。"

曹爽、何晏、夏侯玄集团上台后,曾进行过政治改革,史称正始改制。如《三国志·魏书》卷十四《刘放传》注引《孙资别传》:"大将军爽专事,多变易旧章。"《晋书》卷一《宣帝纪》:"曹爽用何晏、邓飏、丁谧之谋……屡改制度。"《三国志·魏书》卷十四《蒋济传》:"是时,曹爽专政,丁谧、邓飏轻改制度。"关于正始改制的内容,史籍无正面记载,从《三国志·魏书》卷九《夏侯玄传》保留的《夏侯玄答司马宣王时事议》看,改革涉及了改革九品中正制、精简政府机构和服饰等级化三方面内容。据该传记载,夏侯玄发表《时事议》不久,"顷之,为征西将军与曹爽兴骆谷之役。"骆谷之役发生于正始五年,因此可看作自此年开始,正始改制进行。改制活动触及了许多在职官员的既得利益,引起了传统派官员的不满,所以,自正始六年开始,何晏集团与传统派魏初名士矛盾开始明朗化。《三国志·魏书》卷十三《王肃传》:"迁太常,时大将军曹爽专权,任用何晏、邓飏等。肃与太尉蒋济、司农桓范论及时政,肃正色曰:'此辈即弘恭、石显之属,复称说邪。'爽闻之,戒何晏等曰:'当共慎之,公卿已比诸君前世恶人矣'。"《三国志·魏书》卷十一《袁涣传》:"亮贞固有学行,疾何晏、邓飏等,著论以讥切之。"

正始八年(247 年),何晏 40 岁,作《奏请大臣侍从游幸》一文,劝诫曹芳。

[考证]

齐王曹芳年 16 岁，亲近不良侍从，多有不轨行为，故引起何晏上奏，《三国志·魏书》卷四《三少帝纪》：(正始八年)秋七月，尚书何晏奏曰："善为国者必先治其身，治其身者慎其所习。所习正则其身正，其身正则不令而行；所习不正则其身不正，其身不正则虽令不从。是故为人君者，所与游必择正人，所观览必察正象，放郑声而弗听，远佞人而弗近，然后邪心不生而正道可弘也。季末暗主，不知损益，斥远君子，引近小人，忠良疏之，便辟亵狎，乱生近暱，譬之社鼠，考其昏明，所积以然，故圣贤谆谆以为至虑。舜戒禹曰'邻哉邻哉'，言慎所近也，周公戒成王曰'其朋其朋'，言慎所与也。《书》云：'一人有庆，兆民赖之。'可自今以后，御幸式乾殿及游豫后园，皆大臣侍从，因从容戏宴，兼省文书，询谋政事，讲论经义，为万世法。"

正始九年(公元 248 年)，何晏 41 岁，与术士管辂谈《易》，作《鸿鹄》诗。

[考证]

《三国志·魏书》卷二十九《方技·管辂传》："正始九年举秀才。十二月二十八日，吏部尚书何晏请之，邓飏在晏许。晏谓辂曰：'闻君著爻神妙，试为作一卦，知位当至三公不？'又问：'连梦见青蝇数十头，来在鼻上，驱之不肯去，有何意故？'辂曰：'夫飞鸮，天下贱鸟，及其在林食椹，则怀我好音，况辂心非草木，敢不尽忠？昔元、凯之弼重华，宣惠慈和；周公之翼成王，坐而待旦。故能流光六和，万国咸宁。此乃履道休应，非卜筮之所明也。今君侯位重山岳，势若雷电，而怀德者鲜，畏威者众，殆非小心翼翼多福之仁。又鼻者艮，此天中之山，高而不危，所以长守贵也。今青蝇臭恶，而集之焉。位峻者颠，轻豪者亡，不可不思害盈之数，盛衰之期。是故山在地中曰谦，雷在天上曰壮；谦则裒多益寡，壮则非礼不履。未有损己而不光大，非行而不伤败。

愿君侯上追文王六爻之旨，下思尼父彖象之义，然后三公可决，青蝇可驱也。’飏曰：‘此老生之常谭。’辂答曰：‘夫老生者见不生，常谭者见不谭。’晏曰：‘过岁更当相见。’辂还邑舍，具以此言语舅氏，舅氏责辂言太切至。辂曰：‘与死人语，何所畏邪？’舅大怒，谓辂狂悖。岁朝，西北大风，尘埃蔽天，十余日，闻晏、飏皆诛。然后舅氏乃服。”

《三国志·魏书》卷二十九《方技·管辂传》裴松之注引《辂别传》：“至十月，举为秀才。辂辞裴使君（裴徽），使君言：‘何邓二尚书，有经国才略，于物理无不精也。何尚书神明精微，言皆巧妙，巧妙之志，殆破秋毫，君当慎之！自言不解《易》九事，必当以相问。此至洛，宜善精其理也。’辂言：‘何若巧妙，以攻难之才，游形之表，未入于神。夫入神者，当步天元，推阴阳，探玄虚，极幽明，然后览道无穷，未暇细言。若欲差次老、庄而参爻象，爱微辩而兴浮藻，可谓谢侯之巧，非能破秋毫之妙也。若九事皆至义者，不足劳思也。若阴阳者，精之以久。辂去之后，岁朝当有时刑大风，风必摧破树木，若发于乾者，必有天威，不足共清谭者。……辂为何晏所请，果共论《易》九事，九事皆明，晏曰：‘君论阴阳，此世无双。’时邓飏与晏共坐，飏言：‘君见谓善《易》，而语初不及《易》中辞义，何故也？’辂寻声答之曰：‘夫善《易》者不论《易》也。’晏含笑而赞之“可谓要言不烦也。”因请辂为卦，辂既称引鉴戒，晏谢之曰：‘知几其神乎，古人以为难；交疏而吐其诚，今人以为难。今君一面而尽二难之道，可谓明德惟馨。《诗》不云乎，“中心藏之，何日忘之”……舅夏大夫问辂：‘前见何、邓之日，为已有凶气未也？’辂言：‘与祸人共会，然后知神明交错；与吉人相近，又知圣贤求精之妙。夫邓之行步，则筋不束骨，脉不制肉，起立倾倚，若无手足，谓之鬼躁。何之视候，则魂不守宅，血不华色，精爽烟浮，容若槁木，谓之鬼幽。故鬼躁者为风所收，鬼幽者为火所烧，自然之符，不可以蔽也。’辂后因得休,裴使君问:'何平叔一代才名,其实如何?'辂曰:'其才若盆盎之水,所见者清,所不见者浊。神在广博,志不务学,弗能成才。欲以盆盎之水,求一山之形,形不可得,则智由此惑。故说《老》、《庄》则巧而多华,说《易》生义则美而多伪,华则道浮,伪则神虚,得上才则浅而流绝,得中才则游精而独出,辂以为少功之才也。'裴使君曰:'诚如来论。吾数与平叔共说《老》、《庄》、《易》,常觉其辞妙于理,不能折之。又时人吸习,皆归服之焉,益令不了。相见得清言,然后灼灼耳。'"以上又见《世说新语·规箴》及刘校标注引《辂别传》,略同上文。

何晏所自言不解《易》九事,今已不可详考,《南齐书·张绪传》记载:"绪长于《周易》,言精理奥,见宗一时,常云何平叔所不解《易》中七事,诸卦中所有时义,是其一也。"

《世说新语·规箴第十》刘校标注引《名士传》曰:"是时曹爽辅政,识者虑有危机。晏有重名,与魏姻戚,内虽怀忧,而无复退也。著五言诗以言其志曰:'鸿鹄比翼游,群飞戏太清。常畏大网罗,忧祸一旦并。岂若集五湖,从流唼浮萍。承宁旷中怀,何为怵惕惊。'盖因辂言,惧而赋诗。"

何晏接见管辂之时,曹爽与司马懿两大政治集团已剑拔弩张,政变已成骑虎之势。反对曹爽何晏集团的谣言、谤书此起彼伏。《三国志·魏书》卷九《曹爽传》注引《魏略》:"故于时谤书,谓:'台中有三狗,二狗崖柴不可当,一狗凭默作疽囊。'三狗,谓何、邓、丁也。默者,爽小字也。其意言三狗皆欲啮人,而谧尤甚也。"《晋书》卷一《宣帝纪》:"(正始八年)五月,帝称疾不与政事,时人为之谣曰:'何、邓、丁,乱京城。"《三国志·魏书》卷九《夏侯玄传》注引《魏略》:"及司马宣王久病……曹爽专政,丰依违二公间,无有适莫,故于时有谤书曰:'曹爽之势热如汤,太傅父子冷如浆,李丰兄弟如游光。'"在政变发生之前,除管辂外,许多人已看到政变之不可避免以及何晏集团覆灭的必然性。《世说新语·政事第三》注引虞预《晋书》:“(山涛)为河内从事,与石鉴共传宿,涛夜起蹋鉴曰:‘今何等时而眠也!知太傅卧何意?’鉴曰:‘宰相三日不朝,与尺一令归第,君何虑焉?’涛曰:‘咄!石生,无事马蹄间也。’投传而去,果有曹爽事。”《晋书》卷九十六《列女传》:“宪曰:‘晏等骄侈,必当自败,司马太傅兽睡耳,吾恐卵破雪销,行自有在。’”《晋书》卷十九《阮籍传》:“及曹爽辅政,召为参军。籍因以疾辞,屏于田里。岁余而爽诛,时人服其远识。”《三国志·魏书》卷二十八《钟会传》注引钟会《张夫人传》:“是时大将军曹爽专朝政……夫人曰:‘乐则乐矣,然难久也。居上不骄,制节谨度,然后乃无危溢之患。今奢侈如此,非长守富贵之道。’”《三国志·魏书》卷九《曹爽传》注引《汉晋春秋》:“安定皇甫谧以九年冬梦至洛阳,自庙出,见车骑甚众,以物呈庙云:‘诛大将军曹爽。’寤而以告其邑人。邑人曰:‘君欲作曹人之梦乎!朝无公孙强如何?且爽兄弟典重兵,又权尚书事,谁敢谋之?’谧曰:‘爽无叔振铎之请,苟失天机则离矣,何恃于强?昔汉之阎显,倚母后之尊,权国威命,可谓至重矣,阉人十九人一旦尸之,况爽兄弟乎?’”

正始十年(公元 249 年),何晏 42 岁,司马懿发动高平陵政变,何晏被杀。

[考证]

政变过程如下:《三国志·魏书》卷四《齐王芳纪》:“嘉平元年春正月甲午,车驾谒高平陵。太傅司马宣王奏免大将军曹爽、爽弟中领军羲、武卫将军训、散骑常侍彦官,以侯就第。戊戌,有司奏收黄门张当付廷尉,考实其辞,爽与谋不轨。又尚书丁谧、邓飏、何晏、司隶校尉毕轨、荆州刺史李胜、大司农桓范皆与爽通奸谋,夷三族。语在爽传。”《三国志·魏书》卷九《曹爽传》:“晏等专政,共分割洛阳、野王典农部桑田数百顷,及坏汤沐地以为产业，承势窃取官物，因缘求欲州郡。有司望风，莫敢忤旨。……爽饮食车服，拟于乘舆；尚方珍玩，充牣其家；妻妾盈后庭，又私取先帝才人七八人，及将吏、师工、鼓吹、良家子女三十三人，皆以为有伎乐。诈作诏书，发才人五十七人送邺台，使先帝倢伃教习为伎。擅取太乐乐器，武库禁兵。作窟室，绮疏四周，数与晏等会其中，饮酒作乐。……宣王密为之备。九年冬，李胜出为荆州刺史，往诣宣王。宣王称疾困笃，示以羸形。胜不能觉，谓之信然。十年正月，车驾朝高平陵，爽兄弟皆从。宣王部勒兵马，先据武库，遂出屯洛水浮桥，奏爽曰：'……今大将军曹爽背弃顾名，败乱国典，内则僭拟，外专威权……皆以爽为有无君之心，兄弟不宜典兵宿卫，奏永宁宫。皇太后令敕臣如奏施行。臣辄敕主者及黄门令罢爽、羲、训吏兵，以侯就第，不得逗留以稽车驾；敢有稽留，便以军法从事。臣辄力疾将兵屯洛水浮桥，伺察非常。'爽得宣王奏事，不通，迫窘不知所为。大司农沛国桓范闻兵起，不应太后召，矫诏开平昌门，拔取剑戟，略将门候，南奔爽。宣王知，曰：'范画策，爽必不能用范计。'范说爽使车驾幸许昌，招外兵。爽兄弟犹豫未决，范重谓羲曰：'当今日，卿门户求贫贱复可得乎？且匹夫持质一人，尚欲望活，今卿与天子相随，令于天下，准敢不应者？'羲犹不能纳。侍中许允、尚书陈泰说爽，使早自归罪。爽于是遣允、泰诣宣王，归罪请死，乃通宣王奏事。遂免爽兄弟，以侯还第。初，张当私以所择才人张、何等与爽。疑其有奸，收当治罪。当陈爽与晏等阴谋反逆，并先习兵，须三月中欲发，于是收晏等下狱。会公卿朝臣廷议，以为《春秋》之义，'君亲无将，将而必诛。'爽以支属，世蒙殊宠，亲受先帝握手遗诏，托以天下，而包藏祸心，蔑弃顾命，乃与晏、飏及当等谋图神器，范党同罪人，皆为大逆不道。'于是收爽、羲、训、晏、飏、谧、轨、胜、范、当等，皆伏诛，夷三族。"

关于何晏在政变过程中的表现有如下记载：《三国志·魏书》

卷九《曹爽传》注引《魏氏春秋》:“……初,宣王使晏与治爽等狱。晏穷治党与,冀以获宥。宣王曰:‘凡有八族。’晏疏丁、邓等七姓。宣王曰:‘未也。’晏穷急,乃曰:‘岂谓晏乎?’宣王曰:‘是也。’乃收晏。”《太平御览》六百五引《魏末传》:“宣王欲诛曹爽,呼何晏作奏。曰:‘宜上君名。’晏失笔于地。”

关于何晏儿子是否被杀,有两种记载。《三国志·魏节》卷九《曹爽传》注引《魏末传》:“晏妇金乡公主,……公主贤,谓其母沛王太妃曰:‘晏为恶日甚,将何保身?’母笑曰:‘汝得无妒晏邪。’俄而晏死。有一男,年五六岁,宣王遣人录之。晏母归藏其子王宫中,向使者搏颊,乞白活之,使者具以白宣王。宣王亦闻晏妇有先见之言,心常嘉之,且为沛王故,特原不杀。”《三国志·蜀书》卷四十四《费祎传》注引殷基《通语》曰:“司马懿诛曹爽,祎设《甲乙论》平其是非……及何晏子魏之亲甥,亦与同戮,为僭滥不当矣。”费祎于高平陵政变时健在,他当时的著论应比《魏末传》可靠。

《太平寰宇记》卷一百二十六《淮南道·四·庐州》:“何晏坟在(庐江)县北十七里,其墓高大。景元二年有人发墓得砖铭,是何公坟。”汉魏时期有归葬习惯,即将客死者运回故乡埋葬,被政府诛杀者亦然。如《三国志·魏书》卷二十八《诸葛诞传》载,司马氏“听鸯、虎(叛将文钦子)收敛钦丧,给其牛车,致葬旧墓。”按情理,何晏亦应归葬故乡。但何晏应归葬家乡南阳宛,或葬洛阳附近,何以葬于庐江。因此有两种可能性:第一,此事纯系后人附会。魏晋南北朝时期的庐江何氏十分显赫,是当时最著名的世家大族,该族发迹于曹魏何氏(何祯),尔后产生了何充等一大批名人。该家族并有自己的历史传记《庐江何氏家传》(见《三国志·魏书》卷二十一《刘劭传》注引)。第二,何晏实际上并非何进后代,而与庐江何氏有某种联系。因无文献资料证明,故前一种可能性较大。

二、王弼年谱

王弼，字辅嗣，山阳高平（今山东金乡县）人。祖父王凯为刘表女婿；父王业，魏尚书郎，谒者仆射。

［考证］

丁冠之先生指出："关于王弼的籍贯，近年来有的著作说在河内山阳，即今河南焦作。这是不对的。三国时的地方行政区划分州、郡、县三级，当时有两个山阳，一个是县级单位，即前面说的河内郡的山阳县，属司州；一个是郡级单位，即属兖州的山阳郡。王弼的家乡就是山阳郡的高平县，在现在的山东金乡县西北。对于王弼的籍贯，历史上有明确的记载，《王弼别传》说：'王弼字辅嗣，山阳高平人。'（《世说新语·文学篇》注引）又《金乡县志·舆地》说，县'北门内西'有'王弼注《易》处'。这虽属传说，但却可印证王弼确为山阳高平人。对王弼的籍贯发生误会是近几年的事。"①

山阳高平王氏是汉魏之际的名门望族。《后汉书》卷五十六《王龚传》称该家族"世为豪族"，但首先见于史传的是王龚。王龚与其子王畅都官至司空，又都是汉末清流之领袖人物。王畅的孙子则是建安七子之一的王粲。

王弼的祖父王凯，是王粲的族兄，两人一起于汉末战乱中投奔荆州牧刘表，刘表招王凯为女婿，生子王业，即王弼父，赤壁之战后，随曹操回到北方。王粲死后，其子因魏讽谋反案被杀，绝后。魏文帝命王业为王粲嗣子，继承王粲爵位及来自蔡邕的近万卷书籍。基本史料如下：

《三国志·魏书》卷二十八《钟会传》注引《博物记》："初，

① 《山东古代思想家》，山东人民出版社1985年版，第399页。

王粲与族兄凯俱避地荆州,刘表欲以女妻粲,而嫌其形陋而用率,以凯有风貌,乃以妻凯。凯生业,业即刘表外孙也。蔡邕有书近万卷,末年载数车与粲。粲亡后,相国掾魏讽谋反,粲子与焉。既被诛,邕所与书悉入业。业字长绪,位至谒者仆射。子宏,字正宗,司隶校尉。宏,弼之兄也。"

《博物志》卷六《人名考》:"蔡邕有书万卷,汉末载数车与王粲。粲亡后,相国掾魏讽谋反,粲子与焉。既被诛,邕所与粲书悉入粲族子业,字长绪,即正宗父,正宗即辅嗣兄也。初,粲与族兄凯避地荆州,依刘表。表有女。表爱粲才,欲以妻之,嫌其形陋用率,乃谓曰:'君才过人,而体貌躁,非女耸才。'凯有风貌,乃妻凯,生业,即女所生。"

《三国志·魏书》卷二十一《王粲传》注引《文章志》:"太祖时征汉中,闻粲子死,叹曰:'孤若在,不使仲宣无后。'"

《三国志·魏书》卷二十八《钟会传》注引《魏氏春秋》:"文帝既诛粲二子,以业嗣粲。"

《三国志·魏书》卷二十一《王粲传》:"献帝西迁,粲徙长安,左中郎将蔡邕见而奇之。时邕才学显著,贵重朝廷,常车骑填巷,宾客盈坐。闻粲在门,倒屣迎之。粲至,年既幼弱,容状短小,一坐尽惊。邕曰:'此王公孙也,有异才,吾不如也。吾家书籍文章,尽当与之。'"

黄初七年(公元226年),王弼诞生。

［考证］

据《三国志·魏书》卷二十八《钟会传》注引何劭《王弼传》云,王弼死于正始十年(公元249年),"时年二十四岁"。古代年令按虚1岁计算,故实际年龄为23岁,以此上推其生年,当为公元226年。

正始四年(公元243年)王弼17岁,玄学思想初步形成,与吏部郎裴徽论圣人与老子之关系。

［考证］

《三国志·魏书》卷二十八《钟会传》注引何劭《王弼传》:"弼幼而察惠,年十余,好老氏,通辩能言。父业,为尚书郎。时裴徽为吏部郎,弼未弱冠,往造焉。徽一见而异之,问弼曰:'夫无者诚万物之所资也,然圣人莫肯致言,而《老子》申之无已者何?'弼曰:'圣人体无,无又不可以训,故不说也;老子是有者也,故恒言无所不足。'寻亦为傅嘏所知。"又《世说新语·文学第四》载:"王辅嗣弱冠诣裴徽,徽问曰:'夫无者,诚万物之所资,圣人莫肯致言,而老子申之无已,何邪?'弼曰:'圣人体无,无又不可以训,故言必及有。老庄未免于有,恒训其所不足。"又《世说新语·文学第四》注引《王弼别传》:"弼父为尚书郎,裴徽为吏部郎,徽见异之,故问。"据《三国志·魏书》卷二十九《管辂传》注引《辂别传》说,管辂曾在三十六岁(35岁)时拜会了冀州刺史裴徽。管辂生卒年为公元209年—256年,其三十六岁(35岁)拜见裴徽时应为正始五年,可见裴徽在正始五年已任该职,那他任吏部郎的时间应在此之前,所以将王弼与其辩论时间定于正始四年。

正始五年(公元244年),王弼18岁,参加何晏举办的清谈,一举成名。此后,又注释了《老子》、《易经》,奠定了玄学的理论基础。

［考证］

《三国志·魏书》卷二十八《钟会传》注引何劭《王弼传》:"于时,何晏为吏部尚书,甚奇弼,叹之曰:'仲尼称后生可畏,若斯人者,可与言天人之际乎!'"又《世说新语·文学第四》注引《王弼别传》:"少而察惠,十余岁便好庄老,通辩能言,为傅嘏所知。吏部尚书何晏甚奇之，题之曰：‘后生可畏，若斯人者，可与言天人之际矣。’”关于王弼与何晏第一次见面及清谈的情景，《世说新语·文学第四》有如下记载：“何晏为吏部尚书，有位望，时谈客盈坐。王弼未弱冠，往见之。晏闻弼名，因条向者胜理语弼曰：‘此理仆以为极，可得复难不？’弼作难，一坐人便以为屈，于是弼自为客主数番，皆一坐所不及。”据上文所言，这次清谈时，王弼“未弱冠”，故当在正始六年之前。又据《本传》将此事记于正始四年王弼见裴徽之后，故可能发生于正始五年，从“晏闻弼名”看，王弼与何晏为初次会面。

在这次清谈之后，王弼注《老子》。《世说新语·文学第四》有两条资料：“何平叔注《老子》始成，诣王辅嗣，见王注精奇，乃神伏曰：‘若斯人可与论天人之际矣。’因以所注为《道》、《德》二论。”“何晏注《老子》未毕，见王弼自说注《老子》旨，何意多所短，不复作声，但应诺诺。遂不复注，因作《道》、《德》论。”从以上两段文字看，王弼与何晏讨论各自的《老子注》似乎已不是初次见面，应当发生在上述第一次清谈之后。

自正始五年之后，王弼在思想舞台上十分活跃，除注释了《老子》之外，又注释了《周易》，撰写了《老子指略》和《周易略例》，并经常参加清谈论辩。这些活动的具体年代已不可详考。《三国志·魏书》卷二十八《钟会传》注引何劭《王弼传》作如下记载：“淮南人刘陶善论纵横，为当时所称，每与弼语，尝屈弼。弼天才卓出，当其所得，莫能夺也。性和理，乐游宴，解音律，善投壶。其论道，附会文辞不如何晏，自然有所拔得多晏也。颇以所长笑人，故时为士君子所疾。弼与钟会善，会论议以校练为家，然每服弼之高致。何晏以为圣人无喜怒哀乐，其论甚精，钟会等述之。弼与不同，以为圣人茂于人者神明也，同于人者五情也。神明茂，故能体冲和以通无。五情同，故不能无哀乐以应物。然则，圣人之情，应物而无累于物者也。今以其无累，便谓不复应物，失之多矣。弼注《易》,颍川人荀融难弼《大衍义》。弼答其意,白书以戏之曰:'夫明足以寻极幽微,而不能去自然之性。颜子之量,孔父之所预在。然遇之不能无乐,丧之不能无哀。又常狭斯人,以为未能以情从理者也。而今乃知自然之不可革。足下之量,虽已定乎胸怀之内,然而隔逾旬朔,何其相思之多乎!故知尼父之于颜子,可以无大过矣。'弼注《老子》,为之《指略》,致有理统;著《道略论》。注《易》,往往有高丽言。太原王济好谈,病《老》、《庄》,尝云:'见弼《易》注,所悟者多。'"又《世说新语·文学第四》注引《魏氏春秋》:"弼论道约美不如晏,自然出拔过之。"又《世说新语·文学第四》注引《续晋阳秋》:"正始中,王弼、何晏好庄老玄胜之谈,而世遂贵焉。"

正始九年(公元248年),王弼22岁,任尚书郎。

[考证]

《三国志·魏书》卷二十八《钟会传》注引何劭《王弼传》:"正始中,黄门侍郎累缺,晏既用贾充、裴秀、朱整,又议用弼。时丁谧与晏争衡,致高邑王黎于曹爽。爽用黎,于是以弼补台郎。初除,觐爽,请间。爽为屏左右,而弼与论道移时,无所他及,爽以此嗤之。时爽专朝政,党与共相进用,弼通俊不治高名。寻黎无几时病亡,爽用王沈代黎,弼遂不得在门下。晏为之叹恨。"《三国志·魏书》卷二十三《裴潜传》注引《文章叙录》说,裴秀"年二十五,迁黄门侍郎……年四十八,泰始七年薨。"可以推知裴秀生于黄初五年(公元224年),其24岁任黄门侍郎的时间应为正始九年(公元248年),故王弼任尚书郎亦应在此年。

王弼不擅长政务及处理人际关系。《三国志·魏书》卷二十八《钟会传》注引何劭《王弼传》:"弼在台既浅,事功亦雅非所长,益不留意焉……然弼为人,浅而不识物情。初与王黎、荀融善,黎夺其黄门郎,于是恨黎,与融亦不终。"又《世说新语·文学第四》注引《王弼别传》:"以弼补台郎。弼事功雅非所长,益不留意,颇以所长笑人,故为士君子所嫉。又为人浅而不识物情,初与王粲、荀融善,黎夺其黄门郎,于是恨黎,与融亦不终好。"《三国志·魏书》卷十《荀彧传》注引《荀氏家传》曰:"绍子融,字伯雅,与王弼、钟会俱知名,为洛阳令,参大将军军事,与弼、会论《易》、《老》义,传于世。"《北堂书钞》五十八引《傅子》:"王黎为黄门侍郎,轩轩然乃得志,煦煦然乃自乐。傅子难之曰:'子以圣人无乐,子何乐之甚?'黎曰:'非我,乃圣人也。'"

正始十年(公元249年),王弼23岁,病亡。

［考证］

《三国志·魏书》卷二十八《钟会传》曰:"弼好论儒道,辞才逸辩,注《易》及《老子》,为尚书郎,年二十余卒。"裴松之注引何劭《王弼传》曰:"正始十年,曹爽废,以公事免。其秋,遇疠疾亡,时年二十四,无子,绝嗣。弼之卒也,晋景王闻之嗟叹者累日。其为高识所惜如此。"又《世说新语·文学第四》注引《王弼别传》:"正始中以公事免,其秋遇疠疾亡,时年二十四。弼之卒也,晋景王嗟叹之累日,曰:'天丧予。'其为高识悼惜如此。"又《世说新语·文学第四》注引《文字志》:"(王濛之子王修)未拜而卒,时年二十四。昔王弼之没,与修同年,故修弟熙乃叹曰:'无愧于古人,而年与之齐也。'"

王弼兄王宏,字正宗。详见《晋书》卷九十《良吏·王宏传》。王弼无子,有一女儿嫁赵季子。见张湛《列子序》。

附录二：著作考

一、何晏著作历代著录及考辨文字

1. 现存著作

<1>《论语集解》

［历代著录］

《隋书·经籍志·经籍一·经》：《集解论语》十卷何晏集

《旧唐书·经籍志·甲部经录·论语类》：《论语十卷》何晏集解

《新唐书·艺文志·甲部经录·论语类》：何晏《集解》十卷

《宋史·艺文志·艺文一·经类》：《论语》十卷何晏等集解

《明史艺文志补编·明书经籍志·四书》：《论语》何晏解六册

《经典释文》卷一《序录》：何晏《集解》十卷

《崇文总目》卷一《论语类》：《论语》十卷何晏集解

《直斋书录》卷三《语孟类》：《论语集解》十卷魏尚书驸马都尉南阳何晏平叔撰

［历代考辨文字］

《郡斋读书志》卷一《论语类》：《论语》十卷右魏何晏集解。其序自云，据《鲁论》包氏、周氏、孔安国、马融、郑康成、陈群、王肃、周生烈八家之说，与孙邕、郑同、曹羲、荀顗集诸家训解为之。按：汉时《论语》凡有三，而《齐论》有《问王》、《知道》两篇。详其名，是必论内圣之道、外王之业，未必非夫子之最致意者。不知何论而张禹独遗之。禹身不知王风之邪正，其不知此固宜，然势位足以轩轾一世，使斯文遂丧，惜哉！郑同名触先公讳。司马迁父名谈，以赵谈子为同子，故予亦云后仿此。

《文献通考·经籍考》卷十一《经部》何晏《论语注》十卷：晁氏曰：魏何晏集解。其序自云，据《鲁论》包咸、周氏、孔安国、马融、郑康成、陈群、王肃、周生烈八家之说，与孙邕、郑冲、曹羲、荀颉集诸家训解为之。按：汉时《论语》凡有三，而《齐论》有《问王》、《知道》两篇。详其名，当是必论内圣之道，外王之业，未必非夫子之最致意者，不知何论而张禹独遗。禹身不知王凤之邪正，其不知此固宜，然势位是以轩轾一世，使斯文遂丧，惜哉！按：《齐论》多于《鲁论》二篇，曰《问王》、《知道》，史称张禹所删，以此遂无传。且夫子之言，禹何人而敢删之！然《古论语》与《鲁论》不异，唯分《尧曰》"子张问"以下为一篇，共二十一篇，则《问王》、《知道》两篇，亦孔壁中所无，度必后儒依仿而作，非圣经之本真，此所以不传，非禹所能删也。

《四库全书总目》卷三五《经部·四书类一》：《论语义疏》十卷浙江巡抚采进本　魏何晏注，梁皇侃疏。书前有奏进《论语集解·序》，题光禄大夫关内侯孙邕、光禄大夫郑冲、散骑常侍中领军安乡亭侯曹羲、侍中荀颉、尚书驸马都尉关内侯何晏五人之名。《晋书》载郑冲与孙邕、何晏、曹羲、荀颉等共集《论语》诸家训诂之善者，义有不安辄改易之，名《集解》，亦兼称五人。今本乃独称何晏。考陆德明《经典释文》，于《学而第一》下题集解二字，注曰："一本作何晏集解。"又《序录》曰："何晏集孔安国、包咸、周氏、马融、郑元、陈群、王肃、周生烈之说，并下己意为集解，正始中上之，盛行于世，今以为王云云。"是独题晏名，其来久矣。殆晏以亲贵，总领其事欤？邕字宗儒，乐安青州人。冲字文和，荥阳开封人。羲沛国谯人，魏宗室子。颉字景倩，荀彧之子。晏字平叔，南阳宛人，何进之孙，何咸之子也。侃，《梁书》作偘，盖字异文，吴郡人，青州刺史皇象九世孙。武帝时官国子助教，寻拜散骑侍郎，兼助教如故。大同十一年卒。事迹具《梁书·儒林传》。传称所撰《礼记义》五十卷,《论语义》十卷。《礼记义》,佚,此书宋国史志、《中兴书目》、晁公武《读书志》、尤袤《遂初堂书目》皆尚著录。《国史志》称侃疏虽时有鄙近,然博极群言,补诸书之未至,为后学所宗,盖是时讲学之风尚未其炽,儒者说经亦尚未尽废古义,故史臣之论云耳。迨乾淳之后,讲学家门户日坚,羽翼日众,铲除异己,惟恐有一字之遗,遂无复称引之者,而陈氏《书录解题》亦遂不著录,知其佚在南宋时矣。惟唐时旧本流传,存于海外。康熙九年,日本国山井鼎等作《七经孟子考》文,自称其国有是书,然中国无得其本者。故朱彝尊《经义考》注曰:"未见。"

《四库全书总目》卷三五《经部·四书类一》:《论语正义》二十卷内府藏本 魏何晏注,宋邢昺疏。昺字叔明,曹州济阴人,太平兴国中擢九经及第,官至礼部尚书,事迹具《宋史·本传》。是书盖咸平二年诏昺改定旧书,颁列学官,至今承用,而传刻颇伪。《集解》所引十三家,今本各题曰"某氏"。皇侃义疏则均题其名。案:奏进序中,称集诸家之善,记其姓名,侃疏亦曰何集注皆呼人名,惟包独言氏者,包名咸,何家讳咸,故不言也,与序文合。知今本为后来刊版之省文。然周氏与周生烈遂不可分,殊不如皇本有别。考邢昺疏中亦载皇侃何氏讳咸之语,其疏"记其姓名句"则云:"注但记其姓,而此连言名者,以著其姓所以名其人,非谓名字之名也。"是昺所见之本,已惟题姓,有是曲说。《七经孟子考》文,称其国《皇侃义疏》本为唐代所传,是亦一证矣。其文与皇侃所载亦异同不一,大抵互有短长,如《学而篇》"不患人之不己知"章,皇疏有王肃注一条。《里仁篇》"君子之于天下也"章,皇疏有何晏注一条,今本皆无。观顾炎武《石经考》,以石经《仪礼》校监版,或并经文全节漏落,则今本集解传刻佚脱,盖所不免。然蔡邕石经《论语》于"而在萧墙之内"句,两本并存,见于《隶释》。陆德明《经典释文》于诸本同异亦皆并存。盖唐以前经师授受，各守专门，虽经文亦不能画一，无论注文，固不必以此改彼，亦不必以彼改此，今仍从今本录之。所以各存其旧也。昺疏《宋志》作十卷，今本二十卷，盖后人依《论语》篇第析之。晁公武《读书志》称其亦因皇侃所采诸儒之说，刊定而成。今观其书，大抵翦皇氏之枝蔓，而稍传以义理。汉学宋学，兹其转关。是邢疏出而皇疏微，迨伊洛之说出而是疏又微。故《中兴书目》曰：其书于章句训诂名物之际详矣。盖微言其未造精微也。然先有是疏，而后讲学诸儒得沿溯从窥其奥，祭先河而后海，亦何可以后来居上，遂尽废其功乎？

2. 已佚著作

<2>《周易何氏解》（另《周易讲疏》与《周易私记》）

[历代著录]

孔颖达《周易正义·益》引何晏云："取其最长可久之义也。"

李鼎祚《周易集解·师》引何晏曰："师者，军旅之名。"（又，《需》《比》亦引何晏文字）

《册府元龟》卷六〇五《学校部·注释一》：何晏撰《周易私记》二十卷，《周易讲疏》十三卷。

[历代考辨文字]

马国翰《玉函山房辑佚书·经编易类·周易何氏解》：周易何氏解，魏何晏撰。晏字平叔，南阳人，曹爽用为散骑常侍，迁侍中、尚书，以尚主赐爵为列侯，见《魏志·曹爽传》及裴松之注。又《管辂传》，吏部尚书何晏谓之。晏上《论语集解表》，署衔云尚书，驸马都尉，关内侯，可以互考。其《易》不传，书题及卷数并未详。《册府元龟》有何晏《周易私记二十卷》、《周易讲疏》十三卷。晏为妥字之讹。《隋志》传写偶误，沿习不觉。观《唐书·艺文志》，题何妥《周易讲疏》十三卷，可证。辨证详何妥《讲疏》。序题“易解”者，晏于《论语》称“集解”。又案《辂别传》云：“晏自言不解《易》九事。”《南齐书·张融传》云：“晏所不解《易》中九事，诸卦中所有时义，是其一也。”知当日于《易》亦称解矣。孙盛《魏氏春秋》载晏语曰：“‘唯深也，故能通天下之志，夏侯太初是也；唯几也，故能成天下之务，司马子元是也；唯神也，不疾而速，不行而至，吾闻其语，未见其人。’盖欲以神况诸己者也。”然管辂讥其说易生义美而多伪，又谓其为少功之才，伏曼容亦以了不学轻之。盖其人习于浮华，辞常胜理，故时人虽吸习归服而不能逃有识者之鉴也。兹从孔颖达《正义》、李鼎祚《集解》、房审权《义海》辑录止四节，亦卑之无甚高论。取以备魏《易》一家之数，且以著汉学之变自王弼者，晏实为之倡也。历城马国翰竹吾甫。

[按]《周易何氏解》非何晏易注书名，而是马国翰所加。何晏有无系统解易著作，尚无定论。但《周易私记》和《周易讲疏》非何晏所作，则为学界共识。

<3>《乐悬》

[历代著录]

《隋书·经籍志·经籍一·经》：《乐悬》一卷何晏等撰议

[按]《乐悬》佚于唐

<4>《孝经注》

[历代著录]

《隋书·经籍志·经籍一·经》：梁有……吏部尚书何晏……等注《孝经》各一卷。亡。

《经典释文》卷一《序录》[所列前代孝经注释者中有何晏]

《册府元龟》卷六〇五《学校部·注释一》何晏……注《孝经》一卷

[按]《册府元龟》的记载，是据前代历史记载而书，未必

见原书。何晏《孝经注》佚于唐以前。

<5>《官族传》

［历代著录］

《隋书·经籍志·经籍二·史》:《官族传》十四卷何晏撰

《明史艺文志附编·国史经籍志·史类》:《官族传》十四卷何晏

［按］焦竑《国史经籍志》学术价值不高,被《四库提要》评价为:“丛抄旧目,无所考核,不问存亡,率尔滥载。”故何晏《官族传》应佚于唐代。①

<6>《魏晋谥议》与《魏明帝谥议》

［历代著录］

《隋书·经籍志·经籍二·史》:《魏晋谥议》十二卷何晏撰

《旧唐书·经籍志·乙部史录·仪注类》:《魏明帝谥议》二卷何晏撰

《新唐书·艺文志·乙部史录·仪注类》:何晏《魏明帝谥议》二卷

《北堂书钞》卷九十四《谥三十九》引何晏《魏明帝谥议表》云:案外内群寮议宜曰明,余所执难,各不同,《书》曰:“三人占,则从二人之言。”《传》曰:“善钧从众。”今称明者可谓众也。

［按］学界一般认为,《魏晋谥议》是魏晋时期的谥议集,何晏《魏明帝谥议》是其中一部分。该书佚于宋代。

<7>《老子道德论》(《道德问》)

［历代著录］

---

① 以下所引焦竑《国史经籍志》资料一律不视为实录,不作考证之资料。

《隋书·经籍志·经籍三·子》:梁有《老子道德论》二卷,何晏撰

《旧唐书·经籍志·丙部子录·道家类》:《老子道德论》二卷何晏撰

《新唐书·艺文志·丙部子录·道家类》:又《道德问》二卷

《明史艺文志附编·国文经籍志·子类》:《德道问》二卷何晏

《子略》卷二:何晏《道德二论》。晏又有《讲疏》四卷。何平叔注《老子》始成,诣王辅嗣……(以下抄《世说新语·文学》二段资料)

[按]《新唐书》之"道德问"明显为"道德论"之误。《世说新语·文学》载何晏"因作《道德论》","因以所注为《道德二论》"。《列子·天瑞》张湛注引何晏《道论》部分佚文。何晏《老子道德论》佚于宋代。

<8>《老子杂论》(《老子讲疏》)

[历代著录]

《隋书·经籍志·经籍三·子》:梁有……《老子杂论》何·王等注

《新唐书·艺文志·丙部子录·道家类》:《何晏讲疏》四类

《明史艺文志附编·国史经籍志·子类》:何晏《老子讲疏》四卷

[按]疑《老子杂议》与《老子讲疏》系一书,内容大概是各家《老子》解说的汇集,佚于宋代。

<9>《何晏集》

[历代著录]

《隋书·经籍志·经籍四·集》:魏尚书《何晏集》十一卷梁有十卷,录一卷

《旧唐书·经籍志·丁部集录·别集类》:《何晏集》十卷

《新唐书·艺文志·丁部集录·别集类》:《何晏集》十卷

《明史艺文志附编·国史经籍志·集类》:《何晏集》十一卷

[按]《何晏集》佚于宋代。

二、王弼著作历代著录及考辨文字

1. 现存著作

<1>《周易注》与《周易略例》

[历代著录]

《隋书·经籍志·经籍一·经》:《周易》十卷魏尚书郎王弼注,六十四卦六卷。韩康伯注系辞以下三卷。王弼又撰《易略例》一卷

《旧唐书·经籍志·甲部经录·易类》:《周易》七卷王弼注

《新唐书·艺文志·甲部经录·易类》:王弼注七卷

《宋史·艺文志·艺文一·经类·易类》:《周易》上下经六卷王弼《略例》一卷

《明史艺文志补编·明书经籍志·易》:《周易》王弼注五册,阙。又二部各四册,均阙。又一部三册,阙。又一部一册阙

《明史艺文志附编·国史经籍志·经类》:《周易注》十卷王弼《周易略例》一卷王弼

《经典释文》卷一《序录》:王弼注七卷字辅嗣,山阳高平人,魏尚书郎,年二十四卒,注《易》上下经六卷,作《易略例》一卷

《通志》卷六十三《艺文略第一·经类第一·易》:《周易注》七卷魏尚书郎王弼　《周易略例》一卷王弼

《崇文总目》卷一《易类》:《周易》十卷王弼注见天一阁抄本

[历代考辨文字]

《郡斋读书志》卷一《易类》:王弼《周易》十卷　右上下经魏

尚书郎王弼辅嗣注。《系辞》、《说卦》、《杂卦》、《序卦》弼之门人韩康伯注。又载弼所作《略例》,通十卷。自商瞿受于孔子,六传至田何,而大兴为施雠、孟喜、梁丘贺,其后焦赣、费直始显,而传受皆不明。由是分为三家。汉末田、焦之学微而费氏独存其学,无章句惟以《彖》、《象》、《文言》等十篇解上下经。凡以《彖》、《象》、《文言》参入卦中,皆祖费氏。东京荀、刘、马、郑,皆传其学。王弼最后出,或用郑说,则弼亦本费氏也。欧阳永叔见此,遂谓孔子古经已亡。按:刘向以中古文易经校施、孟、梁丘经,或脱去"无咎"、"悔亡"。唯费氏经与古文同,然则古经何尝亡哉。

《直斋书录解题》卷一《易类》:《周易注》六卷,《略例》一卷,《系辞注》三卷。魏尚书郎山阳王弼辅嗣注上下经。撰《略例》,晋太常颍川韩康伯注《系辞》、《说》、《序》、《杂》卦。自汉以来,言《易》者多溺于象占之学,至弼始一切扫去,畅以义理,于是天下后世宗之,余家尽废。然王弼好老氏,魏晋谈元(玄)自弼辈倡之。《易》有圣人之道四焉,去三存一,于道阙矣。况其所谓辞者,又杂以异端之说乎!范宁谓其罪深于桀纣,诚有以也。弼父业长绪,本王粲族兄凯之子。粲二子坐事诛,文帝以业嗣粲,弼死时年二十余。

《文献通考·经籍考》卷二《经部》:王弼《易注》、《略例》、《系辞注》十卷。晁氏云:"上下经,魏尚书郎王弼辅嗣注。《系辞》、《说卦》、《杂卦》、《序卦》,弼之门人韩康伯注。又载弼所作《略例》,通十卷。《易》自商瞿受于孔子,六传至田何,而大兴为施雠、孟喜、梁丘贺,其后焦赣、费直始显,而传授皆不明。由是分为三家。汉末田、焦之学微绝,而费氏独存。其学无章句,惟以《彖》、《象》、《文言》等十篇解上下经。凡以《彖》、《象》、《文言》等参入卦中者,缘祖费氏。东京荀、刘、马、郑,皆传其学。王弼最后出,或用郑说,则弼亦本费氏也。欧阳公见此,遂谓孔子古经已亡。按:刘向以中古文《易经》校施、孟、梁丘经,或脱去“无咎”、“悔亡”，惟费氏经与古文同，然则古经何尝亡哉！”陈氏曰：“自汉以来，言易者多溺于象占之学。至弼始一切扫去，畅以义理，于是天下宗之，余家尽废。然王弼好老氏，魏晋谈玄，自弼辈倡之。易有圣人之道四焉，去三存一，于道阙矣。况其所谓辞者，又杂异端之说乎！范宁谓其罪深于桀纣，诚有以也。”

《四库全书总目》卷一《经部·易类一》：《周易注》十卷浙江巡抚采进本　上下经注及《略例》，魏王弼撰。《系辞传》、《说卦传》、《序卦传》、《杂卦传》注，晋韩康伯撰。《隋书·经籍志》以王、韩之书各著录，故《易》注作六卷，《略例》作一卷，系辞注作三卷。《旧唐书·经籍志》、《新唐书·艺文志》皆载弼注七卷，盖合《略例》计之。今本作十卷，则并韩书计之也。考王俭《七志》，已称弼《易》注十卷（案《七志》今不传，此据陆德明《经典释文》所引），则并王韩为一书，其来久矣，自郑元传费直之学，始析《易传》以附经，至弼又更定之。说者谓郑本如今之乾卦，其坤卦以下又弼所割裂。然郑氏《易》注，至北宋尚存一卷，《崇文总目》称存者为《文言》、《说卦》、《序卦》、《杂卦》四篇，则郑本尚以《文言》自为一传，所割以附经者，不过《彖传》、《象传》。今本《乾》、《坤》二卦，各附文言，知全经皆弼所更定，非郑氏之旧也。每卷所题《乾传》第一，《泰传》第二，《噬嗑传》第三，《咸传》第四，《夬传》第五，《丰传》第六，各以卷首第一卦为名。据王应麟《玉海》，此目亦弼增标。盖因毛氏诗之体例，相沿既久，今亦仍旧文录之。惟《经典释文》以《泰传》为《需传》，以《噬嗑传》为《随传》，与今本不同，证以《开成石经》，一一与陆氏所述合。当由后人以篇页不均为之移并，以非宏旨之所系，今亦不复追改焉。其《略例》之注，为唐邢琦撰。琦里籍无考，其结衔称四门助教。案《唐书·王锳传》，称为鸿胪少卿邢琦、子綷，以谋反诛，则终于鸿胪少卿也。《太平广记》载其奉使新罗，贼杀贾客百余人，掠其珍货贡于朝，其人殊不足道。其注则至今附弼书以行。陈振孙《书录解题》称，蜀本略例有琦所注，止有篇首释《略例》二字，文与此同，余皆不然。是宋代尚有一别本，今惟此本存。所谓蜀本者，已久佚矣。弼之说《易》，源出费直，直《易》今不可见。然荀爽《易》即费氏学。李鼎祚书尚颇载其遗说，大抵究爻位之上下，辨卦德之刚柔，已与弼注略近，但弼全废象数，又变本加厉耳。平心而论，阐明义理，使易不杂于术数者，弼与康伯深为有功。祖尚虚无，使《易》竟入于老庄者，弼与康伯亦不能无过。瑕瑜不掩，是其定评，诸儒偏好偏恶，皆门户之见，不足据也。

《四库全书总目》卷一《经部·易类一》：《周易正义》十卷内府刊本　魏王弼、晋韩康伯注，唐孔颖达疏。《易》本卜筮之书，故末派寖流于谶纬。王弼乘其极敝而攻之，遂能排击汉儒，自标新学。然《隋书·经籍志》载晋扬州刺史顾夸等有《周易难王辅嗣义》一卷，《册府元龟》又载顾悦之（案悦之即顾夸之字）《难王弼易义》四十余条，京口闵康之又申王难顾，是在当日已有异同。王俭、颜延年以后，此扬彼抑，互诘不休。至颖达等奉诏作疏，始专崇王注而众说皆废。故《隋志·易类》称郑学浸微，今殆绝矣。盖长孙无忌等作志之时，在《正义》既行之后也。今观其书，如《复·彖》"七日来复"，王偶用六日七分之说，则推明郑义之善。《乾》九二"利见大人"，王不用利见九五之说，则驳诘郑义之非。于"见龙在田时舍也"，则曰："经但云时舍，注曰'必以时之通舍者'，则辅嗣以通解舍，舍是通义也。"而不疏舍之何以训通。于"天元而地黄"则曰："恐庄氏之言，非王本意，今所不取。"而不言庄说之何以未允。如斯之类，皆显然偏袒。至《说卦传》之"分阴分阳"，韩注"二、四为阴，三、五为阳"，则曰："辅嗣以为初上无阴阳定位，此注用王之说。""帝出乎震"，韩氏无注，则曰："《益卦》六二，王用亨于帝，吉。辅嗣注云：'帝者，生物之主，兴益之宗，出震而齐巽者也。'"亦委曲旁引以就之。然疏家之体，主于诠解注文，不欲有所出入，故皇侃礼疏或乖郑义，颖达至斥为狐不首丘，叶不归根。其墨守专门，固通例然也。至于诠释文句，多用空言，不能如诸经正义根据典籍，源委粲然，则由王注扫弃旧文，无古义之可引，亦非考证之疏矣。此书初名义赞，后诏改正义，然卷端又题曰兼义，未喻其故。序称十四卷，《唐志》作十八卷，《书录解题》作十三卷。此本十卷，乃与王韩注本同，殆后人以注本合并欤。

<2>《老子道德经注》

［历代著录］

《隋书·经籍志·经籍三·子》：《老子道德经》二卷王弼注

《旧唐书·经籍志·丙部子录·道家类》：《玄言新记道德》二卷王弼注

《新唐书·艺文志·丙部子录·道家类》：王弼注《新记玄言道德》二卷

《宋史·艺文志·艺文四·子类·道家类》：王弼《老子注》二卷

《明史艺文志附编·国史经籍志·子类》：王弼注《老子》二卷王弼《老子指略例》二卷

《明史艺文志附编·国史经籍志补·经部》：晋王弼（辅嗣）《周易注》六卷·又《略例》乙卷·附韩康伯《系辞》三卷，共三册，味经堂本，即周易注十卷，未曾分注耳。又有《十三经注疏·周易》魏尚书郎王弼辅嗣注六十四卦，晋韩康伯注系辞以下三卷，王弼又撰《易略例》乙卷 唐孔颖达正义十四卷，序称江南义疏有十余家，辞尚虚诞，皆所不取，唯王弼独冠古今，以之为本，采益诸说。

《经典释文》卷一《序录·老子》：王弼注二卷

《崇文总目》卷三《序录·道家》：《道德经》一卷，王弼注见天一阁抄本

［历代考辨文字］

《直斋书录》卷九《道家类》：《老子注》二卷·魏王弼撰·魏晋之世，元（玄）学盛行，弼之谈元，冠于流辈，故其注《易》亦

多元义，晁说之以道曰："弼本深于《老子》，而《易》则未也。其《易》多假诸《老子》之旨，而《老子》无资于《易》，其有余不足之迹可见矣。世所行《老子》分《道德经》为上下卷，此本《道德经》且无章目，当是古本。"

《四库全书总目》卷一四六《子部·道家类》：《老子注》二卷兵部侍郎纪昀家藏本。魏王弼撰。案：《隋书·经籍志》载《老子道德经》二卷，王弼注。《旧唐书·经籍志》作《元言新记道德经》二卷，亦称弼注，名已不同。《新唐书·艺文志》又以《元言新记道德》，为王肃撰，而弼所注者别名《新记元言道德》。益为舛互，疑一书而误分为二，又颠错其文也。惟《宋史·艺文志》作《王弼老子注》，与此本同，今从之。钱曾《读书敏求记》谓弼注《老子》已不传，然明万历中华亭张之象实有刻本，证以《经典释文》及《永乐大典》所载，一一相符。《列子·天瑞篇》引"谷神不死"之句，张湛皆引弼注以释之。虽增损数字，而文亦无异，知非依托。曾盖偶未见也。此本即从张氏三经晋注中录出，亦不免于脱伪，而大致尚可辨别，后有政和乙未晁说之跋，称文字多谬误。又有乾道庚寅熊克重刊跋，称近世希有，盖久而后得之，则书在宋时，已希逢善本矣。然二跋皆称不分道经德经，而今本《经典释文》实上卷题道经音义，下卷题德经音义，与此本及跋皆不合，岂传刻《释文》者反据俗本增入欤？考陈振孙《书录解题》，尚称不分道德经，而《陆游集》有书跋曰：晁以道谓王辅嗣《老子》题曰《道德经》，不析乎道德而上下之，犹近乎古。此本乃已析矣，安知其它无妄加窜定者乎？其跋作于庆元戊午，已非晁、熊所见本，则《经典释文》之遭妄改，固已久矣。

<3>《老子指略》(《道略论》与《道德略归》)

[历代著录]

《旧唐书·经籍志·丙部子录·道家类》：《老子指例略》二卷

《新唐书·艺文志·丙部子录·道家类》：又《老子指例略》二卷(合钞：王弼撰)

《宋史·艺文志·艺文四·子类·道家类》：《老子指例略》一卷并不知作者

《经典释文》卷一《序录》：又作《老子指略》一卷

《子略》卷二《老子注》：王弼又《老子指例略》二卷

《通志》卷六七《艺文略第五·道家》：《老子指略例》二卷王弼撰

《册府元龟》卷六〇五《学校部·注释一》魏王弼字辅嗣……又作《老子指略》

《玉海》卷五十三《艺文·诸子·老子》：魏王弼《老子略说》

[历代考辨文字]

《郡斋读书志》卷二《子类》：《老子略论》一卷　右魏王弼撰，凡十有八章。景迂云：弼有得于《老子》，而无得于《易》；注《易》资于《老子》，而《老子论》无资于《易》；则其浅深之效可见矣。

《文献通考·经籍考》卷三十八《子部·道家》：《老子略论》一类　晁氏曰："魏王弼撰，凡十有八章。"景迂云："弼有得于《老子》，而无得于《易》；注《易》资于《老子》，而《老子论》无资于《易》；则其浅深之效可见矣。"陈氏曰："魏晋之世，玄学盛行，弼之谈玄，冠于流辈，故其注《易》亦多玄义。"晁以道言："弼注《易》亦假《老子》之旨。世所行《老子》分《道德经》为上下卷，此本《道德经》且无章目，当是古本。"

[按]《老子指略》佚于宋末。近人王维诚据《云笈七签》中《老君指归略例》和《道藏》中的《老子微旨略例》，重新辑成《老子指略》。这一学术成果的报告，发表于《北京大学国学季刊》第七卷第三号。

又《三国志·钟会传》注引何劭《王弼传》载王弼"著《道

略论》”。《宋史·艺文志》载王弼著《道德略归》，大概是《老子指略》的原名或别名。

2. 已佚著作

<4>《周易大衍论》

［历代著录］

《旧唐书·经籍志·甲部经录·易类》：《周易大演论》一卷王弼撰

《新唐书·艺文志·甲部经录·易类》：又《大衍论》三卷。

［按］《三国志·钟会传》注引何劭《王弼传》载，“荀融难弼《大衍义》。”现仅存一段佚文于韩康伯《周易·系辞》注中。该书佚于宋代。

<5>《易辨》与《周易穷微论》(另《易传纂图》)

［历代著录］

《宋史》卷二百二《艺文志·艺文一·经类·易类》：《易辨》一卷王弼

《明史艺文志附编·国史经籍志·经类》：《周易穷微论》一卷王弼

《通志》卷六十三《艺文一·经籍一·易》：《周易穷微论》一卷。

［考辨文字］

《中兴馆阁书目辑考》卷一《经部·易类》：王弼《易辨》一卷。［原释］弼著此书，已亡，至晋得之，王羲之承诏录藏于秘府，世莫得见《书录解题》之一、《玉海三六》引至晋至秘府二句，至晋上有或言二字。按：前志并不见。《书录解题》：“《周易穷微》一卷，称王辅嗣凡为论五篇。《馆阁书目》有王弼《易辨》一卷，其论

《彖》论《象》亦类《略例》，意即此书也。”又言云云，未知何所据而云。

据《直斋书录解题》卷一《易类》：《周易穷微论》一卷。称王辅嗣凡为论五篇。《馆阁书目》有王弼《易辨》一卷，其论《彖》论《象》、亦类《略例》，意即此书也。又言弼注此书已亡，至晋得之，王羲之承诏录藏于秘府，世莫得见。未知何所据而云。

［按］　据《直斋书录》说法，《易辨》与《周易穷微论》似为一书，并与王弼《周易略例》相近。又明焦竑《国史经籍志·经类》著录“《易传纂图》三卷王弼撰”系明显伪讹。大概误抄《周易王弼注纂图》一书题目。因为《文渊阁书目》卷二《易》著录“《周易王弼注纂图》一部三册阙”，《明史艺文志补编·明书经籍志·易》亦著录“《周易王弼注纂图》三册阙”，大概是后人对《周易王弼注》的图解式说明，非王弼著作。比如《经籍访古志》著录《纂图附释音重言重意互注周易》九卷、《略例》一卷，王弼、韩康伯注。九卷一般订三册。不知是否与《周易王弼注纂图》同书异名，亦不知焦竑是否即误抄该书题目。然而，王弼未作《易传纂图》是无疑的。因为魏晋义理派玄学家王弼不可能作图书类易学著作。

＜6＞《论语释疑》

［历代著录］

《隋书·经籍志·经籍一·经》：《论语释疑》三卷王弼撰

《旧唐书·经籍志·甲部经录·论语类》：《论语释疑》二卷王弼撰

《新唐书·艺文志·甲部经录·论语类》：王弼《释疑》二卷

《册府元龟》卷六〇五《学校部·注释一》魏王弼……《论语释疑》三卷

《明史艺文志附编·国史经籍志·经类》：《论语释疑》三卷

王弼

[历代考辨文字]

《玉函山房辑佚书》卷四十四《经编·论语类》,《论语释疑》一卷,魏王弼撰。弼有《周易注》、《周易略例》,已各著录。《隋书·经籍志》载弼撰《论语释疑》三卷。《唐书·艺文志》六二卷。陆德明《经典释文·序录》与隋志同。今佚。间见于《释文》《正义》。兹更从皇侃《义疏》采辑共得四十节,合为一卷。其说"志于道"云:"道者,无之称也。"其说"性相近"云:"近性者正,而即性非正。虽即性非正,而能使之正。譬如近火者热,而即火非热;虽即火非热,而能使热。"浮虚惝恍老庄绪言。观前人论弼《易》:何劭云"不识物情",孙盛云"妙赜无间",程子云"元不见道",朱子云"巧而不明",此之释《论》,毋亦与注《易》等乎?如释"老彭"为"老聃、彭祖";"厩焚"为"公厩";"赐不受命"为"不受爵";"作者七人"为"伯夷、叔齐、虞仲、夷逸、朱张、柳下惠、少连"。皆与诸家殊别。虽非确训,颇广异闻。考古之儒或所不废也。历城马国翰竹吾甫。

[按] 《论语释疑》佚于宋代。

<7>《王弼集》

[历代著录]

《隋书·经籍志·经籍四·集》:(梁)有《王弼集》五卷,《录》一卷

《旧唐书·经籍志·丁部集录·别集类》:《王弼集》五卷

《新唐书·艺文志·丁部集录·别集类》:《王弼集》五卷

《明史艺文志附编·国史经籍志·集类》:《王弼集》五卷

[按] 《王弼集》佚于宋代。

索　引

人名索引

二　画

丁仪　182
丁斐　82
丁谧　81～83,95,96,142,150,154,190,350,351,355,358,359,366
丁冠之　362

三　画

干宝　145
卫玠　98
卫烈　82,350
卫慈　82
卫臻　80,82,350
卫瓘　29,98,160,185,353
山涛　32,37,154,160,359
山井鼎　370
马融　66,176,280,281,284,285,310,311,315,368,369
马国翰　177,282,371,372,384

四　画

王广　112,116,117,151
王业　167,168,170,182,183,185,362,376
王导　32
王充　6,9,115,170,287,326
王戎　32,36,37,160
王宏　168,183,363,367
王沈　29,160,191,366
王芬　12
王明　57
王凯　162,362,363,376

王淩 112,151,155,156,161
王观 149,153
王隐 37
王肃 149,179,180,283,284,355,368,369,380
王衍 109,329
王修 15,367
王浑 29,160
王济 366
王俭 377,378
王畅(王叔茂) 166,167,169,170,362
王莽 6
王商 180
王龚 166,168,362
王符 14,33
王敦 98
王谌 5
王谦 167
王黎 188,190,191,366,367
王熙 367
王濛 367
王粲 15,55,64,167～169,173～175,177,182～184,354,362,363,367,376
王国维 1
王维诚 381
王葆玹 45,46,323,345,346
王羲之 382
韦彪 115
尹氏 43,44,46,48,345～347
尹默 173,174,176,177
孔子(仲尼) 6,21,23,31,116,130,178,186,187,189,224,314,318,364,376
孔融 70,93
孔曜 118
孔安国 224,315,368,369
孔颖达 295,310,371,372,378,379
卞皇后 49
邓艾 152
邓展 105
邓飏(玄茂) 72,74,75,77,80～84,96,116,120,122,142,151,154,347,348,350～353,355,356,358,359
少连 384
少正卯 116
尤袤 370
毛曾 73
毛泽东 58
毛皇后 73
文钦 361
毋丘俭 161
支道林(支遁) 226

支娄迦谶　132,135,136

五　画

左慈　59～61
甘始　59～61
田歆　5
田何　376
田余庆　37
卢钦　29,160
卢弼　63,173
卢毓　84,115,149,157,351,352
皮锡瑞　3,282
冯增诠　345
乐广　32,98,329
包咸　369,370
石显　355
石崇　36
石鉴　154,359
石韬　175
石广元　174
司马迁　369
司马师(司马景王、司马子元)　77,81～83,85,106,112,152,153,160,192,346,347,367,372
司马昭　160
司马谈　9,11,54,331
司马彪　12
司马徽(司马德操)　173～175,178,180
司马懿(司马宣王)　77,81,82,95,142,143,145,146,149,150～155,157～160,191,355,358～361
弘恭　355
长孙无忌　378
汉武帝　2
汉灵帝　44,46,47,344
汉桓帝　9,12
汉献帝　167
汉光武帝　6
边让　70

六　画

老子(老聃)　9,19,21,24,31,54,110,117,121,130,180,188,200,221,223,354,364,384
成奇　179
尧　263,264,337
韦逸　384
扬雄　68,178,179
圭泰　352
邢昺　317,344,370,371
邢琇　377
庄子　23,68,88,109,117,121,210

任嘏 16
吕安 37,161
华佗 60,63
向秀 21,32,37,160,210,334,340
向朗 173,174
毕轨 80～82,95,96,154,350,351,359
毕子礼 82
全琮 18
朱子 383
朱张 384
朱整 190,366
朱彝尊 370
仲长统 15～18,28,34,104
刘先 174,175,178
刘向 326,376
刘伟 181
刘劭 19,20,84,100,101,106,107,198～200,202～204,213,289,349,350,362
刘邠 117,353
刘放 80,82,95,142,149
刘备 57,175,180,181
刘表(刘镇南) 167,172～174,177～179,182,185,362,363
刘廙 15,93,174,175,178,181,182
刘晔 30,82
刘陶 30,81～83,187,365
刘琮 182
刘歆 176
刘熙 82,83,350
刘廙 66,174
刘睿 178
刘孝标 349,358
刘汝霖 125,178,351,354
刘遗民 99
羊孚 109
羊祜 29
许允 360
许邵 93
许靖 180,212
许慎 6,176
汤用彤 7,100,171,283
纪昀 380
纪瞻 313
师旷 18
孙子 50
孙礼 149
孙权 178
孙资 80,82,95,142,149,350
孙盛(孙安国) 109,371,383
孙绰 36
孙邕 125,314,354,368,369
孙密 82,83,350

孙嵩 92
孙谦 155
阮籍 13,157,160,210,226,258,264,337,340
安世高 132,135

七 画

李义 82
李丰(安国) 76,81～83,112,115,151,358
李仁 173,174,176,177,180
李云 12
李休 82
李伥 23
李固 14,67
李覃 60
李胜 29,79,81～83,95,96,110,143,153,154,350,359,360
李譔 176,180
李熹 37
李膺(李元礼) 22,91,167,291
李善 349,351
李慈铭 78
李鼎祚 371,372,378
杜恕 115
杜夫人 44,49,345～348
杜预 7
杨厚 9
杨综 29
严世 155
严峻 60
严遵 11,178
何充 361
何进 44～48,82,167,344,361,369
何妥 371
何苗 44,344
何劭 36,132,160,185,189,191,220,222,237,324,329,330,339,348,363～367,381～383
何咸 344,369
何祯 361
何曾 160
何皇后 44,46,344
余敦康 89,279,280
余嘉锡 24,67,78,353
伯夷 169,384
应璩 37,107,145,146
辛敬 29
宋衷(宋仲子) 173～180,282
张华 36,62
张当 359,360
张角 9
张济 48

张俭 92
张禹 368,369
张昭 179
张载 337
张绪 119,306,358
张湛 126,200,354,367,374,380
张鲁 12,57
张融 371
张衡 6,178
张璠 92,168
张之象 380
张夫人 183
张仲景 63,64
张茂先 36
张皇后 157
陈元 176,281
陈寿 68,69,166
陈泰 359
陈群 348,368,369
陈蕃(陈仲举) 12,22～24,91,93,166
陈娇 18
陈振孙 377,380
陈寅恪 134,171
陈琳国 146
陈逸 12
陆机 48,179
陆绩 178,179,181,182
陆澄 133
陆贾 326
陆侃如 345
陆德明 369,370,377

八 画

范宁 67,335,376,377
范汪 24
范晔 24
范滂 91,92,332
叔齐 169,384
周公 90,178,356
周乘 23
周瑜 181
周文王 357
周予同 6
周生烈 368～370
周世硕 326
周勃 153
金正耀 67
金春峰 282
金乡公主 71,133,348,361
郑玄 6,102,169,177,207,280,281,282,284,285,311,318,319,377
郑冲 29,125,314,354,355
郑同 368

郑众　176
郑浑　92
郑泰　92
郑康成　310,368,369
孟子　89,326
孟喜　280,376
孟康　73
孟公威　174
单子春　104,105
庞统(庞士元、庞德公)　173～175,180～182,213
京房　280,310,311
服虔　6,176
河上公　353

九　画

荀子　326
荀攸　76,86,87
荀悦　18,326
荀淑　24,82,86
荀彧　76,82,86～88,108,348,367,369
荀爽　86,281,284,310,311,378
荀勖　29,148,160
荀顗　125,314,354,355,368,369
荀粲　74,75,77,78,81～83,86～88,106,108,214～216,222,329,347,348
荀融　189,191,313,366,367,382
柳下惠　384
轲比能　80
费直　281,376,377
费祎　361
赵季子　367
赵岐　92
封谞　9
禹　23,263,264,356
侯外庐　345
郤俭　60
钟会　28,29,32,111～113,116,125,154,160,170,183～186,188,191,205,212,213,220,222,237,238,324,330,354,359
钟毓　149
施雠　376
姚信　311
姚振宗　173,174,354
临汾公主　134
皇侃　253,254,264,270,273,307,315,316,319～325,344,369,370,378,384
皇甫隆　62,63
皇甫谧　63,359

皇甫嵩　9

十　画

袁宏　30,91
袁准　114,115
袁绍　46,47,93,102,172,344
袁涣　355
袁奉高　166
袁山松　170
班固　3,6
贾充　190,366
贾逵　6,176
秦朗(阿苏)44,45,49～51,95,107,345,346,348
秦夫人　347
秦宜禄　44,48,345
桓范　153,155,156,158,355,359,360
桓谭　178
顾劭　181,182
顾炎武　370
顾悦之　378
顾荣　313
晁公武　370,371
徐干　18,99,205
徐奉　9
徐庶(徐元直)　173～175
夏侯玄(夏侯太初)　16,28～31,72～78,80～85,94～96,106～108,110,113,143～147,152,155,156,158,160,184,185,187,200,346～348,350,355
夏侯尚　72,73,82,108
夏侯惠　107,108
夏侯称　108
夏侯淳　72
夏侯渊　72,108
殷基　361
殷中军　109
诸葛亮(诸葛孔明)　76,174,175,180～182
诸葛丰　82
诸葛原　108
诸葛诞　79,80～84,96,161,350,361
郭象　210,226,239,258,315,334,340
郭嘉　55
郭皇后　73
郭林宗(郭泰)　9,22,24,55
钱曾　380
唐长孺　58,100,145,146
高柔　67,149,153,355
离娄　18

十一画

黄帝　9,54

黄宪(黄叔度)　24,25,166
黄琼　14,333
曹丕　27,50～52,55,57,59～62,71～73,76,92,93,102,103,105,108,134,167,168,183,362
曹训　154,359
曹伟　93
曹冲　52
曹芳　50,68,150,153,158,355,356
曹林　71,348
曹昂　26
曹彦　359
曹洪　88,134
曹真　95
曹矩　48,347
曹爽　29,37,44,49,51,72,77,79～83,95,108,113,142,143,145,147,149～158,160,190～192,345,348,350～355,358,361,366,367
曹植　26,27,52,55,60～62,67,104
曹嵩　46
曹腾　46
曹操　12,15,18,26,27,43～63,67,69,70,76,82,83,93,95,102,103,107,108,115,133～135,149,167,168,172,175,182,345～348,362
曹彰　52
曹羲　32,108,125,145,154,314,351～354,359,368,369
曹睿　16,19,50,57,70～72,74,79,80,83,84,88,94,95,107,134,153,182,213,349,350
萧统　148
崔寔　33
康学伟　281
康僧渊　36
商瞿　376
巢元方　64,65
庾亮　31
梁韦弦　281
梁丘贺　376

十二画

蒋济　142,149,153,157,212,213,355
董芬　60
董卓　47,172,344
董昭　78,79,80,93,157,350,351
董遇　311
董仲舒　2,326

韩康伯　85,238,259,375～379,382
韩嵩　174,175
韩德高　173
傅玄(傅子)　15,29,55,77,78,154,349,352
傅充　82
傅咸　29
傅巽　108,174,175,182
傅睿　82
傅嘏　15,74,77,78,81～83,86,88,106,108,112,113,115,116,143,144,149,182,210,213,214,346～352,354,364
焦竑　373,376,383
焦赣　280
鲁迅　68,214
鲁芝　29,160
谢安(谢安石)　32,226
谢承　116
谢灵运　33,34,36,37
曾子　232
程子　383
彭祖　384
嵇康　13,107,110,159,161,185,205,210,226,258,334,340
嵇叔良　226
舜　89,263,264,339,356

十三画

楼宇烈　89,148,200,234,246
蒯越　174,175
虞预　154,358,359
虞仲　384
虞翻　179,280,282
廉颇　347

十四画

裴秀　29,160,185,190,366
裴頠　32,340
裴潜　82,182,366
裴茂　82
裴徽　21,74,75,81～83,117～121,185～187,200,220,330,347,348,353,357,358,364,365
裴松之　77,78,348,357,367
蔡瑁　174,175
蔡邕　170,183,362,363,370
蔺相如　347
綦毋闿　173,175
熊克　380
管辰　118,121
管辂　66,104,105,108,117～123,154,353,356～358,364

僧肇　98,99,275
廖名春　281

十五画

慧皎　99
樊子昭　212
颜回(颜子)　24,189,366
颜之推　88
潘岳　33,36
潘浚　174

十六画

薛勤(薛恭祖)　22～24,168

十七画

戴良　23,24,168
戴凭　99
戴伯鸾　23
襄楷　9,12
魏讽　93,167,170,175,181,362,363
魏伯阳　9,66

文献索引

二 画

七志 377
七录 126
七释 169
七经孟子考 370
九州春秋 12
十三经注疏 225,310,379
人物志 220,204,288
人物志·七缪 388
人物志·八观 203
人物志·九征 199,213,322
人物志·体别 199
人物志·材理 100,101
人物志·英雄 203,204
人物志·效难 289

三 画

三国志·魏书·三少帝纪 152,356
三国志·魏书·文帝纪 52,53,58,103
三国志·魏书·王观传 153
三国志·魏书·王修传 15
三国志·魏书·王肃传 180,355
三国志·魏书·王凌传 155
三国志·魏书·王粲传 27,158,168,170,363
三国志·魏书·卢毓传 84,105,350,351
三国志·魏书·刘劭传 107,361
三国志·魏书·刘放传 142,355
三国志·魏书·刘晔传 30,93
三国志·魏书·刘表传 172,177,178
三国志·魏书·刘廙传 93,181
三国志·魏书·司马芝传 134,352
三国志·魏书·郑浑传 92
三国志·魏书·华佗传 60,61
三国志·魏书·陈矫传 19
三国志·魏书·明帝纪 19,45,49,50,79,80,107,346,349,350
三国志·魏书·杜恕传 73
三国志·魏书·邴原传 59
三国志·魏书·高柔传 66,

153,355
三国志·魏书·钟会传　16,116,132,154,160,168,170,184,191,205,212,220,222,237,324,330,354,359,362～367,381
三国志·魏书·常林传　157
三国志·魏书·郭嘉传　55
三国志·魏书·崔林传　73
三国志·魏书·崔琰传　15
三国志·魏书·夏侯玄传　16,29,30,73,74,76,77,83,95,143,146,147,152,155,355,358
三国志·魏书·夏侯尚传　108
三国志·魏书·夏侯渊传　108
三国志·魏书·董昭传　79,80,350
三国志·魏书·诸葛诞传　76,80,350,361
三国志·魏书·荀彧传　75,86,87,88,215,348,367
三国志·魏书·蒋济传　142,355
三国志·魏书·傅嘏传　75,77,78,102,143,144,347
三国志·魏书·管辂传　108,117,118,121,306,353,356,357,364
三国志·魏书·袁涣传　355
三国志·魏书·裴潜传　185,366
三国志·魏书·曹爽传　29,37,44,49～51,72,77,79～81,83,85,95,96,113,142,149,151,153,156,158～160,344,345,347～352,358,361,371
三国志·魏书·武文世王公传　59,347,348
三国志·魏书·齐王曹芳纪　69,148,359
三国志·魏书·任城威王彰传　53
三国志·吴书·孙权传　178
三国志·吴书·虞翻传　179
三国志·蜀书·向朗传　173
三国志·蜀书·尹默传　173,176
三国志·蜀书·李譔传　173,177,180
三国志·蜀书·许靖传　180
三国志·蜀书·庞统传　180,213
三国志·蜀书·诸葛亮传　174,181
三国志·蜀书·费祎传　361

三国志集解　57,63,173
三国名臣颂　30
三礼　176,177,180
义海　372
千金方　63
千金翼方　65
才性论(傅嘏)　354
才性论(袁准)　114
万机论　212,213
大衍义　189,238,249,254,259,312,313,366
大学·礼运　338
大正藏·经籍部二　135
与程文信书　37
与刘孔才书　107
与吴质书　27,103
与夏侯太初难蒋济叔嫂无服论　68
山居赋　33
山东古代思想家　362
子略　373,381

四　画

六经　211,214,215,220,222
五经　18,177
五经正义　384
五经后定　177
五经章句　177
五石更生散　64
艺文类聚　57,58,114,169,212
云笈七签　381
毛诗　176,177,180
支遁传　226
王弼传　132,160,185,189,191,220,222,237,324,330,338,354,363～366,381
王弼集　384
王弼别传　364,367
王弼集校释　3,4,85,89,148,240,234,246
王弼之周易论语新义　7,171
无为论　125～127
无名论　30,56,124,125,127,131,132,135,138,139,200
太玄经　179,180
太玄指归　176,180
太平经　11,12,58
太平广记　64,377
太平经合校　57,58
太平御览　37,45,49,107,135,145,146,158,213,318,345～347,361
太平寰宇记　44
文字志　367
文章志　168,363
文章叙录　108,111,366

文渊阁书目　383
文心雕龙·才略篇　169
文心雕龙·时序篇　27,107,349
文心雕龙·论说篇　15,126,182,354
文心雕龙·明诗篇　66
文物·亳县曹操宗族墓葬　57
文选·张茂先答何劭二首　36
文选·何晏景福殿赋　86,88,148,349
文选·郭景纯游仙诗　59
文献通考·经籍考　369,376,381
尹文子　205,206
风俗通·十反　23
风俗通·衍礼　23
开成石经　377
中兴书目　370,371
中国文学系年　345
中论·考伪　205
中论·务本　18,198
中国文化的清流　100,171,335
中国哲学史研究　113
中国思想通史　345
中兴馆阁书目辑考　382
中国古代著名哲学家评传·何晏　345
不真空论　275
书录解题　370,377,379,380,382
历史研究·第三期(1987)　146

五　画

正始玄学　45,323,345
左传　178,180
左氏春秋　6,177
本玄论　16
玉海(王应麟)　377,381
玉玦赋　57,58
玉函山房辑佚书　4,177,371,384
申鉴　18
申鉴·杂言下　326
东晋门阀政治　37
仪礼　370
礼记　184
礼记·乐记　325
礼记义　370
白鹤赋　169
白虎通　4
四民月令　33
四本论　112
四库全书总目　369,370,376,378,380
四库提要·经部　373
石经考　370

旧唐书·经籍志 353,368,372～375,379～384
去代 354
永乐大典 380
册府元龟 371,372,378,381,383
汉记(张璠) 92,168
汉书·艺文志 10
汉晋春秋 155,359
汉代思想史 282
汉晋学术编年 178,354
北堂书钞 108,188,353,367,372～374
北京大学国学季刊 381
玄言新记道德 379,380
刍荛论 116
乐纬 178
乐悬 372
世语 29,80,108,350
世说新语·方正 30
世说新语·文学 30,75,108,109,111,112,117,126,352～354,362,364～367,374
世说新语·言语 36,63
世说新语·品藻 36
世说新语·规箴 153,155,358
世说新语·容止 72,73,349
世说新语·俭啬 37
世说新语·夙惠 50,345,346
世说新语·政事 153,359
世说新语·轻诋 226
世说新语·栖逸 36
世说新语·雅量 116
世说新语·贤媛 112
世说新语·惑溺 88
世说新语·赏誉 31,98,351,353
世说新语笺疏·伤逝 24
世说新语笺疏·文学 353
世说新语笺疏·识鉴 78
世说新语笺疏·容止 67

六 画

庄子 117,121,226,353,358,366
庄子·齐物论 109
庄子·在宥 326
庄子·天下 331
庄子·外物 217
庄子·逍遥游 226
庄子注(郭象) 210,226,258
列子·序 367
列子·天瑞篇 126,354,374,380
列子·仲尼 200
列子注(张湛) 126

安般守意经　132,135,138
安身论　169
考课法　84,213
孙资别传　142,355
孙子兵法·虚实篇　54
江表传　178
吊夷齐文　169
吊武帝文　48
名士传　154,155,358
全齐文　134
全后汉文　177
华阳国志　57
汝南先贤传　22,24
向秀别传　37
而已集·魏晋风度与文章与药及酒的关系　67
阮嗣宗碑　226
刘镇南碑　174
老子　16,19,21,30,68,117,121,128,165,184,190,207,208～210,222～224,228～230,240～275,323,330,338,352～354,358,364～367,374,380,381
老子注(王弼)　125,126,148,187,209,225,228～275,305,308,309,312,317,324,379～381
老子注(钟会)　237
老子论　381
老子指略　127,141,187,206,208,209,224,228,229,241,243～245,248,249,265,267～271,275,254,380～382
老子指归　11
老子杂论　374
老子道德论　353,372,374,365,380
老子讲疏　353,374
老子想尔注　12
老子道德经注　379,380
论语　19,165,184,187,313,317,368～372
论语·子罕　310
论语·为政　315
论语·阳货　220,254,316,318
论语·学而　273,370
论语·里仁　225,232,253,370
论语·述而　225,307
论语·泰伯　264,270
论语正义　370
论语注疏(邢昺)　317
论语释疑　224,228,231,238,253,254,264,270,273,307,313～317,319～322,383,384
论语义疏　253,254,264,270,

273,315～317,319～322,324,369
论语集解 68,125,225,313～318,348,354,368
论语集解·序·邢昺疏 344
论语集解·序·皇侃疏 344
论语集解·序 354
论语注(郑玄) 318
论六家要旨(司马谈) 11,14,331
论衡 170,287
论衡·气寿篇 287
论衡·本性篇 326
论衡·自然篇 9
论衡·骨相篇 115
论衡·逢遇篇 287,288
汤用彤学术论文集 100,171,283
先秦汉魏晋南北朝诗·七哀诗(王粲) 26
先秦汉魏晋南北朝诗·五游咏(曹植) 62
先秦汉魏晋南北朝诗·飞龙篇(曹植) 62
先秦汉魏晋南北朝诗·于谯作诗(曹丕) 102
先秦汉魏晋南北朝诗·公宴诗(应玚) 103
先秦汉魏晋南北朝诗·气出倡(曹操) 58
先秦汉魏晋南北朝诗·杂诗二首(曹丕) 27
先秦汉魏晋南北朝诗·折杨柳行(曹丕) 59
先秦汉魏晋南北朝诗·陌上桑(曹操) 58
先秦汉魏晋南北朝诗·秋胡行(曹操) 26,58
先秦汉魏晋南北朝诗·步出夏门行(曹操) 61
先秦汉魏晋南北朝诗·送应氏诗三首(曹植) 26
先秦汉魏晋南北朝诗·桂之树行(曹植) 62
先秦汉魏晋南北朝诗·浮萍篇(曹植) 26
先秦汉魏晋南北朝诗·善哉行(曹丕) 102
先秦汉魏晋南北朝诗·精列(曹操) 58
先秦汉魏晋南北朝诗·蒿里行(曹操) 26
后汉纪(袁宏) 91
后汉书(谢承) 116
后汉书·王充传 170
后汉书·王涣传 9

后汉书·王畅传　169
后汉书·王龚传　166,362
后汉书·韦彪传　115
后汉书·仲长统传　28,34,104
后汉书·何进传　47,344
后汉书·李膺传　291
后汉书·灵思何皇后传　46
后汉书·陈蕃传　22
后汉书·杨厚传　9
后汉书·武帝纪　46
后汉书·刘表传　172
后汉书·赵歧传　92
后汉书·郑玄传　102
后汉书·种嵩传　5
后汉书·皇后纪　344
后汉书·皇甫嵩传　9
后汉书·孔融传　93
后汉书·儒林传　281
后汉书·黄琼传　333
后汉书·黄宪传　24
后汉书·戴良传　23
后汉书·襄楷传
后汉书·党锢列传　91,92,332

七　画

孝经　183,372
孝经纬　178
孝经注(何晏)　372
何晏集　125,127,372,375
何晏别传　45,49,107,108,135,345,347,353
何晏王弼玄学新探　89
系辞注(韩康伯)　376,382
初学记　104,116,347
庐江何氏家传　361
闲居赋(潘岳)　33
宋史·艺文志　367,371,375,379～382
宋书·谢灵运传　34,37
陆游集　380
时事议　143,145,152,355
言尽意论　212
声无哀乐　205,206,226
两晋九品中正制与选官制度　146
张夫人传(钟会)　116,154,184,359

八　画

丧服后定　177
隶释　370
废庄论　68
尚书　176,180,184,280
尚书注(郑玄)　169
述玄(陆绩)　178,179
国语　184

国史志 370
国史经籍志 373,383
典论 52,59,60,62,92,93,135
典略 349
明杨 179
明胆论 205
明史·艺文志附编 368,373～375,379,382～384
明史·艺文志补编 375,383
官族传 373
英雄记 177
抱朴子 170
抱朴子·正郭 9
抱朴子·论仙 61
直斋书录 368,379,383
直斋书录解题 374
金谷诗叙 36
金匮要略 64
金乡县志·舆地 362
金明馆丛稿二编 134
法论目录 133
法苑珠林·呗赞篇 134
经义考 370
经法 13,14
经学历史 3
经学通论 282
经典释文 368～370,372,375,376,379～381,384
经籍访古论 383
昌言 16
京房易学的象学模式与义理内涵 379,380
易(易经,周易) 16,21,68,85,86,117,118～123,165,176～180,184,187,189,194,196,207,211,214～216,218,220,224,228～233,240,270～313,323,326,351,356～359,364～367,370,372,377～380
易记 184
易纬 178,280
易辨 382
易传(荀爽) 194,281
易·系辞 85,106,211,238,241,259,290,375～377,379
易·乾·文言 196
易·系辞·郑玄注 207
周礼 184
周易私记 371,372
周易注(王弼) 218,225,228,230,249,251,252,256,272,273,275～313,317,323,365
周易正义(孔颖达) 295,310,371,378
周易略例 187,189,219,228,275,291,301,354,365,375,

376
周易讲疏　371,372
周易集解(李鼎祚)　371
周易略例·明象　216,219
周易略例·明象　231,291,292,295
周易略例·明卦适变通爻　296～298,300,324
周易大衍论　382
周易穷微论　382,383
周易参同契　9
周易乾凿度　194
周易何氏解　371,372
周易难王辅嗣义　378
周易研究史　281,282
周易王弼注篡图　383
周易注(郑玄)　281,282,284,376
周易注(王肃)　283,284
周易注(宋衷)　282
周易注(马融)　285
周易略例·明爻通变　297,298
易·系辞注(韩康伯)　312,377,379

九　画

春秋　4,178,280
春秋纬　178
春秋左氏传
政论　15,181
荆州占　178
荆州文学记官志　173,174,177
皇侃义疏　370
郡斋读书志　368,375,381
南齐书·张绪传　119,306
南齐书·张融传　372
荀粲传　75,87,348
荀氏家传　367
荀粲别传　86,88,215
荀颢传　355
语林　348
说卦传　377
神女赋　169
笃论　115
钟会与早期玄学　113
奏请大臣侍从游幸　68,355
修学会　67

十　画

袁山松书　170
通典　68,145
通志　375,381
通语　361
通老论　264
唐书·艺文志　371
读书敏求记　380

辂别传　108，117～119，121，306,353,364,372
高僧传　99,134
娱宾赋　104
夏侯玄答司马宣王时事议　355
资治通鉴　79,81,172,350
难王弼大衍义　189,313
晋阳秋　98
晋书·卫玠传　98
晋书·王戎传　37
晋书·王衍传　126
晋书·王坦之传　68
晋书·五行上　349
晋书·天文中　178
晋书·良吏·王宏传　367
晋书·阮籍传　359
晋书·纪瞻传　313
晋书·列女传　154,352,359
晋书·范宁传　67,335
晋书·李熹传　27,37
晋书·何劭传　329
晋书·郑冲传　354
晋书·宣帝纪　142,151,154,157,355
晋书·荀勖传　148
晋书·袁宏传　30
晋书·庾亮传　31,32
晋书·景帝纪　160
晋书·傅玄传　15,55
晋书·傅咸传　29
晋书·潘岳传　36
晋诸公赞　30
诸病源候总论　64,65

十一画

崇文总目　368,375,379
曹植集　59
曹羲集　145
曹瞒传　55,103
续晋阳秋　352,366
续高僧传　54
隋志考证　354
隋书·经籍志　178,179,202,353,368,371～375,378,379,383
乾凿度郑玄注　207
黄帝内经　11
梁书　369

十二画

道论　16,125～127,141,190,353,354,364
道行经　132,135,136,138
道德论(何晏)　352,353,373
道德问　353,372
道德论(夏侯玄)　30

道教与科学 66
道略论 366,380,381
道德经 379,380
道德略归 380,387
道行经·分别品 137
道行经·本无品 137,139
道行经·叹品 136
道行经·守行品 140
道行经·泥犁品 136
道行经·强弱品 137
道行经·难问品 136
道行经·善知识品 137
道行经·随品 137
道行经·昙无竭菩萨品 137
道德真经取善集 237
傅子 3,55,75,77,78,143,188,347,367
琴赋(嵇康) 107
博物志 62,63,362,363
释宋 179
释愁文 28
释疑论 60,61
遂初赋序 36
遂初堂书目 370
寒食散论(皇甫谧) 64,65
寒食散论(秦丞相) 63,349
紫石寒石散方 64

十三画

滔集 352
新论(应璩) 146
新唐志 353
新定礼 177
新记玄言道德 379,380
新唐书·艺文志 368,373～375,379～384
献帝传 346
献帝记 49
意林 116
零陵先贤传 178
粲别传 88

十四画

廙别传 181

十五画

潜夫论 14,31
颜氏家训·勉学 265
德论 126,190,353,365

十六画

辨道论(曹植) 60,61
纂图附释音重言重意互注周易 383

十七画

襄阳记　180,181
魏书　46,53,57
魏略　27,29,44,49～51,58,72,73,75～78,83,95,103,151,152,157,159,174,344,345,348～350,358
魏志　112
魏末传　153,158,348,361
魏名臣奏　73
魏氏春秋　15,77,85,107,113,158,160,168,347,363,366,372
魏晋谥议　373
魏明帝谥议　373
魏晋南北朝史论拾遗　58,153,156
魏晋南北朝史论丛　100,145
魏晋期间北方天师道的传播　58

二十二画

髑髅说　55

词语索引

一　画

一　189,195,225,228,231,232,238,244,246,249,253,254,260,306,307,309,312,314,333
一众　228

二　画

八卦　195～197
八卦之气　195
九征　198,199,202,203
人性　87,113,323
人性论　215,317,327
人材学　202,210
人性自由　32
人性自然　22,23,29～32,35～37,160,168,259,318,326,338
人材鉴识　180,181,204,212
人物品评　7,19,76,85～87,107,175,180,198,202,208,212,213,277,286,347
人事为本　198
几　85,347,372
入世　169,291,333
九品中正制　16,83,143,146

三　画

三玄　110,117,121
三纲　67
三不朽　190,336
大　135,221,224,242～244
大同　338
大和　325
大道　274
大衍之数　306,309～313
大乘空宗　210
大乘佛教　135,138
才　112,114～116,358
才性　110～117,213,277,286～289
才理　118
才性同　112～116
才性异　112～116
才性合　16,112～116
才性离　112～116
才性四本论　16,111～116,213
士名　83
士族　19,21,25,28～32,34～38,71,83,84,90～94,101,

146,156,157,161,168,184,272,329,330,333,340,341
士族社会　90,94
士大夫　12,13,25,28,30,91,133,159,165,175,332,333,337,341
土　195
土德　89
土气之德　57
小乘佛教　135,138
万物　125,141,186,194,195,206～208,230,235,236,238,243,244,246～260,266,274,278,297,298,307,308,312,313,324,330
万有　138,139,141
万法　138
下德　260,261,263
上德　89,260,261,263～265,270
义　101,221,262,263,264,266,272,274,282,307
义理　118,121,176,177,179,207,218,230,262,276～282,284～286,302,305,370,377,378
义理派　119,120,122,179,281,285,383
义理易学　120,121,123,277,280,281
小康　338
个性自由　337,341
门阀政治　37
门阀制度　35

四　画

天　195,308,309,338
天元　120,357,378
天地　127,130,139～141,194,195,206,207,224,238,245,249,251～260,310,312,313,324,337
天命　20,21,241,276,277,332,336,341
天道　87,104,214,215,222,277,325
天人之际　3,5,312,353,364,365
天人关系　280,286
天人感应　2,280,287
天道为末　198
天人合一　241
无　21,125,127,135～139,186,188,190,200,202～209,220～225,232～242,245～266,274,305,307,308,312,327,330,

331,333,339,353,364,384
无为　9,13,17～21,28,34,89,90,147,188,200,232,235,236,240～242,246,253,255,258～263,265～269,273～275,308,312,314,331,334
无名　16,17,120,54,124,126～135,131,199,200,221,227,230,244,247～250,261,262,269,273,354
无形　56,86,120,127,130,131,138,139,242～251,254,255,258,269,273,308,312,339,353
无限　86
无言　221
无情　189,200
无欲　267,268
无象　221
无体　221
无誉　127,132,175
无以为　262
无生有　209
无不为　9
无名论　17,124
无所有　128,129,131,132,135～141
无所为　127,135
无涧神　134
无为而治　72
无形无名　13,53～56,127,141,208,264,309
无形本体　141,252,253,255
元一　198
元气　56,58,130,131,194～196,198,199,207,287,326,340
元气自然　10,12,258
元气论　194,242
五行　4,196～199,219,188,310,311,325
五材　200
五经　173,176,177
五常　199
五情　110,132,367
五行之气　195,196
五等分封制　148
五德终始说　57,89
太平　11,12,58,96,337,338
太阳　11,58
太阴　11,58
太和　58
太初　194,195,207
太始　194,195,206,207
太极　195,206,207,235,236,238,244,249,254,309,310,

312,313
太易 194,195,206,207
太素 89,90,142,148,194,195,206
太平道 57
太乙妙气 57
太极元气 195
木 195
以无为用 141,209,233,247,248,251,255,263～265,308
以无为本 126,127,141,209,247～251,255
以柔克刚 337
内圣外王 333,339,340,368,369
艺术超越 27
中和 11,132,141,188,195,198～200,335
中庸 199,291
中和无名 199,201
中观学派 239
中黄太乙 57
中正 143～146
仁 209,224,256,261,263,264,272～274
仁义 269,270～274
仁孝 268,320
气 136,195
方士 58～61
方术 53,56,57,59～61
方术家 56
六经 6,79,87,214～216,220,222,280,350
六爻 291～295,297～299,301,310,356
六十四卦 119,195,196,278～280,290,295,296,299,305,307,313,379
心性自由 31
心性自然 258
火 195,304
爻位 240,286,289～291,297～302,378
爻辞 302
爻象 216,231,280,290,298,299,357
双重人格 32,333,340
双重个性 29,52
屯田制 93
今文经学 2,3,6,176～178,280,281,331
互体 282,283
水 195,304
书不尽言 211

五 画

正 322,323,325

正始之音　21,71,97,99,110,161,199
正始名士　21,28,29,32,38,69,70,97,107,118,125,142,143,145,149～152,154,156～161,166,184,185,188,191,225,346
正始玄学　1,13,16,17,38,56,99,133,147,169,199,225,241,265,283,314,316
正始改制　90,97,142,147,148,150,151,355
本　136,137,195,209,224,228～230,233～239,244,246～248,250,252,254,262,265～267,273,306,307,340
本末　188,227,228,234,266,273,316,334
本无　139
本质　233,239,334,339
本体　130,194,227,228,230,232～239,245,250～252,254,255,258,266,312,317,327
本体论　133,138～141,194,200,201,208,227,239～241,248,250,305,317
本根论　239
本末之辨　194
本末不二　225
本末体用　189,193,201,226,227,240,241,276,314,325,326,333～335
末　228～230,233～239,247,250,265～267,274
术　20,53,157,354
术士　66,117～119,122,356
术家　20,288,331
术数　378
术数派　66
古文经学　6,176,177,182,183,281,376
用　126,233～239,255,261,274,308,320
四时　157,195
四禅　136
四聪八达　80,81,84,95,350
占卜　66,117～120,122,197,276,280,281,287,306,309
玄　210,221,243～246,248,254,348,353,354,376,377,379,381
玄理　277,352
玄胜　366
玄虚　18,28,118,120,357
玄风　24,161,184,225
玄远　74,75,87,106,348

玄学　7,10,12,16,20,21,31,32,34,36～39,72,75,84～86,88,89,97,98,110,120,123～125,131,134,141,157,160,161,171,184,186～188,190,192,200,201,206,207,210～212,216,222～225,227,230,239～241,246,247,265,314,315～319,326,328～341,364,381,383
玄虚无为　28
玄学无名论　56
玄学贵无论　16,124,125
玄学本体论　124,125,131,141,199,207,227,250
玄学思潮　7,12,38,43,86,90,92,159,161,184,328
圣　209
圣人有情论　189,320
圣人无名　17,56,199
圣人材质　199,200,201
圣人无为　7,132
圣人自然用　141
圣人人格　331
圣智　269,270
巧利　269,271
礼　157,262,263,272,274,315,316,321
礼乐　238,273,317,321
礼法　24,29,68,87
礼教　31,32,87,89,157,160,224
礼法之士　75
出世　169,333
汉儒　131,189,194,196,215,218,224,239,234,248,249,251,276,281,283,285,287,290,305,312,314,315,318,319,325,332,378
汉儒魏法　124,190,193
汉代经学　8,14,119,123,165,171,193,194,314,317,322,333
汉末名士　21,22,25,165,168
母　244,250,251,261～263,265,273
乐　318,319～321,366

六　画

有　21,125,139,141,186,188,189,207～209,221,224,233～242,247～250,255,259,266,305,308,327,330,331,333,353,364
有为　13,16～18,20,21,188,198,235,236,240～242,252,

259,261,262,265～269,273,275,309,331,334,348
有名 17,127,129,130,206,221,244,250,251,259,260,309,327
有形 56,129,130,141,194,195,206,207,221,227,234,248,250,251,259,260,309,312,327,339
有情 189,200,331,333,334
有誉 127
有以为 129,262
有所有 128,130,131,136,139,140
有形有名 13,53
有形有限 234
有以无为本 247,250,327
有以无为用 247,250,327
全材 198,199
全有 138,142,246
刑 67,315,316
刑名 14,15,331
刑名学 15,16,183
刑名法术 16,17
成 248,249,261,262,253
色 136,137
朴 89,260,263～265
朴散真离 209,260,261,269,271
因物自然 255,258,259
因物之性 250
汝南名士 22～24,168
汝颍名士 166,184
竹林名士 226
竹林七贤 334
江左名士 226
权教 226
自然 7,18,21,22,34～37,53～55,86,88,89,111,117,130,135,157,160,168,169,175,180,188,232,235,236,238,240～243,255～259,261,268,270,273,275,276,287,305,312～314,316,317,320～326,331,333,334,338,340,357,366
自然无为 7,28,53,142,191,198,230,246,275,314
自生独化 239,258,334
名 14,15,125,127～130,202,204～206,208,220,229,242～247,261,272,274,308,354
名分 203,261
名号 202～205,208,220,244～246,260,309
名法 14,17,43,54,56,66,89,

354
名辨 208
名家 229
名学 243
名实 7,14～16,204,205
名理 7,13,14,74,75,84,106,205,210,221,242,244,348
名教 4,5,6,7,14,17,18,20,22,24,86,88,111,117,157,168,169,188,240～243,272,314,316～319,321,331,333,334
名理学 15,182,187,201,221,244
名实派 157
名法之治 16,57,82
名教之治 2,4,5,7,14,16～18,22,198,271,272,332,333
名实相乖 15
刚柔 195
老 18,120,121,353,357,366,376,377
老庄 35,36,55,68,125,126,230,364,378,384
老学 32
老庄自然主义 8
庄 118,120,121,353,357,366,378
庄学 32
庄园经济 32,34,36,37,90～92
执一统众 148,228,231～233,276,292
众 228,231,235,236,307,333
阴 128～130,252,284,292,298,301,302,304,325,378
阳 128～130,252,284,292,298,301,302,304,325,378
阴阳 54,87,104,120,125,131,195,196,252,279,281,284,286～288,303,325,326,357,378
阴阳五行 105,120,310,311,331,340
阴阳情性论 325
阴阳卦气论 121
杂家 229
宇宙大道 89
宇宙本根 56,131,132,138,194,195,201,207,208,227,234,238,242～248,250～259,313
宇宙万有 56,138,139,190,229,242,312,313
宇宙本体 17,119,138,139,141,186,188,200,233～235,238,241,253～255,257～261,

273～275,305,307,309,312,339
宇宙生成论　140,194,195,206～208,239,248～251,334
宇宙本体论　124,141,200,201,230,248,275
宇宙本根论　131,139
宇宙结构论　194,195,331
寻象以观意　220,223
寻言以观象　220,223
守母存子　256,266,272,273

七　画

孝廉　5,118
极　221,243,244,253,257,269,316,320,357
形　126,198,202～206,208,245,251,272,274,297,308,320
形名　7,14,16,24,55,127,204,206,208,246,247,249,255,259,261,272
形名学　201,202,204～206,208,209,237,246
形而上　86,141,210
时义　117,119,122,231,286,290～296,300,302,304,306,308,372
时运　119,295,296,306
时势　295～297
体　221,225,233～239,252,297,340
体无　186,88,220,222,233,330,364
体用　188,227,228,232,233～239,325,334
体用一如　139,233,235,238
形名法术　8,10,43,54
形名之辨　193,201,210,211,227
巫术　276
佛法　133,134
佛家　210,235
佛经　133～135,138～140
佛教　133～135,138～142,238,239,246
言　211,214,215～218,221,223,316,320,321,347,358,364
言意　221,222,223,231
言象　87,213,217,218,317
言意观　216,219,221,223,225
言尽意　231
言尽意论　215,219,223
言不尽意　211～216,219,220,223,231

言意之辨　7,86,87,193,211,212,227
私学　7,176
材辨　75,85
我空　132,138
远　221,243,244,322
利　237,255,308
忘言　226
忘象　216,218,219
忘象以求意　219
灾异　3,6,286,287
灾变　87,218
即体即用　238,239
纲常伦理　31,53,66,318
纲常礼教　25,30
君主无为　18,19,89,111,198,209,240,259
阿惟三佛　137
阿耨多罗三耶三菩提　137

八　画

丧礼　23,68,168
卦气　87,196,280～282,290
卦时　235,236,238,240,288～291,299～302,306,307,309
卦象　122,216,217,219,231,280,282,284,291～294,298,313
卦义　219,295
卦辞　216,217
卦爻辞　211,230,231
卦爻象　119,120,196,211,215,231
服食　62,63
服丧　177
终极关怀　335,337,338,340
终极价值　336,338,339
终极意义　335,336,337
图书符录　4
性　21,112～116,214,215,222,235,236,238,240～257,315,321～327,331,333,365
性行　115
性命　20,21,276,287,325
性情　241,325
性命论　277
性其情　322～326
易　119,121,282,310,357,377,378
易学　120,121,277,279,281,282,284～286,305,310,312,383
易纬　207
易道　276,281,307～309
命　287
命运　276～279,286～289,304,

313
命运观　287,305,306
命理　276,277,302
法　20,53,137,157,229,257,258,318
法家　20,331
法术　15
法空　132,138
空　128～130,132,135～140,237,238,246
空无　138,188,246
空无所有　138
空有不二　139
忠恕　320
泥洹　136
金　195
知人　180
始　248,249～251
质　251,297
经学　2～8,17,86,87,119,123,165,173,175,177,214,332
经学思潮　7,87,314
实　15,198,202,204～206,208,244,310
官学　6,171,172,176
彼岸　335～341
房中术　60,62
建安七子　26,27,167,169,362
建安文学　26
居丧无礼　23,160

九　画

荐举制　146,272
荆州学风　171,172,175,182
荆州官学　171～177,180
荆州学派　171,172,175
荆州易学　282～284,286
贵无　7,206
贵无论　10,16,124～127,133,184,201,206,222,224,225,227,240～242,275,305
贵无全有　255,265,274,275
退化论　265
养生　56,57,62
养生术　10,59,61,62
神　85,347,357,358,372
神明　330,365
神仙说　57
神仙术　134
神仙家　56,66
神仙方术　133
神仙信仰　336
神仙思想　58,59
神学　4
神学目的论　5
举本统末　254,316

举末存子 274
绝圣弃智 269,270
绝仁弃义 270,271
绝巧弃利 271
勇怯 195

十 画

素朴 151,209,260,267,269
校实定名 15,204,206,208,209,269
校练名理 16,25,204,205
真空 139,140
真情 312～321,324～326
称 243
家学 183
能 89,114,115,272
党锢 12,14,22,25,46,70,91,92,167
浮华案 71,79～81,84,94,157,349～351
浮华少年 71,95,97,157,160
浮华交会 80,84,90,93,94,99,106
浮华朋党 90,93
般若 135,246
般若波罗蜜 136,137

十一画

理 75,89,101,206,208,225,244,281,282,307,353,358,365,366,372
理学 235,238
黄老 8,9,12,14,55,57,175,178
黄老之学 2,8,9～11,14,17,53,54,56,182,331
黄老道 56,57
黄中纯气 57,58
黄老方术 10,27,38,56
黄老形名 10,13,53,56,182,239
黄老哲学 54
黄老学派 54
黄老养生术 12
黄老养生哲学 9,11
情 21,101,235,236,340～242,315,320～322,331,333,347,366
情性 132,141
情性论 321,323,325,326
情伪 297,298,324
梵呗 134
菩萨 136
崇本举末 265,266,272～274
崇本息末 228～230,233,265～267,271,274
崇道反儒 334

虚　252,254,310,358
虚无　188,339,378
虚空　132,137
虚胜　75
虚静无为　13,58,275
宿命论　287
寄言出意　226
清议　22,70,71,78,90,91,100,166,167
清谈　7,27,29～31,74～76,84,86,90,97～109,117～120,123,125,165,185,187,190,210,347,348,352,353,364,365
清节家　20
深　85,221,243,244,347,372
混沌　195,207,224,242,249,260,265,323
偏材　20,199
得意忘言　192,201,216,218,223～226,231,276
得意忘象　220,223
象数　120～122,139,178,179,189,193～198,209,211,218,227,239,276～282,285～287,305,306,311,340,378
象　195,196,208,215～219,221,223,245,298,306,313
象数派　119,122,179,279,280,306,310,311
象数易学　4,66,120,194,219,277,280,281,286,306,310,313

十二画

超越　27,336,339,340
超言绝象　56,87,131,132,242
越名教而任自然　265
援道入儒　230,276
援老入易　276
道　2,13,16,17,20,55,56,69,75,85,86,89,101,102,104,118,129,130,135～138,139,169,187,190,195,200,208,214,221～225,228,229,234～236,240～245,241～251,257～259,261,264,273,307,309,314～316,331,338,353,357,365,366,376,384
道气　56,57,131,132
道术　66,134,331
道家　7,8,13,18,20～22,27～31,35,54,135,157,168,169,188,199,223,225,229,230,241,276,314,331,332,333,334,338～340

道德　68,339～341
道教　8～12,56,242
道家哲学　314
道德教化　2,5,66
道家自然　69
道生万物　209
揲蓍　279,280,310
新道家　9,331
新儒家　8,331
新儒学　2
游宴　99～109,365
寒食散　63～66,348,349
循名责实　14,15,17,53
循名究理　14

十三画以上

数　195,196,254,306,313
意　211,215～221,223
微言大意　214,222
缘起性空　133,138～140,239
精练名理　204,205
微　243,244
墨　229
墨家　229
德　87,126,234～236,251,252,258,260～267,297,315,316
儒墨　54
儒　2,20,53,69,169,200,229,249,331,378,384
儒士　157,173,178
儒术　133,168,172,214
儒家　4,8,14,17,18～22,24,25,30,32,35,54,67～69,105,111,169,172,186,188,189,199,211,216,220,222～225,229～231,241,276,280,286,331～334,338,341
儒道　18～21,24,86,110,124,132,165～169,186,187,201,222～228,240,276,329～335,338,346
儒学　4,43,79,86,165,169,314
儒家伦理　27,66,331
儒道兼综　24,168,183
儒道融合　7,31,32,38,110,165,207,222,225,331～333,339
儒道异同　19,21,111,330
儒道为一　21,240,339
辨名　202～204,244
辨名析理　193,202,204～206,208,209
魏晋玄学　1,8,20,24,25,31,37,71,94,119,141,165,187,210,226,248,287,315,317,325,331,334,335,340～342

魏晋名士　24
魏初名士　21,25,27,28,69,70,78,101,107,156～160,166,346
谶纬　4,6,378

图书在版编目(CIP)数据

王弼评传附何晏评传 / 王晓毅著. —南京：南京大学出版社，1996.2(2010.4 重印)
(中国思想家评传丛书/匡亚明主编)
ISBN 978-7-305-02562-4

Ⅰ.王… Ⅱ.王… Ⅲ.王弼(226～249)—评传 Ⅳ.B235.2

中国版本图书馆 CIP 数据核字(2001)第 02954 号

中国思想家评传丛书
王 弼 评 传
附何晏评传
王晓毅 著

南京大学出版社出版发行
社址：南京市汉口路 22 号 邮编：210093
电话：025-83596923 025-83592317 传真：025-83328362
网址：http://www.NjupCo.com
电子邮箱：Press@NjupCo.com
Sales@NjupCo.com(市场部)
南京爱德印刷有限公司
开本 850×1168 1/32 印张 13.875 字数 309 千
1996 年 2 月第 1 版 2010 年 4 月第 4 次印刷
印 数 5501—6500
ISBN 978-7-305-02562-4

定价：42.00 元